法律的正当程序

The Due Process of Law

[英] 丹宁勋爵／著
李克强 杨百揆 刘庸安／译

法律出版社
LAW PRESS·CHINA
—— 北京 ——

著作权合同登记号
图字：01-2022-3357

目录

第二篇　行为调查

第三篇 逮捕与搜查

第四篇　玛利瓦禁制令

第五篇　入境与出境

第七篇　被遗弃的妻子的衡平法

丹宁勋爵和他的法学思想

——代中译本前言

刘庸安

阿尔弗雷德·汤普森·丹宁(Alfred Thompson Denning)是第二次世界大战以后英国最著名的法官和享有世界声誉的法学家之一。他从1923年当律师,1982年在英国民事上诉法院院长(Master of Rolls)的任内退休。在近六十年的法律生涯中,他积累了极为丰富的法律实践经验,积极、大胆地参与英国战后的法律改革,并做出了重大贡献,成为英国战后法律改革史上划时代的人物。

1899年1月23日,丹宁生于英格兰罕布什尔郡惠特彻奇(Whitchurch)的一个小商人家庭。父亲虽是一家小绸布店的老板，却喜爱文学、诗歌和音乐，常常给孩子们朗读莎士比亚、拜伦、华兹沃斯等英国文豪的作品；是个不甘心做小生意，也不大善经营的梦想家。母亲是位小学教师，是个脚踏实地的人。丹宁曾深情地回忆道："母亲的脾气和父亲不一样……很聪明，做事也很勤奋。她要干的事，就决心干成功。她本身就是一种推动力。她对孩子充满了希望。"〔1〕丹宁兄弟五人，还有一个大姐，家境不宽裕，但在父母辛勤操持下，丹宁兄弟从小还是受到了良好的教育。他先在镇上读完小学，以后又在距家乡不远的安多佛语法学校（Grammar School at Andover）靠免缴学费读完了中学。1916年，丹宁获奖学金入牛津大学马格德林学院（Magdalen College，Oxford）学数学。在大学期间，他于1918年应征入伍，到皇家工程部队参加即将结束的第一次世界大战，并作为少尉上了法国前线。战后他回到学校继续读书。1920年，丹宁以优异的成绩从马格德林学院毕业。毕业后他在温切斯特学院（Winchester College）教了一年数学。虽然薪水不薄——年薪350英镑，在当时是份不小的收入——但他不喜欢教书，而是喜欢向往已久的律师职业。于是在1921年他22岁时，考取了牛津大学埃尔登奖学金（Eldon Scholarship），回到母校马格德林学院攻读法律。一年以后，他又考取了伦敦四大律师学院之一的林肯律师学院（Lincoln's Inn）的奖学金，除了在马德格林学院上课外，他主要在林肯律师学院学习，并在律师事务所帮忙。他后来回忆道："这样做有好处：在图书馆读书——或听教授的讲座——只

〔1〕 丹宁勋爵：《家庭故事》，伦敦巴特沃斯出版公司1981年英文版，第15页。

是给你一幅模糊的、不完整的画面。为了了解法律到底是什么,你必须看看它在实践中所起的作用。"[1] 1923 年他又考取了为期三年的林肯律师学院的实习生奖学金。这时他终于在律师事务所有了一张自己的办公桌,他的名字也贴在了律师事务所办公室的门上。这意味着他成了一名出庭律师(barrister)。对于一个年仅 24 岁的年轻人来说,这在当时是一件很了不起的事。经过 15 年辛勤的工作,丹宁从一个"新手"变成了一位经验丰富的资深出庭律师。1938 年 4 月,他因其"突出的成绩"经大法官推荐和国王批准被授予"王室法律顾问"(King's counsel)的荣誉称号,从此他可以身穿丝袍同法官一起坐在法庭的审判席上。但一年后,第二次世界大战爆发,中断了丹宁正常的律师工作。他被任命为东北战区的法律顾问。在战争中,他往来于伦敦和里兹之间,一边在伦敦继续其律师工作,一边在里兹尽其战区法律顾问的义务。1943 年底,由于战争的需要,丹宁担任了巡回法院的专员,这是个非正式的法官职务。1944 年 3 月他被正式任命为高等法院遗嘱、离婚和海事分院法官,专门审理离婚案件。1948 年 10 月,丹宁晋升为高等法院法官,并担任民事上诉法院法官——他后来说只有当上高等法院法官,"一名法官才有影响法律的主要机会"[2]——正是从这个时候起丹宁开始越来越关注英国的法律改革,并发挥着越来越重要的作用。无论是在审理案件中,还是在大学的演讲中,他都不断地强调法律改革的思想。1957

---

〔1〕 丹宁勋爵:《家庭故事》,伦敦巴特沃斯出版公司 1981 年英文版,第 93 页。

〔2〕 丹宁勋爵:《家庭故事》,伦敦巴特沃斯出版公司 1981 年英文版,第 172 页。

年4月当他58岁时被封为勋爵(Lord),成为终身贵族。自1962年起,丹宁勋爵成为英国民事上诉法院院长。1963年他受当时的英国首相哈罗德·麦克米伦(Harold Macmillan)的委托,对一起涉及国家安全的案件(即"普罗富莫案")进行调查。因此案涉嫌陆军大臣约翰·普罗富莫(John Profumo)等多名政府大臣及苏联驻英海军武官,所以格外引人注目。丹宁勋爵因出色地完成了这项"复杂而困难的任务",而成为英国家喻户晓的人物。

1982年丹宁勋爵83岁,在担任民事上诉法院院长整整20年后,他的职业司法生涯走到了尽头。英国法律界的同仁为他退休举行了隆重的告别仪式。枢密院大臣为他致送别词。当天的《泰晤士报》发表专题文章,盛赞他在司法生涯中的光荣业绩。如果从丹宁勋爵担任法官算起到退休,他担任司法职务长达38年。这在英国司法界是一个史无前例的纪录,就是在整个世界也是不多见的。

丹宁勋爵不仅是一位老资格的法官,而且还是一位享有世界声誉的学者。他是国内外几十所著名大学的荣誉法学博士,还是伦敦三所著名律师学院的荣誉院士。从1949年起,他就开始出版自己的法学著作。他的主要著作有:《法律下的自由》(Freedom under the Law, 1949)、《变化中的法律》(The Changing Law, 1953)、《通向公正之路》(The Road to Justice, 1955)、《法律的训诫》(The Discipline of Law, 1979)、《法律的正当程序》(The Due Process of Law, 1980)、《法律的未来》(What Next in the Law, 1982)、《最后的篇章》(The Closing Chapter, 1983)、《法律的界碑》(Landmarks in the Law, 1984),

等等。他在这些书中叙述了英国法律史上的一些重要案件,以他亲身经历的案件的辩护和审判的实践,介绍了战后英国司法机关审案和判案原则的确立过程,内容涉及宪法、民法、刑法、行政法和国际法等多种法律分支。他的这些书在英美法系国家和地区影响极大,可以说,在英国和使用英国法律的国家和地区,不读丹宁的书就无法从事司法工作。1981 年,大西洋两岸和其他英语国家的法学家和法官、律师聚集在一起,专门讨论丹宁勋爵的法学著作和法学思想,给予了他极高的评价。尤其值得一提的是,丹宁的书浸透着他丰富的法律实践经验、广博的历史知识、独特的优美文风和极高的文学素养。它们语言简练而流畅;讲述一个个案件就像讲述一个个故事,生动、细腻,娓娓动听;时而引用滔滔不绝的辩论词和审判词,时而从文学宝库中信手拈来一两个典故;文字精当,举例贴切,并杂以诙谐、幽默、讥诮,使人读起来饶有兴味。

丹宁勋爵是法官,也是学者,但他更是一位法律改革家。在几十年的司法生涯中,丹宁面对时代的挑战,以追求自由和进步,实现公平和正义为目的,对英国的法律进行了大胆的改革,对英国的法律改革作出了重大贡献。英国法律界公认他是“第二次世界大战以后英国最伟大的法律改革家”。[1]

大家知道,英国法律不同于欧洲大陆的一个最显著的特点是,它主要是一种判例法。英国的判例不仅仅是法律实施的结果,更重要的是,它还是法律原则的总结,因此具有很大的权威性。法官应该恪守其前辈确立的判例原则,这是英国法律从 19

〔1〕《泰晤士报》1982 年 9 月 12 日。

世纪后半期以来形成的一种悠久传统。长久以来，英国司法界甚至把这一传统奉为“判例主义”（Doctrine of the Precedent）。英国19世纪著名诗人阿尔弗雷德·丁尼生（Alfred Tennyson）在其诗作中曾这样颂扬英国的判例主义：“这国土有公正、古老之名/有个稳定的政府在治理/凭着一个又一个判例/自由慢慢地扩展到下层。”〔1〕正是由于判例主义的传统及对这一传统的尊重，同其他国家，特别是同大陆法系国家相比较，英国法律的发展是缓慢的，远远跟不上现代社会发展的需要。根据这一状况，丹宁勋爵对传统的判例主义提出了大胆的挑战。1959年5月，他在一次讲演中明确地反驳道：“有些律师对丁尼生勋爵写的‘凭着一个又一个判例’这句话感到得意。他们认为他给判例主义加上了崇高思想的色彩，照他们的解释，遵循先例的意思是‘恪守你和你前任的判决，无论它们多么荒谬，多么不公正’。但是请允许我指出一点，尽管做了这样的解释，判例主义并没有扩大而是缩小了自由的基础。”他接着指出：“如果律师们死抱住判例不放，忘记了他们应该奉行的基本原则是坚持真理和主持公正，那么他们就会发现整个（自由）的大厦将会倒在他们的脚下。”〔2〕为了维护自由与公正，丹宁明确指出：“那些由19世纪的法官所确立的法律原则——尽管适合当时的社会状况——是不适合20世纪的社会需要和社会见解的，应当用现在的社会模型对它们进行改造，使之与人们今天的观点和需要相适应。”〔3〕他针对他的一些同行严守其前辈的惯例的保守

---

〔1〕《丁尼生诗选》，上海译文出版社1995年版，第88页。

〔2〕丹宁勋爵：《法律的训诫》，伦敦巴特沃斯出版公司1979年英文版，第292页。

〔3〕丹宁勋爵：《法律的训诫》，第1页。

之风多次强调:“如果我们不做任何前人没有做过的事情,我们就会永远待在一个地方,法律将会停止不前,而世界上其他事情将继续前进。”[1]

为此丹宁要求法官担任“法律改革的先锋”,他明确主张,法官要参与法律改革,而不能把改革仅仅看成是国会的事,法官只是执行法律而已。对此,他有个形象的比喻,法律就像是一块编织物,用什么样的编织材料来编这块编织物,是国会的事,但这块编织物不可能总是平平整整的,也会出现皱折;法官当然“不可以改变法律编织物的编织材料,但是他可以,也应当把皱折熨平”。[2] 他认为,法官在审案和判案的过程中应该随着社会的变化和时代的发展创立出与生活的步调相一致的新的、公正的判案原则。实际上,他自己就是这样做的。作为一名法官,他在审案和判案过程中对过去的判例进行了大胆的修改,甚至创立了很多与过去的判例完全不同的新的法律原则和新的诉讼程序,它们或者作为最终判决予以实施,或者被确立下来成为以后法官判案的原则,有些还成了国会立法和修改法律的依据。

丹宁不仅要求法官参与法律改革,而且还要求律师为法律的发展作出贡献。他针对很多律师一味地推崇判例主义而忘记坚持真理和主持公正的做法,尖锐地指出,如果任其下去,“普通法将停止发展,像珊瑚礁一样,变成一堆化石”,为了“避免这种命运,法律……应该成为一种法律的科学。正像科学家

〔1〕 高等法官丹宁勋爵在《派克诉派克案》中的判词,转引自《法律的训诫》,卷首语。

〔2〕 丹宁勋爵:《法律的训诫》,第12页。

寻求真理一样，律师应该寻求公正；正像科学家通过很多实例自己得出一般命题一样，律师也应该通过很多判例自己建立一般的原则；正像科学家发现自己的命题不适于所有实例时就修改，或者发现自己的命题是错误的时候就得完全抛弃一样，律师发现自己的原则不适于所有情况时就应该进行修改，或者发现它们会产生不公正的结论的时候就应该抛弃。”〔1〕丹宁认为，只有通过这种办法，律师才能为法律的真正发展，为实现社会的公正做出贡献。

当然，在一贯以保守著称的英国，丹宁关于法律改革的主张和为此而作出的努力并不是没有人反对的。法律界的保守势力攻击丹宁关于法官参与法律改革的主张是“越权”，是一种“超越国会的行为”，丹宁在上诉法院的一些判决还遭到了英国最高上诉机关上议院的否决。（值得一提的是，1973 年英国加入欧洲共同体以后，丹宁的一些被上议院否决的判决被欧共体所属的欧洲法院所确认，成为英国法院新的判例和判案原则。）但是丹宁对英国法律改革所作出的贡献为英国法律界人士——不管是赞成他的还是在某些方面反对他的——所公认。一些法学家还特别指出，丹宁勋爵对英国法律改革所作出的努力和取得的成就在英国是划时代的，“没有他，那些最重要的原则至今也不可能建立起来”。〔2〕

丹宁对英国法律改革的贡献是多方面的。读者可以从他的几本有代表性的法律著作中清楚地看到这些贡献。这些贡

〔1〕丹宁勋爵：《法律的训诫》，第 292 页。

〔2〕《丹宁勋爵：法官和法律》，伦敦巴特沃斯出版公司 1984 年英文版，第 252 页。

献固然重要，但是笔者更看重的是它们所体现出的丹宁的法律思想。笔者认为，后者比前者更为重要，因为由于丹宁勋爵的贡献而被确立起来的判案原则与法律原则与我国的法律毕竟有所不同，但这些贡献所体现出的法律思想对于我们现在正在进行并且不断完善的社会主义法制建设或许具有重要的启迪作用。

1981 年，丹宁在他的自传《家庭故事》中谈到了他自己的哲学。他把自己的哲学概括为三条："(1)实现公正；(2)法律下的自由；(3)相信上帝。"[1] 这是丹宁的法律哲学。他就是用这些法律思想参与战后英国法律改革的。

公正(Justice)，是人类社会的一个永恒的话题。从伦理学的角度来说，它是一种理想的道德标准；从法律学的角度来说，它应该是法律的根本出发点。理论上，法律是实现公正的前提，按正当的法律程序维护社会秩序，调解社会矛盾，平衡社会利益，就能实现公正。但是在现实社会生活中，法律是一定社会经济基础和社会条件的反映，它只能随着社会的发展而发展，而公正则是人类社会永恒的追求目标，因此可以说，公正在法律之上。在现实社会生活中，维护法律和实现公正往往并不完全是一回事。随着社会的进步，法律应当不断地发展，一步步地接近公正这一人类社会的永恒目标。为此，丹宁主张法官应根据公正的原则，结合案件发生的具体情况灵活地解释法律，而不必拘泥于法律本身。他主张，法官一方面要依据法律办案，另一方面必须考虑公正，而公正的原则是高于法律条文

---

〔1〕 丹宁勋爵：《家庭故事》，第 172 页。

和过去的判例的。他明确指出："成文法和其他法律文件的语言永远不可能是绝对明确的，因此解释它们的时候就有两条可供选择的道路，我总是倾向于实现公正的解释，而上议院肯定不这么认为……他们认为最重要的是实现法律，而我认为是实现公正。"[1]他说，他作为法官的"基本信念是，法官的作用就是在他面前的当事人之间实现公正。如果有任何妨碍做到公正的法律，那么法官所要做的全部本分工作就是合法地避开——甚至改变——那条法律"。[2]

丹宁不仅要求法官做到公正，而且对一些律师也提出了首先实现公正的要求。他把一些"只关心法律事实上是怎样，而不是它应该是怎样"的律师比作"只知砌砖而不对自己所建筑的房子负责的泥瓦匠"。他认为，那些对社会有责任感的律师，"应该尽自己的力量去探索，使法律的原则和公正保持一致。如果他做不到这一点，他将失去人民的信任，法律也会因此而名誉扫地，国家的稳定将因此而动摇"。他强调，法律当然应该是尽可能确定的，但"它必须又是公正的"。丹宁在谈到法官和律师在主持公正时，有一点是非常值得注意的，即"不仅要主持公正，而且要人们明确无误地、毫不怀疑地看到是在主持公正，这一点不仅是重要的，而且是极为重要的。"他说，"原因很简单，公正必须来源于信任。"[3]

应该说，丹宁的这些主张是很有创见性的，也是符合第二次世界大战后英国社会发展的实际情况的。第二次世界大战

〔1〕《星期日泰晤士报》1982年8月1日。

〔2〕丹宁勋爵：《家庭故事》，第174页。

〔3〕丹宁勋爵：《法律的训诫》，第86、87页。

后,随着英国工党长期执政,推行福利国家政策,政府的权力不断膨胀,而且日益渗透到社会的各个角落。丹宁充分认识到了这一点,1949 年他在一次演讲中说:“今天的权力结构与 19 世纪大不一样了。在过去,政府只关注治安、国防和外交,把工业留给了实业家和商人,把福利事业留给了慈善机构;它不为任何这类事情和任何人制订计划”,而现在,“政府要关注生活的各个方面,我们有‘福利国家’和‘计划国家’之称。政府各部门在很多方面拥有广泛的权力”,而“所有权力都是可以被滥用或误用的”,这种对权力的滥用和误用必然会导致不公正。[1] 丹宁看到,在英国,“我们对于政府行使权力的行政程序是完善的,但对于政府承担责任的司法程序却是不完善的,因此很难防止滥用和误用权力。现在的天平是歪向行使权力的一边的。这是很不公正的”。[2] 所以法院面临的重大问题一直是:在权力日益增长的年代,法律如何防止权力被滥用或误用,在政府权力和个人权利之间做到公正。他认为,过去的法律在这一点上是不那么有效的。他做了个形象的比喻,“正如铁铲和铁锹已不再适于采煤一样,履行责任令、调卷令和在案诉讼等法律程序也已不再适于在新的时代赢得自由。它们必须被新的现代的机制,被宣告令、禁制令和过失诉讼所取代”。[3] 他呼吁,必须制定出新的法律和新的司法程序,以防止对权力的滥用和误用,实现公正,否则不但不会产生出一个福利国家,而且还会产生出一个集权国家。正是根据这一思想,丹宁对英国行政法

〔1〕 丹宁勋爵:《法律的训诫》,第 61 页。
〔2〕 转引自《丹宁勋爵:法官和法律》,第 240 页。
〔3〕 丹宁勋爵:《家庭故事》,第 180 页。

进行了重大改革。

“二战”以后的英国,各种行政裁判所曾盛行一时,政府大量设置的行政裁判所是行政机构的一部分,它们对某些涉及行政事务的案件进行判决。根据传统的法律规定,公正原则只适用于司法程序而不适用于行政程序。这意味着,公正的两条主要原则——“任何人不得在涉及自己的案件中担任法官”和“必须听取另一方的陈诉”[1]——可以不用于行政诉讼。但行政裁判所的法官往往与政府机构有着这样或那样的联系,他们出于自己部门利益的考虑可能会在没有给当事人辩护机会的情况下作出行政裁决,而法院是不能干预他们的裁决的。对此,丹宁明确指出:“如果裁判所可以不受法院的制约, 自由超越它们的权限,那么法制就不存在了。”为此他主张法院必须干预行政裁判所的司法活动,因为行政裁判所“必须遵守司法审判的基本规则”,它们“只有正确判决的司法权,而没有错误判决的司法权”。[2] 他在几个重大案件中,抛弃了传统惯例,以调卷令等法律手段否决甚至撤销了法院认为是错误的行政裁判所的判决。丹宁对这几个重大案件的判决得到了上议院的确认,成了新的判例。丹宁的努力目标是,在英国建立一套法院能有效地纠正政府大臣、地方政府、行政裁判所的错误,取消他们所发布的命令、判决的行政法;从而在司法上保证政府行政部门正确地行使权力,履行对社会所承担的责任,尽可能最大限度地实现公正。

---

〔1〕 伊·A.马丁编著:《牛津法律大辞典》,上海翻译出版公司1991年版,第328页。

〔2〕 丹宁勋爵:《法律的训诫》,第72页。

当然，所谓公正，就是不让天平歪向任何一边。在考虑个人利益的时候，也必须考虑国家和公共利益。为此丹宁特别指出："必须牢牢记住在公平审讯和公平解决问题的过程中，除了当事人的利益之外，还有另一种利益需要考虑，这就是有关国家大事的公共利益。"〔1〕他认为，法官在判案过程中必须在这两种利益之间进行权衡，作出公正的判决。

"法律下的自由"（Freedom under the Law），是丹宁的第二条哲学。他曾不无骄傲地说，他是"法律下的自由"这一短语的"第一个真正的发明者"。1949年，丹宁担任高等法院法官后不久，他应邀作哈姆林讲座（Hamlyn Trust Lecture），他冥思苦想，为讲座想出了一个题目：法律下的自由。当时他从法律上给自由下的明确定义是，所谓自由，是"每一个守法的公民在合法的时候不受任何其他人干涉，想其所愿想、说其所愿说、去其所愿去的自由"。〔2〕在这个定义中，他为个人自由做了重要的限定，即"守法"和"在合法的时候"。也就是说，个人的自由必须受到法律的限制。其实这一主张一直是西方政治和法律思想的一项重要原则。1748年，法国杰出的资产阶级启蒙思想家孟德斯鸠（Montesquieu）在《论法的精神》一书中就明确指出："自由仅仅是：一个人能够做他应该做的事情，而不被强迫去做他不应该做的事情。"他还进一步指出："自由是做法律所许可的一切事情的权利；如果一个公民能够做法律所禁止的事情，

---

〔1〕丹宁勋爵在《瑟利德米案》中的判词，见《泰晤士报》1972年10月2日。

〔2〕丹宁勋爵：《家庭故事》，第179页。

他就不再有自由了,因为其他的人也同样会有这个权利。”[1]丹宁关于自由的定义没有超出前人的思想,但他从法律角度不断强调,“个人的自由必须用个人的责任予以平衡”,并提出了一个重要的概念,即“平衡论”(theory of balance)。1953年,丹宁在他的《变化中的法律》一书中指出,英国宪法的特征就在于:自由和责任是平衡的,权利(力)和义务是平衡的,既不能滥用权利(力)和自由,也不能不承担义务和责任。他认为法官的责任在于使自由与责任之间的天平平衡,使权利(力)和义务之间的天平平衡。[2] 如果我们仔细研究丹宁的著作,我们就会发现丹宁对英国法律改革所做出的努力在很大程度上是以这一思想为出发点的。

有一个例子可以说明这一点。在英国,有一些土地是属于私人所有的。自19世纪工业时代以来,土地主可以在私人土地上自由地从事建筑活动,法律不能干涉。自第二次世界大战结束以来,随着经济和社会的发展,环境的破坏和环境的污染对人类的危害使人们认识到,土地的使用必须与环境保护同步。这样就出现了法律能否干涉公民在私人地产上的建筑活动的问题。丹宁坚决主张,再也不能固守19世纪工业时代的法律陈规了,为了公共利益,法律必须干预公民在私人地产上的建筑活动。丹宁在判案中,反复强调公民不能滥用自己作为地产主的权利,在行使自己的权利时,还必须考虑到公共利益,在个人利益与公共利益发生冲突的时候,必须优先考虑公共利益。在丹宁的努力下,国会先后以民事上诉法院判决的几个案

[1] 孟德斯鸠:《论法的精神》(上册),商务印书馆1979年版,第154页。
[2] 《丹宁勋爵:法官和法律》,第211~212页。

件为基础，通过了一系列关于土地规划和土地使用的法案。法案从现代社会的发展出发，摒弃了一些传统的法律原则，为合理使用土地、保护环境，起到了积极作用。

另一个例子是新闻自由。新闻自由是任何一个民主国家的宪法规定的一项基本自由。丹宁是这一自由的积极拥护者，因此丹宁对70年代上议院宣布的报纸不应该发表关于“预先判断那些尚未了结的案件”的评论这一新的原则和《1981年蔑视法庭罪法》提出异议。对于前者，他认为，“报纸有——也应该有——对公众感兴趣的问题发表意见的权利……只要报道正确，态度端正，评论公正”，就不应当限制这种自由，而应当“详尽讨论，不断批评”，因为“公正的意见是不会损害公正的审讯的”。对于后者，他认为，“任何报纸都有权刊登关于诉讼程序的公开而准确的报道……即使报道可能严重毁坏个人名誉；即使可能暴露上层的坏事；即使可能会给国内最有权势的人添麻烦；即使可能成为政治上的炸药，也还是可以自由发表的——只要它是公正和准确的报道。”但另一方面，他又认为，报纸在享有新闻自由的同时也承担着为公众服务的责任。因此他明确提醒道，在审理有关新闻自由的案件中，“除了当事人的利益以外，还必须有另一重大利益需要考虑，这就是有关国家大事的公共利益和就此类大事发表公正意见的新闻自由权利。必须在一种利益和另一种利益之间进行权衡”。基于这一考虑，他坚决主张“这种权利必须受诽谤法和蔑视法庭法的限制”，否则将会对公共利益和国家安全构成威胁。[1]

---

〔1〕 丹宁勋爵：《法律的正当程序》，伦敦巴特沃斯出版公司1980年英文版，第44～49页。

还有一个与丹宁主张的“平衡论”有关的例子是婚姻家庭问题。丹宁相信平等是我们时代的秩序。因此他主张男女在法律上应该是完全平等的。他认为,尽管男女之间存在着许多差别,“但是这些差别没有一条可以作为妇女屈从男子的理由。女子的感觉和男人一样敏锐,思维和男人一样清晰。她们在自己所擅长的领域内工作的价值和男人在自己所擅长的领域内工作的价值是同样的。她们有和男人一样的权利去争取自由和充分发展自己的个性。女子结婚时,她不是成了丈夫的仆人,而是丈夫平等的配偶。如果丈夫的工作在社会生活中更加重要,那么她的工作在家庭生活中也就更加重要,谁也离不开对方,任何一方都不应在另一方之上,他们是平等的”。〔1〕根据这一点,在担任高等法院家事法庭法官和民事上诉法院院长时,他审理了许多离婚上诉案。他发现,尽管没有一个法官对妇女的平等地位提出疑问,但在英国,男女平等在实际生活中并没有真正实现,根据传统的一些判例,被遗弃的妻子往往得不到她们应该得到的家庭财产。因此,他在对一些离婚案件作出判决时,坚决摒弃那些与现代社会生活基本原则格格不入的陈旧惯例。他的理由是,随着社会的发展,社会分工越来越细,外出劳动是社会分工的需要,在家从事家务劳动同样也是社会分工的需要,这两种劳动在性质上是一样的;在一对夫妻离婚时,他们各自的劳动都应该是家庭财产占有权的基础,因此,在双方解除婚约、分割家庭财产时,妇女应该和男子一样,平等地拥有自己的份额,尽管她未外出从事社会工作,而只是在家里从事家务劳动。根据这一理由,他纠正了很多不利于妇女的离

〔1〕 丹宁勋爵:《法律的正当程序》,第164~165页。

婚判决，创立出一些新的判例，维护了妇女的正当权益。

基于同样的信念，丹宁对在一段时间内英国和整个西方盛行的“性解放”始终持否定态度。他的理由是，一个人享有某种权利，也就承担了某种义务；妇女在家庭中享有同等的权利，也就承担了与男子同等的维护健康、和睦家庭生活的义务。承担义务和享有权利同等重要。他说：“妇女们已经获得了自由，同时也承担了与其对等的义务。如果她们履行了自己的义务，她们的平等权利就不仅仅是一种绝对正义的事情，而且还是一件能为人类带来巨大利益的事情。在她们的所有义务中，首要的是在国家中保持和睦健康的家庭生活。对这个重要的义务来说，所有其他的利益都是从属的。”他认为，只讲自由，不讲责任；只讲权利，不讲义务，男人和女人彼此相互任意结合，只能导致“我们建立在健康家庭生活之上的文明的终结”。因此，他严肃地指出“美满的家庭生活的唯一基础就是基督教婚姻——一个男人和一个女人的人身结合，只要两个人都活着，不管怎么样，双方都排斥其他任何人”。[1] 应该顺便提到的是，丹宁从小受到身为虔诚的基督徒的父母的影响，笃信上帝。他的婚姻生活是幸福美满的，家庭成员间亲密和睦。他已是一位百岁老人，他的夫人也已达耄耋之年，但夫妻二人仍然相亲相爱，携手共度幸福的晚年。

“相信上帝”（Put your trust in God），是丹宁的第三条哲学。作为一名法官和虔诚的基督徒，丹宁除了相信法律的力量外，他还坚信道德的力量。他认为，他的前辈，也曾当过律师的英国著名分析法学派创始人约翰·奥斯丁（John Austin 1790～

〔1〕 丹宁勋爵：《法律的正当程序》，第200～201页。

1869)的法律哲学是完全错误的。奥斯丁认为,法律是统治者的命令,人民必须绝对服从。当然奥斯丁的理论有其自身的合理性,因为国家就是要通过法律让所有的人明白他们自己的责任和义务,并使他们知道如果不承担这些责任和义务,就会受到法律的惩罚;从这个意义上说,法律本身就是强制性的。奥斯丁的问题在于,他在法律和道德之间画了一条泾渭分明的界线,认为法官和律师只应关心解释和实施法律,而不应关心法律的道德性。在奥斯丁的影响下,多少年来在英国有不少法官和律师认为法律和道德是不搭界的两回事,忽视了道德对社会秩序的稳定的重要作用。殊不知,法律终归是由人制定的,法律再严密,法律的强制性再严厉,总是会有漏洞的,而且由于法律相对于社会发展的滞后性,这种漏洞是随处可见的,所谓"法网恢恢,疏而不漏",实在是一些人的臆想。所以,除了加强法制外,不断提高所有人的道德水准,使人们将承担责任和义务当成出自内心的本能,即使看到法律有漏洞可钻而不钻;最大限度地减少专钻法律漏洞的人的数量,并使极少数专钻法律漏洞的人受到道德的谴责,使其在良心和私利之间的权衡中感到一种内心的痛苦,这是一个文明进步的社会必须经常强调的一项工作。法律强制和道德规范相辅相成与单纯的法律强制而不顾道德规范,的确是文明进步的社会与野蛮专制的社会这二者之间最重要的区别之一。丹宁清楚地看到了这一点,所以他强调,"虽然宗教、法律和道德是可以分开的,但它们不是互不搭界的。没有宗教,可能没有道德;没有道德,也就没有了法律"。丹宁相信,除了少数邪恶之徒外,绝大多数人是承认和服从法律的,因为"他们承认法律是他们的义务而服从法律。他们还承认,他们也有一种服从法律的道德义务"。因此他正确地指出："正是因为这一原因，最重要的是，法律应该是公正的。人民尊重那些真正正确和公正的法律原则……如果要人们有一种义务感，那么法律必须尽可能地与公正保持一致。"[1]这样，丹宁又回到了他的第一条法律哲学上来了。他认为，"公正不是……看得见的一件什么东西。它不是一时的，而是永恒的。一个人怎样才能知道公正是什么呢？它不是他的智力产品，而是他的精神产品。宗教关心的是人的精神，人凭着这种精神就能认识到什么是公正"。[2] 因此丹宁极力主张通过宗教来提高人们的道德水平，从而提高人们自觉尊重和服从法律的意识。丹宁的这一思想对我们是极有启发的。当然，我们不一定非通过宗教来提高人们的道德水平，但无论通过什么方法，在一个充满着各种物质享受诱惑的社会中，通过道德教育来提高人们承担责任和义务，遵守法律的自觉性，是任何一个国家维持其安定、和谐和健康的社会环境必不可少的条件之一，而这一安定、和谐和健康的社会环境对国家富强、社会进步、人民幸福都是不可或缺的。

丹宁对法律改革的贡献主要在英国，但他的这些思想的影响却不仅仅局限于英国。这些思想是现代社会发展的产物，因此为不少西方发达国家特别是英美法系国家的法学家所重视。我国是社会主义国家，我国的法律和西方资本主义国家的法律有着本质的区别，但这种区别并不妨碍我们吸收和借鉴西方法学家提出的一些进步的思想。因此，笔者相信，研究丹宁的法

[1] 丹宁勋爵：《家庭故事》，第 181 ~ 182 页。
[2] 丹宁勋爵：《家庭故事》，第 183 页。

学著作及其法学思想，对于完善我国社会主义法制建设同样是有所帮助的。这就是我们将丹宁的法学著作和他的法学思想介绍给我国读者的原因。我们希望，我们的努力不仅能使读者通过丹宁的法学著作对英国法律的历史和现状有所了解，而且还能使读者对他的法学思想有所思考，以便从中吸取一些有益的东西。

前　言

去年,我写了《法律的训诫》一书。今年,我决定再写一本,题材与前稍有不同。这方面的课题在大学法律学院里讲得不多,但在实际法律工作中却是常见的。我冒昧地把书名定为《法律的正当程序》。我所说的"正当程序"指的不是枯燥的诉讼条例,它在这里和国会第一次使用这个词时所指的意思倒极其相似。它出现在 1354 年爱德华三世第二十八号法令第三章中:

"未经法律的正当程序进行答辩,对任何财产和身份的拥有者一律不得剥夺其土地或住所,不得逮捕或监禁,不得剥夺其继承权和生命。"

我所说的正当程序也和麦迪逊(Madison)提出美国宪法修正案时所说的

非常相似,它已被1791年第五条修正案所确认,即"未经法律的正当程序,不得剥夺任何人的生命、自由和财产"。

我所说的经"法律的正当程序",系指法律为了保持日常司法工作的纯洁性而认可的各种方法:促使审判和调查公正地进行,逮捕和搜查适当地采用,法律援助顺利地取得,以及消除不必要的延误,等等。基于上述事实,普通法[1]显示了它毋庸置疑的创造性。我打算说明战后我们在这些领域中所遇到的问题,以及解决或试图解决这些问题所采用的方法。有无成就请读者去判断。在上诉法院里我们曾提出过不少建议,我们每每冒着风险提出新的论点,只不过是被上议院加以否决罢了。其理由是有人说,立法机关——有这个或那个机构给它提供咨询——能看到全貌,而法官则往往持一孔之见。我总是争辩说:其实法院要比其他机构看得准、看得远,特别是在实施法律保障个人自由方面。如果有人说,应该让别的什么机构先做做调查,写份报告,我总要问:"噢!这要花多长时间,(大法官[2])阁下,多长时间哪?"

在选择课题上,我试图——像规矩的手艺人那样严守本分——论述自己最有经验的那些课题。我选择这些课题也是

〔1〕 普通法(The Common Law),又叫判例法,是成文法的对称。主要是指1066年诺曼人征服英格兰后前三个世纪内以皇家法院所发展的规划为依据而订立的那部分法律。它是靠由古代到现代的判例融合、沿革而成,因不同于地方法律,也不同于封建领主的判例法,而是通行于全国的法律,故称普通法。普通法由普通法法院实施。——译注

〔2〕 大法官(Lord Chancellor),英国最高司法长官。大法官是内阁成员,同时任上议院议长。由于上议院实施英国最高法院的职权,所以大法官事实上又是英国最高法院的院长。除参加重大案件审理、负责司法行政工作如所有各级法官的任免提名外,还担任国王和内阁大臣的法律顾问。——译注

因为它们会引起广泛的兴趣。这里没有从字面上解释成文法[1]或法院法规的咬文嚼字的法律，而只有人们认为可以算数的法律，因此我要给你们讲讲：装着催笑气的圆筒，喋喋不休的法官，沉入海底的船舶，以及遭到遗弃的妻子之类的事件。每一事件都包含着实际的重大教训，这就是我为什么要讲述这些的原因。

还应该记住，我国的许多实体法和程序法是交织在一起的。因此我希望本书能成为《法律的训诫》的姊妹篇。如果读者中有人想当诉状律师，[2]我希望我自己或我的后任能为你签署上诉法院院长为每一个能被接受为诉状律师的人所签署的证书：

"通过考核和调查你任最高法院事务律师的才学与能力，我确信你能胜任此项工作，谨此手书'**接纳**'二字，接纳你成为最高法院的事务律师。"

要是你们当中有人是"外席"出庭律师[3]——就是说，是在法院审判席外开业的律师——恐怕就更难得了。当你来到上诉法院院长面前时，我或者我的后任会说：

---

[1] 成文法（Statute），又译为"制定法"，是英国国会通过的法律和以其为根据的法律规范的总称。——译注

[2] 诉状律师（solicitor），取得律师执照、负责诉讼具体业务如承办提供法律咨询、准备诉讼文件等工作的律师。他们虽在初、中级法院有出庭发言权，但在高等法院不能担任诉讼当事人的辩护人（这类辩护人一般由出庭律师〈barrister〉担任）。——译注

[3] 出庭律师（barrister），英国高级律师。担任出庭律师者须在牛津、剑桥等英国著名大学法学院毕业后在四大律师学院之一接受一年的专门训练，考试及格，方能获此资格。——译注

“女王陛下一直期望任命你为她的一位精通法律的顾问，据此，请你在审判席外就任。”

总之，不管你的任务是什么，作为上诉法院院长，我要提醒你，从长远的观点来看，维护法律和秩序总是文明社会赖以生存的基础。因此，如果你愿意，就请像读那本《法律的训诫》一样，去读这本书吧。

Denning.

1984年8月

第一篇

保持日常司法工作的纯洁性

导 言

自我于1962年任上诉法院院长以来,在蔑视法庭法方面,已有了许多重要的发展。其中绝大部分与我有关。以前上诉法院从不受理这类案件,所有这类判决都是由初审法院作出的。只是到了1960年,才第一次提出一起上诉案。于是,确定有关的原则就成了上诉法院的职责——“瑟利德米案”是个例外,它曾提交到上议院。可是,就连上议院对这个案子的裁决也遭到了欧洲人权法院的否决,上诉法院的原判还是恢复了。从理解原则的角度说,这类案件固然值得律师们重视,但是从追求案件情节的角度说,它们更引起外行人的兴趣。所以我要讲讲这些案件。

我把叙述分成章节来讲。每章每节考

察了这个独特的菱状体的各个侧面。哈德威克勋爵(Lord Hardwicke)在1742年说道:

“没有任何事情能比保持日常司法工作的纯洁性更为重要了,据此,当事人才可能保持其自身和名誉不受无端的损害。”[1]

司法的方式和手段不止一种,而是多种多样。无论妨碍它们运用或者扰乱它们施行的是什么,都可用“蔑视法庭”这一独特的罪名加以惩罚。这种罪名是有其特点的。它是一种刑事犯罪,但不需要根据陪审团的控告就可以审判。而且可以单独由一名法官即刻审判,而这个法官也许正是那个受藐视的法官。司法方式的这种特性引起了人们某种不安,评论家们提出了批评,专门委员会进行了审议,一份辩论文件已经提交到国会。因此,我努力收集这方面的案例。这件事的重要性是肯定无疑的了。在我所有有学识的朋友中,弗朗西斯·曼(Francis Mann)是首屈一指的。很久以前,当他还是一个来自德国的青年时,他就成了一个重要的财经律师事务所的主持人。同时,他还是我们载有大量法律知识文献的具有代表性的解释者。他在1979年7月号的《法律季评》(The Law Quarterly Review第348页)中写道:

“‘蔑视法庭罪’无疑是普通法对欧洲大陆以外不知道这种司法惯例的世界大部分地方促进文明行为所作的一个伟大贡献。”

现在,我就来论述这一伟大贡献。

---

[1] “圣·詹姆斯晚邮报案”(1742年)2 Atkins 469 at 472(英国法院案件卷宗编号。下同。——译注)。

第一章　面对法庭

一、就发生在我的眼前

“公然蔑视法庭”是一句老话了。它指的是法官亲眼看到的一种蔑视行为，以致他不需要证人提供证据，即能亲自加以处理。

最著名的一个案件可以追溯到1631年，它发生在西巡回区[1]的赛利斯伯利。一个犯人向巡回法官扔了一块砖头。这件

---

〔1〕　巡回区（Circuit），从12世纪始，英格兰高等法院法官被定期派往各郡审理案件。《1873年司法制度法》把全国分为七个区，各巡回区又叫巡回法庭，各由一名巡回法官主管。1971年后巡回区经过重组分为六个区，分别是中部加牛津区（伯明翰）、东北区（里兹）、北区（曼彻斯特）、东南区（伦敦）、威尔士和切斯特区（加的夫）和西区（布里斯托尔）。——译注

事最初是用诺曼底—法语报道的，当时这是律师和记者所通用的语言。但用英语来说，译文如下：

“大法官法院首席法官理查森于1631年夏天在赛利斯伯利巡回审判中受到一个被判为重罪的犯人的袭击，该犯在被判罪之后向上述法官扔了一块砖头，险些击中，为此，诺伊即刻对犯人提出起诉，砍掉了犯人的右手，把他绑在绞刑架上，当庭把他绞死。”

我经常利用不见经传的补遗材料给学生讲述这个案件：

“当砖块飕飕飞过时，法官正用一只手撑着头。他抬起身子说道：‘假如我是个正直的法官，我就不再是法官了’。”〔1〕

撇开传说的案件不谈，我能举出亲眼目睹的事实。在我还是名实习律师时，有一次，我在靠近凯里路的上诉法院等候审案。就在中午休庭时，一个男子从我的后排站起来，向法官扔了一个西红柿，他没扔准，从高等法官克劳森（Clauson）和戈达德（Goddard）中间飞了过去，一声脆响打在门板上。法官们吃了一惊。他们休庭几分钟，然后又开庭，把扔西红柿的人带上来，立刻判了他六个月监禁。

以后，当我作为高等法官和巴克尼尔（Bucknill）一起在同一法院开庭时，发生了一件类似的事。那是个大热天，律师们正在大谈天气如何热，一个人忽然站起来，用手杖打碎了玻璃窗。我猜想，他是要放进一些新鲜空气吧。至少我们没有判他蔑视法庭罪。我们把他送到弓字庭，当作故意损害行为处

〔1〕这是一句俏皮话，意思是如果这位法官不正直，就被击中了。——译注

理了。

再往后,当我主持开庭时,我们更为宽大了。每星期一上午,我们亲自审理当事人。斯通小姐经常在场。有一次她向我们提出一个要求,我们拒绝了。当时她坐在前排,手边放着一只书箱。她抄起一本巴特沃斯出版的《工人赔偿案例》朝我们扔过来,书从迪普洛克(Diplock)和我中间飞了过去。她又扔过来一本,也打偏了。她喊道:“我的子弹打光了。”我们几乎没有介意。她原希望我们判她藐视法庭罪,想借此表现一下自己,由于我们不理睬她,她只好向门口走去,边走边说:“我对爵爷们在怒火下的泰然自若表示欣赏”。

二、威尔士学生闯入法庭

这是一个带有戏剧性的案件。威尔士学生对威尔士语是非常热爱的,他们对于向威尔士广播的节目用英语而不用威尔士语非常不满,于是进行游行抗议。他们来到伦敦,闯入了法庭。我能理解他们的观点,因为我和威尔士有一种特殊关系。第一次世界大战期间,我是皇家工兵部队的一名少尉。当然,从久远的年代以来,我本人不论父系还是母系,都是英国人。但我在皇家工兵部队第 151 野战连供职,它属于第 38(威尔士)师,我戴着印有威尔士红龙的臂章在法国服役。我最值得骄傲的经历之一就是我们于 1918 年 8 月 23 ~ 24 日的夜晚(当时我才 19 岁)在枪林弹雨下横渡安克里河,这一事迹载入了威尔士师的史册:

“当时,第 115 旅两个营在阿夫里通过一座桥渡过了安克里河,这座桥是在皇家工兵部队第 151 野战连丹宁和巴特勒两名中尉的监督下建造的,他们还在第 113 旅的左边建造了一个营的驻地。”

这只不过是参与了一次勇敢的行动。我现在之所以写上这件事,是因为在我受理威尔士学生的案件——“莫里斯诉国玺部案”[1]以后引起了一些议论。

这是第一起上诉法院必须重视的“当面蔑视法庭”案件。闯入法庭的 11 个人每人被判了 3 个月的监禁,他们都是满怀着威尔士人的激情的阿伯利斯瓦斯大学的学生。判刑日期是 1970 年 2 月 4 日(星期三)。我始终认为凡是紧急的案件就应该迅速加以处理。我们在 2 月 9 日(星期一)开始审理学生们的上诉,2 月 11 日(星期三)就作出了判决。我对法庭的组成也有某种决定权。于是我安排了一位威尔士籍的高等法官开庭。阿西安·戴维斯(Arthian Davies)法官很合适,他不仅是威尔士人,而且能说威尔士语。他与高等法官萨蒙(Salmon)和我一起审理了此案。星期一和星期二我们听取了辩论。星期三上午进行了讨论,星期三下午就作出了判决。我们处理得如此迅速,希望读者能原谅判决书有不完备之处,下面是判决书的部分摘录:

“上星期三,正是一周以前,高等法院的一名法官劳顿也在这个地方审理了一个案件,是发生在一名海军军官和一些出版商之间的诽谤案,陪审团参加了审理。这无疑是一个重要的案

---

〔1〕 (1970 年)2 QB 114。

件,但是与今天的目的相比较,它也许是最不重要的。这不碍事,因为那个事件本身确实是严重的。现在这个案件是一群青年学生,有男的,也有女的,闯入了法庭。这显然是事先安排好的。他们从阿伯利斯瓦斯大学远道而来,跨进审判庭律师席,拥入公共走廊,高呼口号,散发小册子,而且还唱歌,破坏了审讯。法官不得不休庭,直到把学生驱逐出去才恢复了秩序。

当法官返回法庭的时候,3 个学生被带到法庭受审。法官以蔑视法庭罪判处每人 3 个月监禁,其他人在法庭再次开庭以前继续拘留。以后又有 19 个学生被带到法庭。法官挨个问他们是否准备认错。其中 8 人同意认错。法官判处每人 50 镑罚金,并要他们具结[1]保证守法。另外 11 人不肯认错。他们说,他们认不认错是个原则问题,所以不能随便答应。法官便以蔑视法庭罪判处每人 3 个月监禁。

在用这种办法对这些年轻人作出判决时,法官行使了一种延续几个世纪的审判权。早在二百年以前,威尔莫特法官在一篇起草好了的但从未发表过的意见书中就对这种权力作了很好的说明。他说:‘判处当面蔑视法庭的人以罚金和监禁,对每一个法院来说都是必要的’。这是在‘王国政府诉阿尔蒙案’中说的。‘当面蔑视法庭’这个术语听起来有些古怪老气,但它的重要意义在于强调:在所有必须维护法律和秩序的地方,法院是最需要法律和秩序的。司法过程必须不受干扰或干涉。冲击司法正常进行就是冲击我们社会的基础。为了维持法律和秩序,法官有权并且必须有权立即处置那些破坏司法正常进

---

〔1〕 具结(recognisances),签订人在法院签订的自愿约束自己做某事或不做某事的约据。这种约束要有文字保证并保存在法院。——译注

行的人。这是一个很大的权力,一个不经审判当即监禁某人的权力,然而它是必需的。的确,甚至直到最近为止,对法官行使这种权力都是不允许上诉的。以往没有防止法官错误地或不明智地行使这种审判权的保障办法,到1960年这种情况得到了纠正。现在可以到上诉法院进行上诉了,在适当场合还可以从本院上诉到上议院。因为有了这些保障办法,这种审判权才得以保留并应该保留下来。

11名年轻人行使了这种上诉的权利。我们把其他所有案件放到一边,先来受理此案。这是因为我们关心他们的自由权利。我们的法律把臣民的自由权利看做是比什么都重要的。

所以我要赞扬这种做法,正是据此,沃特金·鲍威尔先生为学生们提出了上诉。他所做的和我们以前所听到的任何辩护一样。我们也得到检察总长[1]的很多帮助,他不是作为公诉人,而是作为法庭之友[2]来到这儿的。他提出了一切有关的注意事项,对我们很有裨益……

因此,我认为,高等法院的一名法官根据普通法仍然享有对蔑视法庭的刑事罪犯即刻判处监禁的权力。这种权力至少不受1967年法令各条款的影响。普通法上的这些权力原封不动。这些权力是:判以罚款和监禁;作出即刻判决或延缓执行;在作出判决以前将某人先行监禁;勒令某人规规矩矩、遵守法律;勒令某人一经传讯即须到庭受审。这些权力使法官事实上

[1] 检察总长(Attorney-General),是英国国王首席法律顾问,亦是全国律师的当然领导人,代表国王决定对重大案件是否提出起诉。——译注

[2] 法庭之友(amicus curiae),原文为拉丁文。是协助法院工作的法律顾问,一般代表公共利益或为无辩护人的当事人出庭辩护。在现代,当法庭需要法庭之友协助时,一般邀请检察总长或由他指派的法律顾问担任。——译注

可以采取延缓执行的做法。在这方面的现代制定法通过以前，我经常听到一些法官在审理一般犯罪时按照普通法说：

‘我勒令你一经传讯立即到庭受审。你听着，假如你再找麻烦，那么你就要为这次犯罪而被判刑。我提醒你，这要坐6个月的牢。如果你错过这次机会，就要受到这样的惩罚。’

这就是普通法的缓刑办法，它也可以用于蔑视法庭罪。

现在我来谈谈沃特金先生即鲍威尔先生所说的第三点。他说对学生的判决过分了。而我认为，不论从发布判决的时候，还是从以后发生的情况来看都不算过分，这是对审理某一与学生毫无关系的案件的司法过程的蓄意干涉，法官必须表明(向每一个地方的所有学生表明)这种事情是不可宽恕的。如果学生愿意，可以让他们为自己所信奉的事业举行示威，只要他们喜欢，也可以让他们提出抗议，但必须依照合法方式进行，而不能非法进行。他们冲击了这块土地上(指英格兰，也指威尔士)的司法过程，就是冲击了社会本身的根基，就是破坏了保护他们的东西。仅仅由于维护了法律和秩序，他们才有幸成为学生，能在平静的环境中学习和生活。所以要让他们维护法律，而不是贬低它。

但是现在应怎样做呢？由于法官在上星期三作出了判决，法律才得到了维护。他已表明法律和秩序必须受到维护，而且也将受到维护。然而就本上诉案来说，情况发生了变化。那些学生不再公然在这里反抗法律了。他们向本院提出上诉就是尊重法律的表现。他们已经服刑一周。我认为继续把他们关在里面没什么必要了。这些年轻人不是普通刑事罪犯。他们没有使用暴力、没有进行侮辱或采取不道德的行为，相反，有许多做法还是值得我们赞赏的。学生们想要尽力维护威尔士语言，他们有理由为它骄傲。它是诗一般的语言，是诗人和歌手的语言，听起来远比我们粗鲁的英格兰语音悦耳。就其权威性来说，在威尔士，它和英格兰语言应当具有同等的地位。学生们的错误——而且是一种严重的错误——在于他们走到了极端。但是，正如已经做的那样，我想我们能够而且应当宽恕他们，我们应当允许他们回到学堂，回到父母身边，继续完成被他们的错误中断了的美好的学业。

他们还必须保证今后自我检点、遵纪守法。最后我还得再说一点，如有需要，本院有权传讯他们。只要有必要，法院将毫不犹豫地召回他们，把他们送进监狱，执行劳顿法官对他们判处的刑罚的保留部分。

以我的同事即将发表的意见为条件，我愿提议今天就释放他们，但他们一定要规规矩矩、遵纪守法；今后12个月以内一有传讯，必须立即到庭受审。"〔1〕

现在，我再来谈谈评论者的问题。我接到两张匿名的明信片，表明了英格兰对此案的反映。一张写道："你这个令人憎恶的胆小鬼"。另一张说："你应当辞职。"但来自威尔士的反映却十分满意。报纸赞扬了我们，一位神学院院长直截了当地说："感谢你们为我们的年轻人说了公道话。"

三、官方代诉人和法律助理一起参与诉讼

上面的蔑视行为是"面对法庭的"，法官自己目睹了这一行

〔1〕 (1970年)2 QB 121、125。

为，所以不需要用证据加以证明。蔑视行为只限于法官亲眼所见的吗？假定他自己什么也没有看见，那就必须有证据来加以证明，那么法官还能即刻审讯吗？罪犯有权找法定代理人吗？他有权请求陪审团参加审讯吗？这些重要的问题是由“巴洛夫诉圣·奥尔本斯刑事法院案”〔1〕的判决引起的。巴洛夫先生是一位年轻人，他的名字很受报界关注，因为他是著名经济学家巴洛夫勋爵（Lord Balogh）的儿子。他搞了一出恶作剧，结果被判了刑。梅尔福特·史蒂文森（Melford Stevenson）法官判他六个月监禁。因为他想上诉，就写信给官方代诉人。〔2〕

现在官方代诉人是最有用的人。他维护那些不能或将不能维护自己利益的人，例如需要照管和保护的未成年人和成年人。他对那些被指控犯有蔑视法庭罪的人特别关心，因为人们有时是比较固执的。经常会发生这种事：妻子从法庭得到命令，不让她的丈夫卖掉房子，丈夫不服从，就被指控为蔑视法庭。而他宁愿永远坐牢，也不愿把住宅放弃给他的妻子。在这类案件中，官方代诉人就替他打官司，使他得到释放，比如“丹彻夫斯基诉丹彻夫斯基案”〔3〕就是这样。这种人往往拒绝为免去其蔑视法庭罪做任何事情，他们也不上诉，而是闷闷不乐、愤愤不平地坐在牢中。要是没有人把他们的案件提交上诉法院，他们可能会无限期地坐下去。官方代诉人就是出来帮助他们的人。

---

〔1〕（1975年）1 QB 73。

〔2〕官方代诉人（Official Solicitor），高等法院中的一种司法官员，可根据法院指示担任没有其他人可作为其代理人的残疾人和未成年人的监护人，也可作为法院认可的其他人的上诉人。——译注

〔3〕（1975年）Fam 17。

官方代诉人接受了巴洛夫先生的案件，并提交了上诉通知。但谁是被上诉人呢？不可能是法官，法官不能因为执行了职务而被起诉、传讯或传唤。于是我们请求检察总长指派一位法律顾问作为法院之友帮助我们。这是一种惯例。检察总长指派了一位财政部“法律助理”戈登·斯林先生。用法律的眼光看，“法律助理”本是一个无薪职员，当我开始在法院工作的时候，常为律师查阅案件，甚至撰写意见书，不拿一便士的报酬。我是“协助”律师，这样做是为了取得经验。现在则不同了，“法律助理”总是按劳取酬。财政部“法律助理”是最好的法律助理，是年轻律师中的精华，即将取得法官资格。戈登·斯林先生年轻有为，是我所知道的佼佼者，他大有前途。

四、“催笑气”没有释放出来

巴洛夫先生的恶作剧是如此有趣，法官对它的处理又是那样有教益，所以我想把判决简要摘录如下，让其本身来说明问题：

“在圣·奥尔本斯有一座新法庭，装有空调设备。今年5月皇家刑事法院在那里开庭，审判一起涉及色情电影和黄色书籍的案件。斯蒂文森·巴洛夫每天到这儿来。他是辩护律师雇用的一位临时帮手，是一个每天拿五英镑的不懂法律的小职员。这个案件一再拖延，使他极为厌烦。他打算使审判活跃起来。他知道有一种名叫一氧化二氮的气体，当人呼吸到这种气体时会产生兴奋的感觉。这种气体也叫作‘催笑气’，他在牛津的时候全面学习过这种气体。审判期间，他从某医院停车场拿了半筒‘催笑气’，放在随身携带的公文包里，打算把圆筒放在通风系统的入口处，把气体放进法庭。他想这种气体正好从法律顾问席前面的出口冒出来，会使他们的发言变得生动，引起其他人的兴趣，好从冗长乏味的色情描述中解脱出来。于是一天黑夜，他从公共走廊爬上了法庭的房顶，找到通风管后，就决定把圆筒放在那儿。第二天开庭后不久，在11点15分的时候，他带着公文皮包，里边装着圆筒，进入一号法庭。这不是审理那个色情案件的法庭，那个法庭在隔壁。这是唯一一个有一扇门通向房顶的法庭。他把公文皮包放在公共走廊后面的一个座位上，然后就出去了，想等没人的时候溜空爬上房顶。但始终未等到机会。因为在前一天晚上他被人发现了，法警看见了他爬上房顶。于是这天早上他们对他进行了严密监视。他们看着他放下公文皮包，乘他出去那一会儿时间，他们小心翼翼地拿起了皮包，因为担心里边有炸弹，打开皮包后，他们取出了圆筒，经过检查知道了里边装的东西。于是他们抓住了巴洛夫，他们对他提出了警告。巴洛夫坦率地告诉了他们自己准备干的事。他们指控巴洛夫偷了一瓶一氧化二氮，他承认了。法警将其拘留，并向正在主持一号法庭（不是审判那个色情案的法庭）审判的梅尔福特·史蒂文森法官作了报告。下午4点15分审案结束时，法官传巴洛夫到庭。法警拿出证据，巴洛夫承认全是事实。他认为这是开个玩笑，一出恶作剧。但法官看法不同，并不感到有趣。对法官来说，这不是一件开玩笑的事，而是非常严重的蔑视法庭的行为。巴洛夫说：

‘当时我确实弄错了法庭……我想破坏的那个审判过程是在隔壁进行的。因此，我并没有蔑视你们的法庭，如果蔑视你

们法庭的话,我应当受到审判。'

法官回答道:

'显然,你至少是要扰乱在这座楼房的法庭里进行着的审判过程,本庭正是其中之一。……今晚你要继续被拘留,明天早晨我将考虑给你什么样的惩罚。'

第二天早晨,巴洛夫又被带到法官面前。法警拿出了关于事情背景的证据,法官问巴洛夫还有什么要说的,巴洛夫说:

'我认为自己没有能力进行诉讼,我在法庭上没有代理人。我犯的不是蔑视法庭罪,我是因为偷瓶子被逮捕的,不应再提出别的诉讼。'

法官作出了判决:

'很难想象有比这更严重的蔑视法庭行为了。假如实现了你的明确目的,后果是非常严重的。我不能听之任之,要判你六个月监禁……我不处理任何盗窃案件……我只是行使处理蔑视法庭罪的审判权,本院拥有这种权力已有几百年的历史了。正基于此,你将坐六个月的牢。'"

巴洛夫粗鲁地骂道:"你是个呆板的机器人,为什么还不自尽?"他还是被带去服刑了。

"11 天以后,他从监狱里写信给官方代诉人。他在信中承认自己的行为是卑鄙的,现在他是完全恭顺了。他怀着能免除其蔑视法庭罪的愿望,请求准许他道歉。官方代诉人立刻安排业务咨询,结果向本院提出了上诉。

……

但是,我发现没有东西能告诉我们'面对法庭犯罪'的含义是什么,从来就没有过什么定义。我以为,几个世纪以来,它的含义是由法官在审判实践中确定的。从来没有人把它仅限于法官亲眼看见的行为。它一直包括法官根据自己的意志能够当场加以惩罚的所有蔑视行为。所以‘当庭蔑视行为’也就等于‘法庭可依自己的意志加以惩罚的蔑视行为’，实际就是‘法庭认为是蔑视的行为’。

那么，综合过去的经验，无论怎么表达，只要对一个正在审判的或将要审判的或刚刚判完的案件的司法过程进行粗暴的干涉，只要是急需采取措施的，高等法院或刑事法院的法官都可以根据自己的意志，以蔑视法庭罪立即加以惩罚，而不管这种干涉是法官亲眼看到的，还是法警或其他人报告的。这种权力被高等法院的法官们代代相传，以后又为刑事法院的法官所接受。

……

这种即刻惩罚的权力是一种很大的但却是必要的权力。因为有了它，便能维护法庭的尊严和权威，确保公平的审判，只是在急需立刻判决的情况下，法官才能根据自己的意志行使这一权力，以维护法庭的权威，阻止骚乱，使证人能够消除顾虑，使陪审人免受不当干扰等。当然，行使这一权力时须十分谨慎，只能施于情节清楚、无可置疑的案件之中[参看首席法官基劳温的拉塞尔勋爵(Lord Russel of Killowen)审理的‘女王诉格雷案’(1900年)2 QB36、41]。只要是适当行使，这就是一个不应削弱的、最有价值的和最重要的权力。

一百多年以前，首席法官厄尔(Erle)说过：‘……根据我的经验，法官行使这些权力总是为了推进司法和有利于公众。’今天我要重申这句话。人们常常表示担心，惟恐这种权力被滥用。但这些问题已由1960年的司法行政法第13条解决了，该条确立了向上级法院上诉的权利。

正如我已经指出的，只有在急需立即采取措施的情况下，法官才能依自己的意志行事。除此以外，法官不应当自行起诉，而应由检察总长或受害人根据第52条修正命令的规定提出起诉。原因在于他不能既是原告又是法官，这种角色和他的身份是不相称的。

再看眼前这个案件，我认为要害在于法官绝对有权依自己的意志行事。巴洛夫先生的意图是要破坏当时正在进行的审判过程。把他的行为报告给当时正在法院大楼里的老资格法官，由该法官来进行即刻审判，并把巴洛夫带到法庭，这种做法是非常适当的。但只要巴洛夫一到庭，这就不是一个需要即刻审判的案件了。既不是非常紧急的，也不是绝对必要的。因为他已因盗窃罪而被拘留在案。法官的妥善做法是将其送回拘留，并邀请法律顾问做他的代理人。如果法官这样做了，我估计法律顾问将会提出我下面要说的观点：

……

该案的发生，引起了我们每一个人的思考：巴洛夫先生是犯了蔑视法庭罪吗？他偷了盛气体的圆筒，肯定是有罪的，但是否犯有藐视法庭罪呢？没有任何诉讼程序被扰乱，也没有任何审判遭到破坏。并没有出现什么麻烦事。气体没有释放出来。巴洛夫先生还有许多事没有做。他必须拿着公文皮包，爬上房顶，把圆筒放在适当的位置上，还要打开阀门。即使他做完了这一切，能否产生任何影响也是很值得怀疑的。这种气体被空气稀释后是不易被嗅到的。所以巴洛夫先生只有破坏法庭的意图，但仅以此定罪是不够的。所以他犯的是盗窃圆筒罪，而不是别的罪。

基于这一简单的原因,我们认为法官是错误的,我们已经准许以此为理由上诉。但即使不存在这一理由,我认为六个月的监禁也是过分了。巴洛夫已经坐了14天的牢,即使他犯的是蔑视法庭罪,也足以抵偿他的罪过了。”

结论

“近来关于这方面的案件给人们上了一课,这一课当然是合适的。新的刑事法院诞生了。但该法院的法官并没有获得在巡回审判时所具有的特权。审判时法官的罩袍和打扮使每个人都肃然起敬,但他却几乎很少行使即刻惩罚的权力。然而对刑事法院来说,维护其尊严和权威也是很重要的。该法院的法官们应当毫不犹豫地行使从前人那里继承下来的权力。对于侮辱最好的方法是不予理睬,除非那些侮辱是严重的和诽谤性的。对于拒绝回答则可给予告诫,除非案情必须得到回答。但是对于破坏法庭、威胁证人或陪审员,则应当立即逮捕。如果可以安排法律顾问作为代理人,则应送回拘留,如果须作出判决,则应罪罚相当,令人心悦诚服。倘若判决有错误,可以上诉到本院,我们总是在一两天内就审理这种上诉的。本案就是一个范例。法官做的这样坚决是可以理解的。但由于事情发生得突然,他走得太远了。不能责怪他,这只是表明允许上诉是明智的罢了。”〔1〕

〔1〕(1975年)1 QB 73、81、84、85和86。

第二章　侵害证人

一、被剥夺职务的工会会员

现在我要谈一个与蔑视法庭罪密切相关的问题。每个法院都必须依靠证人，证人应当自由地、无所顾虑地作证，这对执法来说是至关重要的。但众所周知，证人可能被指使作伪证——可能会有人威胁证人，如果说出真情，就没有好结果——他们会因吐露真情而遭到惩罚。你也许以为，对任何人来说威胁或侵害证人理所当然都是严重蔑视法庭的行为。然而，直到1962年，人们才对此进行了充分的讨论并给予了重视。在“检察总长诉巴特沃思案”[1]中，巴特沃思先生

〔1〕（1963年）1 QB 696。

和其他几人是某工会分会委员会的成员。该分会另一名成员向限制贸易惯例法院[1]提供了他们不喜欢的证据。为此，巴特沃思先生和那几个人决定惩罚他。他们免去了他的分会代表和司库等职务。有人把此事报告给检察总长，因为检察总长有以蔑视法庭罪起诉的权责。检察总长认为巴特沃思先生等人的做法是蔑视法庭行为，他诉请限制贸易惯例法院对此进行审理。但法官们认为这不是蔑视法庭行为，于是此案上诉到了本院。

由于一个特殊原因，至今我仍然记得这个案件。1962 年 7 月 11 日、12 日、13 日，也就是星期一、二、三，该案连续辩论了 3 天，就像是“大动干戈之夜”。首相哈罗德·麦克米伦（Harold Macmillan）先生事前没有通知，就宣布解除他的大部分阁员的职务，其中包括大法官基尔穆尔勋爵（Lord Kilmuir）。这使基尔穆尔非常恼火。现在上诉法院院长的任务之一是主持新任大法官就职宣誓。一天，我接到通知，要我去主持一位新任大法官的宣誓仪式，没有告诉我这位新法官是谁。但是那天早上，参加该案辩论的检察总长雷金纳德·曼宁厄姆—布勒爵士（Sir Reginald Manningham-Buller）请求准假一两个小时。原来他就是新任的大法官。于是前一天他还作为检察总长在我们面前进行辩论，第二天就成了在我们上面的大法官。我们作出对他有利的判决仅仅是根据他在辩论中提出的理由，而不是因为他成了大法官。这种事对我们没有什么压力。像处理所有的案件一样，我们没有拖延。整个周末我们都在准备判决书，

---

〔1〕 限制贸易惯例法院（Restrictive Practices Court），1956 年根据《限制贸易惯例法》成立。其主要职责是依法确定公平贸易总监处登记的限制性协议是否违反公共利益。——译注

星期一早晨便宣布了判决。星期二他在我们面前进行了就职宣誓。在判决书中我们力图阐明有关的原则：[1]

“在巴特沃思、贝利和埃瑟顿案件中，这3位先生的主要动机都是因为格林利斯在‘复职和重新申请协议案’中作了证才对他进行惩罚……

……

我不能同意限制贸易惯例法院的判决。这可能在书本上找不到根据，但如果没有先例的话，我只能说我们越早作出判决越好。因为就蔑视法庭来说，没有比在证人作证以前威胁证人或在作证之后迫害证人的行为更为严重的了。假如案件一结束，证人就要受到那些不喜欢他的作证的人的报复，那么还怎能指望证人自由地和坦率地提供他们应当提供的证据呢？让我们承认他确已诚实地作了证，难道仅仅因为作了证，他就应该被解雇、被开除出工会、被撤职或被逐出社交圈子吗？我不相信英国法律能允许这样对待证人。如果在某个案件中发生了这类事又未受到惩罚，消息就会很快传开，其他案件的证人就会拒绝作证。即使他们愿意出来效劳，由于害怕后果，也不敢说出真情。我要对那些认为在这个问题上找不到根据的人说，依我看，上诉法院前院长兰代尔勋爵（Lord Langdale）在‘利特勒诉汤姆森案’[2]中的说法完全可资凭据：

‘如果证人因此而不能自愿对合法诉讼进行帮助，那就无从执法了。最好是把法院的大门立即关闭。’

我毫不犹豫地宣布，侵害证人是一种蔑视法庭行为，不管

〔1〕（1963年）1 QB 696 at 717。

〔2〕（1839年）2 Beav 129、131。

这种事发生在诉讼进行之际，还是在诉讼结束以后。这种蔑视行为可由证人前去作证的那个法庭加以惩罚，于是那些想做这种事的人就会受到这个法庭的警告。我还要补充一句，如果证人因此受到伤害，他完全可以在民事法院要求损害赔偿。

尽管我同意在此问题上并没有直接可以引用的根据，但请允许我说，在法律著作中可以找到许多赞成上述观点的指示……

……

在我所提到的大多数案件中，证人虽已作证完毕，但由于有人对他们采取了措施，因而案件本身并没有结果。尽管如此，正如我已说明的，原则已经确立，其适用范围足以包括诉讼业已结束的案件。而且我必须说，我认为没有理由把这种蔑视行为看作仅限于在案件进行之际加害证人的行为。证人到家以后受到侵害和证人到家以前受到侵害一样，都是严重干涉司法的行为。既然在侵犯陪审员的案件中没有这种区别，那么在侵犯证人的案件中也不应有此区别。在'王国政府诉马丁案'[1]中，陪审团证明约翰·马丁有罪，当陪审长刚走进家门，正要上楼的时候，犯人的兄弟詹姆斯·马丁便叫住他，扬言要和他决斗，以此来威胁陪审团。爱尔兰法庭认为这已构成蔑视法庭罪。这也确实是地地道道的蔑视法庭行为。至于这次挑衅是发生在陪审长到家之前还是在到家以后，是针对法官的还是针对证人的，这些都无关紧要。

……

但如果采取这种行为是出于复杂的动机，就像这里确曾发

[1] (1848 年)5 Cox CC 356。

生过的很多事件一样,又应如何处理呢?如果主要动机是对证人进行报复,无疑要构成蔑视法庭罪。然而即使这不是主要动机,但只要这种动机对采取的行动有推动作用,我认为同样构成蔑视法庭罪。我认为在各种动机凑在一起导致侵害证人行为发生的情况下,法院不能也不应该斤斤计较这些动机的轻重。只要驱使某人采取这种行为的目的之一是报复证人,那么凡受这种动机驱使的人均犯有蔑视法庭罪。

……

我们考虑到被带到本庭的工会会员所提交的道歉书,因为这是一个相当重要的案件,是检察总长认为应送交本庭的,所以我们认为没有必要使这些先生们承担全部诉讼费用……

……因此,有三个人要各付二百英镑,另外三个人各付一百英镑,总共付给检察总长诉讼费九百英镑。”

二、房客被赶出房门

现在有一个重要的问题,是证人被侵害并因此受到损失而引起的。法庭可以对蔑视法庭者处以罚款或监禁。但受害人能够对蔑视法庭者提出要求损害赔偿的诉讼吗?我认为受害人能够,至少是应当能够这样做。侵害证人不仅是刑事犯罪,而且依我看,还是民事违法(律师称之为侵权行为)。几个月以后,就这个问题展开了一场讨论,遗憾的是,我是少数派。有这样一个案件使我感到吃惊。一个房主按套出租一所房子。他强行赶走了一位名叫哈兰德的房客。那房客以非法驱赶为由对房主提出损害赔偿起诉。住在下一层的房客查普曼目睹了事情的经过。下面就是在“查普曼诉霍尼格案”[1]中记载的事实：

“……自1959年以来，查普曼一直是这里的房客，他目睹了在第三层楼上发生的一些事情。哈兰德要他对起诉房主提供证据，查普曼怕提供不利于房主的证据会给自己惹事，因此不愿出庭作证。他是被传唤到庭的，而且仅仅是屈于传唤的威力才提供证据的。1962年6月22日，在巴克斯特法官主持的审判中，他出庭作了证。就在第二天，1962年6月23日，房主通知查普曼于1962年7月28日搬出二层楼的套房。房主的理由很简单：因为查普曼提供了有利于哈兰德的证据。法官认为，房主的目的是‘因查普曼先生提供证据而对他进行报复和伤害的’。

……

……法官判决原告胜诉，原告因受蔑视法庭行为的损害而获得50英镑赔偿费。

……

……根据法官的判决，房主通知查普曼搬家和企图以惩罚性的方式赶走他是为了对他进行报复，因为他提供了不利于房主的证据。此事本身就是一次蔑视法庭行为的刑事犯罪，应受到相应的惩罚。（见‘检察总长诉巴特沃思案’[2]）而且这次加害房客是父子联合行动，很可能还是一次合谋（参看‘克罗夫

[1] (1963年)2 QB 502 at 504。

[2] (1963年)1 QB 696，(1963年)LR 3RP 327，(1962年)3ALL ER 326，(1962年)3 WLR 819，CA。

特·汉德·沃文·哈里斯·特威德有限公司诉维奇案'[1]),但无论怎样,这些都是非法的。然而,我的同事——高等法官皮尔逊,对此有些怀疑。他认为侵害证人本身并不是蔑视法庭行为,只是当**其他**人可能得悉此事,并因此不愿在**其他**诉讼中作证时,才构成蔑视法庭罪。如果这种看法是正确的,那就是说,假如房客到处宣扬他的苦处,搞得尽人皆知,房主便犯了蔑视法庭罪;假如房客只是把苦水咽在肚子里,也不告诉他的邻居他为什么被驱赶,房主就没有错。这种道理是讲不通的……

……

判决此案所根据的原则很简单:没有一种法律制度有正当理由能强迫证人作证,而在发现证人作证受到侵害时又拒绝给予援助。采用一切可行的手段来保护证人是法庭的职责。否则整个法律诉讼就会一文不值。如果房主以发搬迁通知来**威胁**房客,法院必须能够发布禁止房主进行恐吓的命令,以保护房客。如果事实上房主滥用搬迁通知**侵害**了证人,法院为保护证人必须判此通知**无效**。舍此无法达到维护法律的目的,无法使证人自由地提供他应当提供的证据,法官也无法对证人说:'别害怕,法律的威力是强大的,足以保护你。'

然而,有人说,判决那个通知无效是毫无意义的。因为房主可以在次日、下周或下月发另一个通知,那通知还会生效。我不同意这种说法。如果房主犯了这种侵害房客的严重蔑视法庭罪,我认为任何法院都可判以后的搬迁通告无效,除非房主能表明通知与打击报复无关。在允许房主行使被他如此滥用的契约权利之前,至少应要求他对自己的蔑视行为认错。当

[1] (1942年)AC 435,(1942年)1 ALL ER 142,58 TLR 125 HL。

然，房客必须付房租和履行租房契约。因此要求房主做到问心无愧，并非不公平。

有人提出这样一个案件，在这个案件中，仆人在离婚诉讼中提供了不利于其主人的证据。第二天，主人为了发泄怨恨，通知一个月后要解雇这个仆人。显然这个通知是非法的，但是仆人无法违背他主人的意志继续待下去。法律从来不强制个人履行私人服务合同，但怎样赔偿损失呢？我认为，这种赔偿应由陪审团来估价，根据倘若仆人没受到侵害会工作更长的时间，来补偿他因失去工作**机会**而造成的损失。因此，对于一个因服从法院命令而受到侵害的无辜人，法院只能给予也应当给予适当的援助……

……

然而，事实上，这是一种新的案件。据我所知，过去法院从未受理过这类案件。但这不能成为我们袖手旁观的理由。我们面临这样的抉择：要么去纠正一起严重不法行为，要么置之不理；要么去保护被迫害的受害者，要么任其遭受痛苦；要么去维护法律的权威，要么任其遭受蔑视。面对这种抉择，我毫不怀疑应做出怎样的回答。我们不能袖手旁观，强迫证人作证的法律有责任保护证人免遭报复。这是法官阿龙·皮尤先生在发布一项禁制令〔1〕时所表达的看法，这是巴克斯特法官在判决给付50英镑赔偿费时所持的观点，这也是我的意见。我不会让房客无偿地被赶走，我要驳回这个上诉。”

但是我两位同事却不是这种意见。他们认为搬迁通知是

〔1〕 禁制令（injunction），法院向某一特定（法）人发出的不准其做出或继续做出某一行为，或者强制其做出某一行为的一种书面命令。——译注

有效的，房客不应得到损失赔偿，他们不承认阿龙·皮尤和巴克斯特都是很称职、很有经验的法官。他们也不同意我的观点，不过这算不了什么。他们甚至认为，作为一个普遍原则，不存在对蔑视法庭行为提出损失赔偿起诉的权利。高等法官皮尔逊（Pearson）意味深长地说：

“这个普遍原则（不能有一种诉讼权利的原则）很可能是正确的，仅根据本案就完全可以说，对这种行为没有提起诉讼的权利。这种发生在原被告之间的事是在履行合同或其他文件所规定的权利时做的，并且符合合同或文件的规定。……没有理由认为当事人之间发生的同一行为既是合法的又是非法的——从合同的角度看，实现合同的目的是合理和有效的；而从侵权的角度看，又是所谓非法和负有侵权责任的。”

判决至此为止。我的两位同事竟然不准许房客向上议院提出上诉。无疑是因为此案只涉及 50 英镑。房客有法律援助，房主没有，但为这么少的一点钱，要上议院对房主进行判决是困难的。此案扰乱了最近由上议院宣布的先例理论。在“查普曼诉霍尼格案”中，多数判决在以后对所有法院都有约束力，除非某人既有时间又有金钱——可能还要加上有勇气——可以把案件提交到上议院。不揣冒昧，我要问本书的律师读者们，“你们想对你们的委托人提出建议，把此案提交到上议院去吗？”

第三章　拒绝回答问题

一、两名新闻记者被送进监狱

下面是一个与公众利益密切相关的案件。有两名新闻记者在证人席上拒绝回答问题，于是被送进了监狱。他们犯了蔑视法庭罪吗？

报界一直在说海军部内有一名间谍。国会命令进行调查。拉德克利夫勋爵(Lord Radcliffe)主持了这次调查。两名记者中有一名曾在报上说："两名高级官员曾主动要下属避开海军部最严格的保密审查。"拉德克利夫勋爵问这位记者："你的消息是从哪里来的？你是从哪里得到这个消息的？"记者说："我拒绝回答。"拉德克利夫勋爵又问："你能问问给你消息的那个人，他是否愿意把这个消息的来源公开吗?"记者仍拒绝回答。

拉德克利夫勋爵通知了检察总长。检察总长提请法庭以蔑视法庭罪惩罚这名记者。法官戈尔曼先生判处该记者六个月监禁。记者上诉到本庭。这就提出了一个问题:在这种情况下新闻记者是否有拒绝回答问题的特权?

首先,有一点:法庭的提问是否与调查有关。证人只需回答有关的问题,而不必回答无关的问题。一起审理的两个案件是"检察总长诉马尔霍兰案"和"检察总长诉福斯特案"。[1] 对这个问题我作了如下论述:

"法庭的提问与调查有关吗?是记者应当回答的问题吗?我以为,如果调查像情况所要求的那样彻底,那么向法庭公开消息来源,本是马尔霍兰不可推卸的责任。报界发布了这类消息,如果报界这样做是出于一种应有的责任感(在我们这个享有自由的国家里,新闻界可以这样做),那么,它发布这种消息应当根据可靠的来源。上天是不许捏造消息的!如果报界是从一个可靠的来源得到消息的,就必须让法庭知道,否则法庭怎么能知道这些消息是否可靠呢?除非法庭亲自证实消息的来源可靠,证实证人的消息全部出自于此,要不就无法辨别真伪。因此,法庭一定要有权提问:这个消息是从哪里得来的?"

接着我谈了对特权问题的看法:[2]

"然而有人说(这也是第二点),无论这些问题与调查多么有关,是多么应该回答,但新闻记者拥有一种法律赋予的特权,

---

〔1〕 (1963年)2 QB 477 at 487。

〔2〕 (1963年)2 QB 477 at 489。

可以拒绝提供消息来源。那个记者就是以寻求事实真相为由进行辩解的。他说,为了公众利益,他应当秘密地获得消息,然后向全世界公布,因为这样做才可以把公众的注意力引到他们应当知道的事情上。他有权揭露不法和失职行为,否则这些行为就得不到纠正。他说,如果他不保守消息来源的秘密,就得不到消息,假如提供消息的人知道自己将被暴露,就不会向记者开口。因此他宣称,他有权发布他的所有消息,即使是法院或法官下令,他也没有任何义务提供消息的来源。我认为,记者把这种事情看得太严重了。据我所知,只有一种职业有可以不向法院提供消息来源的特权,这就是律师职业。但这也不是律师的特权,而是他的委托人的特权。就拿牧师、银行家或医生来说,他们都无权拒绝回答法官提出的问题。如果我没说错的话,法官会尊重每个从事这类高尚职业的人在工作过程中所获得的秘密。除非提问不仅与审案有关,而且问得适当,并且确实又是审判过程中必须提出和必须回答的,否则不会强求他回答。法官是这样一种人,他受社会委托去权衡各种相互冲突利益的轻重缓急。一方面要考虑对职业秘密表示尊重,另一方面在审判过程中或者在此种法庭对这些严重的消息问题进行的适当调查过程中,也要考虑到最终的社会利益。如果法官决定新闻记者必须回答,他就没有特权拒绝。

……

因此,我认为各种权威说法都是一致的。法律上并不存在这一特权——新闻记者可以据此拒绝回答与调查有关的并且在法官看来是应当问他的问题。我认为很明显,在这个条件下,法庭询问消息来源是符合公众利益的。假如记者不告诉法庭消息来源,那么人们怎么能知道这个消息不是纯粹捏造的呢？即使不是捏造的，人们又怎么能知道它不是某个好事之徒为哗众取宠而散布的流言蜚语呢？除非那个记者说明他的消息来源可靠，否则就只可能是传闻。假如他的消息有可靠来源（我相信并完全接受他对此所作的说明），不管他多么想保守秘密，他都必须记住，法庭要求他透露消息来源乃是履行一种公共职责，这就足以说明这样做是正当的了。

……

……我们急切地审议了戈尔曼（Gorman）法官对马尔霍兰和福斯特所作的判决，即分别判两人六个月和三个月的监禁。经过充分审议，我们不能同意所谓判决是与这种罪行的严重性不相称的说法。”

二、《新政治家》发怒了

这个案件使一些新闻记者非常气愤。《新政治家》（New Statesman）发表了一篇一位记者攻击我们法官的文章，文章建议新闻界应当以牙还牙：

“如果哪位法官明年或以后有丑闻的话，就别指望得到轻饶。”

对此，《每日镜报》（Daily Mirror）以巧妙的讽刺笔调反驳说：

“丹宁勋爵会在电话妓女的闺房中被人逮住吗？高等法官丹克沃茨（Danckwerts）会在非法出售偷来的香烟时突然被人抓住吗？法官多诺万先生会因为诈骗国家美术馆的名画《哥亚》

(Goya)而坠入罗网吗？判决过两名默不作答的新闻记者的法官戈尔曼先生会在法庭休庭时因为经营索霍[1]脱衣舞俱乐部而被发现吗？

这种可能性太渺茫了，指望这种事情出现简直是令人可笑的。

本报认为，按照法律的立场而不是按照某些人所喜欢的立场来执行法律是法官的责任。”

太感谢《每日镜报》了！

[1] 索霍(Soho)，伦敦一著名色情娱乐区。——译注

第四章　侮辱法庭

一、曼斯菲尔德勋爵[1]遭到攻击

当法庭的某位法官受到攻击或诽谤时（或者如标题所说的受到“侮辱”时），法官可以惩罚记者。法官们说，他们这样做并不是为了保护自己，而是为了维护法庭的权威。我们的法律著作中有一段话（它写在一份已准备好但从未发布过的判决书中）极有说服力地阐述了这种观点。1765年，我国最伟大的法官之一曼斯菲尔德本人遭到了攻击。他曾经对一条不利于约

---

〔1〕 曼斯菲尔德勋爵（Lord Mansfield，原名 William Murrey，1705～1793），18世纪英国著名的法官，曾任律师、下院议员、检察总长、王座法院首席法官。1756年受勋。1759年入阁，竭力为英国政府对北美殖民地的征税政策进行辩护，因而遭到攻击。——译注

翰·威尔克斯的消息作了修正。当时阿尔蒙先生在皮克迪利大街开了一家商店,他出版了一本小册子,题为《关于诽谤、搜查证和没收文件及其他》,以一先令六便士的价格在店里出售。他在这本小册子里说,曼斯菲尔德勋爵所作的修正是"多管闲事的、武断的和非法的"。现在我们对这类批评已经习以为常了,但是在那时,检察总长却以蔑视法庭罪对阿尔蒙先生提出了起诉。这个案件经过辩论,由威尔莫特(Wilmot)法官先生准备了一份长达28页的判决书,预备惩罚阿尔蒙先生。但是阿尔蒙先生道了歉,检察总长收回成命,诉讼便终止了。因此法官威尔莫特先生的判决书一直没有发布。40年以后,这份判决书在威尔莫特的一本案例集中以《王国政府诉阿尔蒙案》[1]为题发表了。威尔莫特在判决书中写道:

"假如他们的权威(即法官的权威)遭到小册子作者或新闻撰稿人的践踏,并且人民得知为保护他们而赋予法官的权力受到蹂躏以致给他们造成危害,那么法庭保持其权力的日子就屈指可数了。我甚至断言,法庭将立即失去它的一切权威;法庭的权力也将和它的权威一起完结。用引进一条规则以破坏人民宪法上的自由为罪名中伤法官的权威,尤其是中伤首席法官,难道不比攻击法庭更为致命吗?最大的侮辱也莫过于此了。"

---

〔1〕(1765年)Wilm 243~271。

二、阿沃瑞法官先生受到责难

自那时以来,我们已经历了一个很长的时期,在20年代,“侮辱法庭罪”实际上已被看成是过时的东西了。但到了1928年,它又在一个案件里重新出现。那时我从事律师职业已有四年,在布瑞克法院第四法庭的议事室工作。我的辩护状很少,可编辑(或者说帮助编辑)新版的《史密斯指导判例集》(Smith's Leading Cases)一书占用了我很多时间,但我仍然找时间跨过滨河马路去听这个有名的案子。《新政治家》刊登了一篇批评法官阿沃瑞(Avory)先生的文章。当时,阿沃瑞是一位受到律师界尊敬甚至近乎敬畏的法官。他身材矮小,但十分威严。他坚毅的嘴角和目光敏锐的灰色眼睛显得果敢严峻。他和陪审团一起审理了一起诽谤案。他们判决节制生育的提倡者玛丽·斯托普斯医生付二百英镑的损害赔偿费,那时许多人是反对节育的——见“萨瑟兰诉斯托普斯案”。[1]《新政治家》谴责了这个案件,并且说:

“此案的严重性在于,持有和斯托普斯医生同样观点的人显然不能指望在由法官阿沃瑞先生主持的法庭中得到公平的审理,然而却有这样多的阿沃瑞。”

于是以蔑视法庭罪对《新政治家》的编辑进行了起诉。诉

[1] (1925年)AC 47。

讼过程在“王国政府诉《新政治家》案”[1]中作了报道。一方是检察总长、王室法律顾问[2]道格拉斯·霍格(Douglas Hogg)先生,另一方是王室法律顾问威廉·乔伊特(William Jowitt)先生。两个人都是杰出的律师,后来都成了大法官。但两人的外貌举止截然不同。乔伊特高大、漂亮,声音洪亮、吐字清晰。而霍格长得像匹克威克先生,[3]说话像德摩斯梯尼。[4] 乔伊特为《新政治家》作了出色的辩护。他引用了1899年枢密院一次态度坚决的会议所作的判决:

“因侮辱法庭本身构成蔑视法庭罪这一观念在这个国家里已经过时了。法庭甘愿让舆论攻击、贬低或侮辱他们(见‘麦克劳德诉圣·奥宾案’[5])。”

霍格则引用了威尔莫特没有发布的判决书中的一段话作为回答,确认这种犯罪是根据“公平和公认的看法都是绝对必需的”这一理由。

乔伊特注意到法庭是反对他的,于是他和法官巧妙地周旋。当他说此事并不构成蔑视法庭罪时,以文章写得很仓促为由来开脱;并且说,如果法庭认为构成蔑视法庭罪,作者可以诚

---

〔1〕 (1928年)44 TLR 301。

〔2〕 王室法律顾问(King's Counsel,或King's Serjeant),为一种荣誉称号,其实并不对王室履行具体的法律职责。一般资深出庭律师经本人申请、大法官推荐和英王批准,才能被授予这一称号。获此称号的出庭律师出庭可身穿丝袍(silk)坐在审判席上,故亦称“丝袍”。——译注

〔3〕 英国作家狄更斯的小说《匹克威克外传》中的主人公,长得又矮又胖。——译注

〔4〕 德摩斯梯尼(Demosthenes 公元前384~前322),古雅典的雄辩家。——译注

〔5〕 (1899年)AC 549 at 561。

恳地道歉。这样就使法庭满意了。法官们没有把编辑送进监狱。他们裁定编辑犯有蔑视法庭罪，但没有对他进行罚款，只是命令他偿付了诉讼费。

三、有人要我们缄口

十分滑稽的是，关于这个问题的最后一个案件涉及道格拉斯·霍格先生的儿子——昆廷·霍格（Quintin Hogg）先生。那时昆廷具有这样一种身份，他的全称是尊敬的王室法律顾问、下院议员昆廷·霍格阁下。现在他是圣玛丽洛堡的海尔什勋爵（Lord Hailsham of St. Marylebone），是大法官，是我们这个时代最有天赋的人物。作为政治家、演说家和哲学家，他是无与伦比的。工作之余，他还是一个作家、新闻记者和电视人物。精力充沛的时候他为《笨拙》（Punch）周刊撰稿。1968 年雷蒙德·布莱克本先生向法庭控告他犯有蔑视法庭罪。霍格曾批评上诉法院，言语之激烈和阿尔蒙先生批评曼斯菲尔德勋爵不相上下。他的话全部记录在《王国政府诉大都会警长案》[1] 的报告中，他说：

“由于法院（包括上诉法院在内）所作的不切实际的、互相矛盾的判决，特别是在重要的案件中所作的错误的判决，导致了 1960 年及以后的立法实际上未能实施……谨希望法院记住这条金科玉律：法官在发表附带意见时，沉默永远是一种

〔1〕（1968 年）2 QB 150 at 154。

选择。”

1968年2月26日星期一早晨,我们开始审理此案。布莱克本先生亲自提起诉讼。霍格先生虽然到庭,却由我们这位时代最文雅的律师、王室法律顾问彼特·罗林森爵士(Sir Peter Rawlinson)(现在是罗林森勋爵〈Lord Rawlinson〉作代理人)。罗林森爵士告诉我们,霍格先生绝没有侮辱法院或高等法官的意图(他最尊重高等法官的人格和职业),但他坚持说:文章中的批评是霍格有权公开阐述的。我们接受了这个意见,像往常一样立即发布判决。我们没有像威尔莫特法官先生那样写一份长达28页的判决书,我是这样说的:

“据我所知,要求本庭来审理一件据说是构成蔑视本庭罪的案件,这是头一回。这无疑是一项属于我们而我们又极少使用的审判权,尤其是在我们自己与事情有利害关系的情况下。

同时,我要说,我们绝不把这种审判权作为维护我们自己尊严的一种手段。尊严必须建立在更牢固的基础上。我们绝不用它来压迫那些说我们坏话的人。我们不害怕批评,也不怨恨批评。因为关系到成败的是一件更为重要的东西,这就是言论自由本身。

在国会内外,在报纸上或广播里,就公众利益发表公正的甚至是直率的评论是每一个人的权利。人们可以如实地评论法院在司法过程中所做的一切。不管他们的目的是否在于上诉,他们都可以说我们做错了事,我们的判决是错误的。我们所要求的只是那些批评我们的人应当记住,就我们职务的性质来说,我们不能对批评作出答复。我们不能卷入公开论战,更不用说卷入政治性的论战了。我们必须让我们的行为本身进行辩白。

尽管我们毫无遮掩地置于批评的风暴之中,但这个人或那个人所说的话、这个人或那个人所写的文章都不能阻止我们做当时需要做的事,只要这种事与手头的工作有关。当问题发生时,我们不能保持沉默。

这就自然引出这样的结论:昆廷·霍格先生批评了法院,但他这样做是行使自己无可置疑的权利。无疑,这篇文章有错误,但有错误并不构成蔑视法庭罪。我们必须最大限度地确认他的权利。

我认为这不构成蔑视法庭罪,应当撤销诉讼。”

第五章　违抗法庭命令

一、严格的证据

法庭最重要的权力之一就是发布命令，它经常要发布命令，命令某人做某事或者以某种方式制止某人做某事。如果被命令者不服从，上诉法院就可以因为他蔑视了法庭，在它的武器库中选择一种武器——罚款或监禁——来惩罚他。这种蔑视行为同所有蔑视法庭行为的性质一样，都是一种刑事犯罪。不过，单凭情理上的怀疑不能证明是否犯有蔑视法庭罪，我们在“关于布兰姆勃尔瓦尔有限公司案”[1]中确定了这一点。另外，上诉法院还坚持

〔1〕 (1970年)1 Ch 128。

要求确定蔑视法庭罪必须严格遵守若干准则。

二、三个码头工人

在一起涉及三个码头工人的案件——“丘奇曼诉联合工人代表委员会案”[1]中，上述对证据的严格要求表现得极为明显。根据《1971年劳资关系法》建立了一个新法院——劳资关系法院，由此发生了这起案件。这个法院遭到工会及其会员的激烈反对，他们甚至拒绝承认这个新法院，更不服从它发出的命令。当伦敦东区的码头工人对一座仓库实行罢工警戒时，一场危机爆发了。劳资关系法院发布了一项命令，命令他们停止警戒。码头工人没有出庭，也没有什么人代表他们出庭。他们继续实行警戒。劳资关系法院于1972年6月14日星期三对此案作出判决：

“这些工人的行为发展到现在，已经远远超出了罚款处理的范围，除了发布命令把他们送进监狱以外，别无其他办法，除非我们能得到对此种行为的某种解释。不过如果他们可以对自己的行为进行解释的话，我们愿意给他们一个解释的机会。”

当时，该法院规定了作出解释的最后期限：

“如果他们明天上午仍不出庭，或在6月16日星期五下午两点以前没有到上诉法院申诉的话，我们就发布逮捕令。”

现在人们都已知道码头工人没有理会法院的警告，仍然不

---

[1] (1972年)1 WLR 1094。

服从法院的命令，继续实行警戒。他们既没有到法庭来解释他们的行为，又没有向上诉法院提出申诉。按说法院要发布逮捕令，把他们送进监狱，使他们受到折磨。但这样工会就会号召举行一次使全国瘫痪的总罢工。

然而这一后果避免了。是怎么避免的呢？原来这时突然出现了一位官方代诉人，他到上诉法院要求我们撤销劳资关系法院的命令。我们按他的要求去做了。码头工人很失望，因为他们已经在仓库门口等着被捕，而逮捕令却没有发出，他们也没有被捕入狱受到折磨，更没有引起罢工。

人们马上会问，官方代诉人是什么人？是谁让他来做这件事的？当工人不愿意有什么人代表他们的时候，他有什么权利代表这些工人到上诉法院要求撤销逮捕令？在那个命运攸关的星期五，我在判决中对这些问题作了如下解释：

“劳资关系法院要求工人在星期五，也就是今天下午两点以前向上诉法院申诉，那三个码头工人自己没有申诉，也没有委托任何人为他们申诉，但是官方代诉人这样做了。他有权代表这个国家中将被判入狱而自己又不向法院申诉的任何人进行申诉。同样，他也有权代表将要受到逮捕的任何人到上诉法院提请该法院注意事态的发展。他已经把事情的经过介绍给了潘恩先生，潘恩先生也已向我们提出劳资关系法院发布逮捕令的证据是不充分的。”

这里我要补充一下。潘恩先生十分熟悉工会问题，是位很能干的律师。他脸上总带着一种谦卑的神态，好像说：“请帮帮我的忙吧。”我们当然照办了。

接下去我说：

“……在运用这些权力，特别是在运用这些关系到臣民自由的权力时，我认为，同时上诉法院也认为，劳资关系法院必须以高等法院在这座大厦中所要求过的确凿证据证明它可以用惩罚的手段解决某种冲突。因此我们必须根据证据的确凿程度看看用发布命令的手段来解决这次冲突是否合适。

……

在我看来，劳资关系法院所掌握的证据完全不足以证明法院应该对这次冲突发布这项命令——当你要剥夺别人的自由时，在诉讼中，必须以所有严格的确凿证据作出证明。

……在某些情况下，法庭有权根据它得到的足够的情报采取行动，主动把一名蔑视法庭的人送进监狱。但即使它认为这样做合适，我以为，仍须满足高等法院对所有保障措施提出的要求。在对被告发出警告时，必须同时告诉他上诉法院或高等法院一般在剥夺一个人的自由权利之前对其提出控告所要求的全部确凿证据，有新的控告还必须再通知被告并给予他表示意见的机会。即使被告不出庭作答，也必须用通常在剥夺一个人的自由权利之前所要求的充分证据予以证实。

在分析了提交我们的有关此案的证据以后，我必须说，这些证据不足以构成我们为此目的而提出的要求。因此我认为应当宣布逮捕令无效，命令不予执行。”

三、五个码头工人

仅仅过了五个星期，几乎同样的事情又发生了。不过这次是五个码头工人而不是三个。他们对集装箱码头仓库实行警戒。劳资关系法院命令说，由于蔑视了法庭将对他们实行监禁。又一次出现了总罢工的危险，我们准备再听一次官方代诉人的紧急上诉。但是有人告诉官方代诉人不要插手此案，因为上议院已经匆忙通过一项决定，据说这项决定会对此案产生影响。这就是"希顿斯案"。[1] 决定发出之前的最后时刻，上议员们还忙着修改打字稿的草本。然后他们立即将这项决定用电话通知了劳资关系法院院长，这就给了他足够的理由撤回逮捕令。院长撤回了命令，避免了总罢工。这一场危机也结束了。

从码头工人案中所吸取的教训是，在劳资冲突的案件中，绝不能因蔑视法庭而使用监禁武器，必须找出一些更好的办法，谁能提出这些办法呢？

四、法院监护

有一些案件，是因为不服从法庭命令引起的，其中有一起，是一家报纸发表了一个案件的私下审理记录。大多数案件是——或应该是——公开审理的，没有人会阻止对公开审理的案件进行公平正确的报道。不过有些案件却是私下审理的。如果某家报纸发表此类案件的审理记录，它就犯了蔑视法庭罪，特别是这种案件一般是以保护诉讼的形式私下审理的，如报纸仍然公开报道那就更是一种犯罪行为了。1976 年在一起

〔1〕（1973 年）AC15。

名为“关于F案”[1]的案件中就出现了这个问题。一个15岁的女孩跟一个28岁的男人跑了。这个男人明知她才15岁，却给她吸了毒品，还和她发生了性关系。她的父母对此十分担心，要求对她实行法院监护。于是姑娘被安排到一间学生宿舍去住。一名社会工作者提出建议：应该允许那个28岁的男人到那里去看她。《每日电讯报》得到这个消息，发表了一篇文章，标题是“被囚的情人‘探望16岁的寄宿姑娘’”。

官方代诉人认为这篇文章泄露了私下审理的诉讼案，为此，他控告《每日电讯报》犯有蔑视法庭罪。法官也认为这是犯了蔑视法庭罪，而我们拒绝了这一控告，我说：

“……有些案件表明，发表有关法庭保护的诉讼案的报道是一种蔑视法庭的行为……法庭有权——在习惯上已经这样做了——私下审理案件。它可以不让新闻界了解诉讼过程，不允许公众甚至不允许记者旁听审理，而仅允许当事人及其法律顾问和那些与案情直接有关的人到庭。当法庭私下审理法庭保护的诉讼案时，每一个到庭的人都要记住是禁止发表任何有关案件的消息的……

违反这个禁令就被认为是犯有蔑视法庭罪，这是一种要受到监禁惩罚的犯罪行为。不过，这种犯罪的要素是什么呢……

这类犯罪和不服从法庭命令的蔑视法庭罪类似，就像当事的一方违反要他或禁止他做某事的命令一样。不过二者又有所不同。当一方违反禁令时，指控他蔑视法庭的正是受到侵害的另一方，这是因为禁令的发布和实施都有利于后者……如果

[1] (1977年)Fam 58。

被告没有得到禁令期限的有关通知,或者没有充分的理由证明他确实违反了禁令,他就不应受到指控……但是,当一个报纸编辑——或局外的其他任何人——发表了与法庭保护的诉讼案有关的消息,就大不相同了:他不是诉讼的当事人,既没有对他发布命令,也没有给他有关法庭发布命令的任何通知。他可能知道,也可能不知道诉讼案是私下审理的还是公开审理的;他可能知道,也可能不知道有一项不许发表消息的禁令。因此,根据什么理由判定他有罪呢?又根据什么理由惩罚他并把他送进监狱呢?这种犯罪的要素是什么呢?

我认为根据原则,为了判定犯罪,被告必须有犯罪动机——某些犯罪意识或犯罪意图,这叫作 mensrea。[1] 这种 mensrea 的问题经常出现。其中很多都是依实际情况而定的。'各种犯罪的心理因素有很大的不同'……那么,这个案件的心理因素又是什么呢?在考虑这一点的时候,必须记住这种犯罪不只限于报纸的编辑或记者,任何发表与法庭保护的诉讼案有关的消息的人都会被判定有罪。这件案子中的那个姑娘、她的父母和律师都可能发现自己被控有罪,即使他们仅仅向朋友透露了一句话,也可能有罪:因为他们毕竟泄露了消息。考虑到犯罪的范围这样广泛,在我看来,只能在某人知道法律禁止或知道法律可能禁止发表消息,而不去调查是否确实就自行其是,发表了或无意发表了与法庭保护的诉讼案有关的消息时,才可以判定他有罪。他可能会说:'我不在乎是否禁止发表消息,也不打算去询问此事,我只是要发表消息,'必须有刑法所要求的充分证据证明这种说法就是他所想的,而不能单靠合乎

〔1〕 拉丁文,意为犯罪动机。——译注

情理的怀疑。

上述这点为一般人提供了合理的保护，同时它没有给报纸任何向外界详尽发表消息的自由。如果一位报纸的记者知道有或知道最近已经有一起法庭保护的诉讼案，那么他就应该知道它是私下审理，并且也应该——或实际上——知道有一项禁止发表消息的禁制令。一旦他知道有法庭保护诉讼案，我想，他也就会知道，不仅在实际审理过程中法官得到的消息不准发表，而且官方代诉人、社会工作者或其他人在事前提供的任何消息也都不准发表。

报纸也知道这些原则适用于此案，但是那个姑娘的父母曾告诉过《每日电讯报》，说那项保护命令是一种临时命令，现在已经无效了。报纸认为不再有任何限制发表消息的禁制令了。他们曾向地方议会打听过此事，不过没有得到明确回答。《晚邮报》也曾到处打听过，包括向官方律师打听，但没有人告诉他们那个姑娘是法庭保护的对象。此外，两家报纸都认为这个案子是公众感兴趣的事情，发表出来能够引起人们的普遍注意，除非法律明确禁止发表有关此案的消息。报纸提出的理由在法律上是站得住脚的。他们进行过调查，没有发现这种禁制令，所以才发表了消息。在这种情况下，我认为报纸方面不存在任何犯罪意识或犯罪动机，因此不能判定他们犯有蔑视法庭罪。”

第六章　损害公平审判

一、“杀人犯被逮捕归案”

新闻自由是宪法规定的基本自由，报纸有——也应该有——对公众感兴趣的问题发表公正意见的权利，但是这种权利必须受诽谤法和蔑视法的限制。报纸绝不可发表任何损害公平审判的意见，如果发表了就会自找麻烦。这方面最引人注目的案件没有记录在《法律报告》中，但是我却记得很清楚。我一般不大看报，这个案件发生时，我只读了《泰晤士报》。这家报纸对法院判决的报道相当出色，世界上任何一家报纸都难以和它相媲美。这些报纸是由一些有资格出席高等法庭审判的律师写的，因此常被本法庭引用。但是这个时候，

《每日镜报》却出了格。有一个叫黑格的人被捕了，受审之前，这家报纸登出了一条醒目的大标题：

杀人犯被逮捕归案

这家报纸说，黑格已被指控为杀人犯，并且已交代了其他人，还供出了据说是被他杀害的死者的姓名。

首席法官戈达德勋爵说："没有比这更可耻的事了。应该惩罚他们。"他罚了《每日镜报》一万英镑，把当天的编辑送进监狱关了三个月。他还说："让那些编辑们小心，如果再发生这类事，他们就会发现法律的力量是强大的，法律也可以制裁他们。"

二、"瑟利德米案"

近年来最重要的案件是"瑟利德米案"。这个案件记录在上诉法院的"检察总长诉泰晤士报业有限公司案"和上议院的AC(1974)[1]中。当时有一些孕妇服了一种叫做瑟利德米的药，结果生下来的全是畸形儿。这是1962年的事。于是立即提出要求赔偿的起诉。出卖药物的药剂师想通过调解解决。除了五对父母以外，其他人都同意了。有人要求我们法院不要理睬那五对父母——畸形儿的直系亲属——以便让官方代诉人来代表那些孩子起诉，律师会同意调解，这是大家都知道的。只要这个建议能通过，全部案件就解决了，任何地方也不曾发生过类似案件。但我们还是拒绝撤回这五对父母的起诉。我

〔1〕 英国上议院案件审理登记号。——译注

们的意见在《关于泰勒的申请》[1]中发表了，这是本案的转折点。至于其他情况再也没有比我在上诉法院的讲话说得更清楚了。我说：[2]

“《星期日时报》的编辑告诉我们，他对那个案件的报道十分焦虑。那些生下来就畸形的孩子出世已有十几年了，但药剂师迄今仍未赔偿损失。这位编辑决定对这一事件进行深入调查，准备尽一切可能通过报纸去劝说药剂师——不管他们是否接到法院的传票——从道义出发，对所有畸形儿采取新的态度。这位编辑进行了调查，并在报上发表文章掀起了一场谴责药剂师的运动。

……

1972年10月12日，检察总长给《星期日泰晤士报》发了一道禁令，声称要遏制他们发表这类稿件。

……

法律是十分明确的，当诉讼案还未了结而法庭正在积极审理的时候，任何人不得对案件加以评论，因为这样做实际上会给审案工作带来不利的影响，如影响法官、影响陪审员或影响证人，甚至会使普通人对参加诉讼一方产生偏见。这项规定是在1972年哈德威克勋爵审理的‘圣·詹姆斯晚邮报案’（以《关于里德和哈根森》为题记录在案）中确定的。检察总长还提请我们注意很多其他案例也有这种规定。即使某人确信自己的评论是诚实的，但只要是在法庭审定以前过早地说出真情，也仍然是一种蔑视法庭行为（见布莱克本判的‘斯基普沃思

[1] （1972年）2 QB 369。
[2] （1973年）1 QB 710。

案’,1873年)。为了做到公平审判还有一条规定,就是任何人不得以任何手段向参加诉讼的一方施加压力以迫使他停止控诉或停止为自己辩护,或者迫使他以他原来根本就没有准备接受的方式了结官司。这一条规定是在‘关于威廉·托马斯船舶有限公司案’(1930年)和‘葡萄产品有限公司诉格林案’(1966年)中确定的。此外,我还想推荐古德哈特教授的一篇文章——‘报纸和美国法律中的蔑视法庭罪’(1935年,《哈佛法律评论》第895~896页)。

我把刚才阐述的那条规定看成是保证法律绝对完整的第一要义。我们绝不允许法院以外的‘报纸审讯’、‘电视审讯’或任何其他宣传工具的审讯。

但是,当我这样说明法律的时候,我要强调的是它仅适用于‘诉讼还未了结而正由法庭积极审理时’。对此我还想加上一句,必须是在出现‘不利于案件审讯或不利于案件解决的实在的、真实的危险’之际。在考虑这个问题的时候,必须牢牢记住,在公平审讯或公平解决案子的过程中,除了当事人的利益以外,还有另一重大利益需要考虑,就是有关国家大事的公共利益和就此种大事发表公正意见的新闻自由权利。必须在一种利益和另一种利益之间进行权衡。在有些案件中,主要的问题可能是公共利益而不是当事人的私人利益,在这类案件中公共利益是主要的,因而公正的意见是可以发表的。在澳大利亚,有关法院已经这样做了:见‘由面包制造商有限公司起诉案’(1937年)和‘由道森起诉案’(1961年)。由萨尔蒙勋爵主持的一个‘关于调查蔑视法庭的法律委员会’也介绍了这一点。

拿目前的这个案子来说,我们面临着一个最重要的公共问题。生下畸形的孩子的确是民族的一种不幸,他们现在仍然活着，然而直到今天还没有公开调查这种事情是怎样发生的。现今在双方私人诉讼过程中已经有人进行了这种调查工作，不过是秘密地进行的。很多人认为给予的补偿太少了。差不多12年过去了，此案尚未得到解决。对于这类事情，法律可以，也一定会让报纸发表公正的意见，只要报道正确，态度端正，就不能非难他们。要是他们并没有损害法庭对于未了结的诉讼案的审讯，它们就没有违反蔑视法庭法。在诉讼开始以前或诉讼结束以后，我国的蔑视法庭法并不禁止人们发表意见，在诉讼被搁置或未被积极审理时，也不禁止人们发表意见。作为一种公共利益问题，只要还未了结的诉讼案早就应该审讯或早就应该解决，报纸尽可能对这种迟迟不予审讯或解决的案件公正地发表意见，任何人不得以发送传票和扣压意见等方式阻止人们这样做，也不能以走走过场而不审理案子的办法掩人耳目。蔑视法庭法所保护的是积极审理的诉讼而不是被置之不理的诉讼。

把这些理由应用到目前的这个案件，拿1968年2月所解决的第一批62件起诉案来说，报纸对于这些案件的解决办法可以发表公正意见，批评这些制药公司在解决这类问题时没有尽到他们的道德义务。拿最后123个孩子来说，就一直没有发出过传票，报纸可以根据药剂师应负的道德义务强烈要求他们对受害者予以公正的补偿。现在只剩下266件起诉案了，这些案件在四年前就发出了传票而至今仍未予以审理。这些传票是客观存在的，能阻止得了报纸注意药剂师的道德义务吗？如果报纸对前62件和后123件案件可以发表意见，我看不出他们为什么不可以对这些正在审理的266个案件发表意见。它们之间并没有什么明显的区别，报纸社论可以对所有畸形儿的案件发表意见。显然,既然对前62件和123个案件发表意见是合法的,那么对其他266个案件发表意见同样也是合法的。

以上所述足以证明这类案件是很不寻常的。我甚至可以说,在我们所讨论的案件中,公共利益已超过诉讼一方可能受到的损害。不管怎么说,国会既然允许讨论这种案件,法院为什么就不能允许讨论呢?国会可以允许讨论而我们却不能,这是没有道理的。”

我们的判决被上议院推翻了。希望能原谅我不再引用他们的判决。他们宣布了一项新的原则,就是报纸不应该发表评论和文章“预先判断那些尚未了结的案件”。这项原则遭到了一个由我们的好友、高等法官菲利莫尔(Phillimore)主持的委员会的批评。[1] 这是一个很出色的委员会,哈利·菲利莫尔把有生之年全都贡献给了这个机构,对此我们深感敬佩。他们听取了很多人的意见,并去说服上议院,他们说:

“因此,预先判决的简单试验好像在某些方面走得太远,而在另一些方面又走得不够远。我们敢说,对蔑视法庭所下的任何令人满意的定义都是与恶意直接有关的,这种恶意一直是蔑视法庭法所要遏制的。这种恶意极有可能给正当的司法程序带来偏见。”

迄今为止,我们一直认为上议院的裁决是最终的和结论性的,但瑟利德米案件表明情况恰恰相反。《星期日泰晤士报》把此案提交到欧洲人权法院,他们依据的是联合王国认可的欧洲公约第十条的规定:

---

〔1〕 (1974年)Cmnd 5794。

“任何人都拥有言论自由权，这项权利包括坚持意见的自由和交流情报、思想的自由，它不受公共权力和国界的限制。”

欧洲人权法院以 11 票对 9 票的多数支持了《星期日泰晤士报》的要求，判决它有权发表有关瑟利德米案件的消息。因此，他们认为上议院错了，上诉法院是正确的。我们为欧洲法院的裁决拍手称快、欢呼胜利。但是上议院是如何想的呢？他们仍然认为自己一贯正确吗？尽管他们得到了弗朗西斯·曼(Francis Mann)的支持。[1]

三、一道“限制言论自由的命令”

为了废止一种被称为“限制言论自由的命令”的东西，让我们希望公共利益再占上风吧。有个公司的董事叫沃勒斯坦纳，在一次股东会议上，他企图压制别人的批评。他向那位不满的股东发了一道命令，然后声称事情“尚未决定”，企图以此堵住那个股东的嘴。我希望这个问题在“沃勒斯坦纳诉莫伊尔案”[2]中被我一劳永逸地解决了。当时我说：

“我知道一般人都认为，一旦发布了命令，它就可以阻止讨论，如果任何人想在报纸上和公众中详细地讨论这个问题，就不能被允许。据说这是因为事情‘尚未决定’。我敢说，这完全是一种误解，赶快把它消除掉吧。如果是一个有关公共利益的

〔1〕 见《法律季评》，1979 年 7 月号第 348 ~ 354 页。

〔2〕 (1974 年)1 WLR 991 at 1004 ~ 1005。

问题，尽可以详尽讨论，不用担心会被指责为蔑视法庭，批评可以不断进行，也可以重复进行。公正的意见不会损害公正的审讯，萨尔蒙法官在'汤姆森诉泰晤士报业有限公司案'中明确地指出了这一点。法律规定——而且是明确规定——不可用发布命令来封别人的嘴，不让人们讨论。雅各布·法克特企图以此禁止《每日邮报》的发行，但是他失败了：见'王国政府诉《每日邮报》（编辑），由费克特尔起诉案'。[1] 瑞德勋爵说过'限制言论自由的命令'应该是无效的：见'检察总长诉泰晤士报业有限公司案'。[2] 尽管发布了命令，有关公共利益的问题应该也仍旧能够公开地加以讨论。

所以我认为，在一个公司的会议上讨论公司的事务不是一种蔑视法庭的行为，即使已经发布了命令。只要那些事情属于诉讼范围，也不能以'尚未决定'这样一种不可思议的言辞来禁止人们讨论。讨论时可能有记者在场，所以讨论的内容很可能会在第二天详细地发表出来。然而，股东可以对公司事务开展充分的讨论，不必担心会冒犯法庭。原因很简单，这种讨论不会损害对诉讼案公正的审判，因为法官不见得会阅读报纸上的报道，更不用说受报道的影响了。如有陪审团的话，陪审员也不会受影响，他们不读公司会议的报告。即使读了，在审案的时候，也就忘了。林肯先生曾提出，有些人在会上可能要发言对诉讼人或证人施加压力。果真如此的话，我相信法院肯定会出面干涉。但是这种说法不能作为禁止讨论的理由而被接受。瑞德勋爵在'检察总长诉泰晤士报业有限公司案'中说：'必须

〔1〕（1928年）44 TLR 303。

〔2〕（1974年）AC 273、301。

对许许多多有关因素加以权衡。’其中最为重要的因素就是公共利益。一家合股公司的股东可以在公司会议上自由地讨论公司事务,如果一位股东觉得,控制这家公司的人已经出现了或可能出现滥用权力的事情,他可以自由地把它讲出来。

“当然,我完全清楚这种讨论的自由绝不能搞得过宽,绝不能导致正常秩序的混乱。主席必须控制会议,保持秩序,经过充分讨论,他可以宣布会议结束。如果自己的行为受到责难,他可以不当主席而由别人替代。如果这些规定得以遵守就不会有什么麻烦了。”

四、拥有特权的同行

这里还剩下最后一个问题,哪些法院将受到蔑视法庭法的保护?对高级法院来说已经发生了这个问题,是不是同样的原则也适用于低级法院呢?最近有一个关于费用的案件在一个地方估价法院悬而不决,使我们不得不去考虑这个问题。这就是“检察总长诉英国广播公司案”。[1] 一个宗教团体试图阻止一次诽谤他们的电视广播,这个案件的关键在于地方估价法院是不是一个受法律保护的“法院”。我的同事们认为它是受法律保护的,我认为它不是。下面我冒昧地概括出一些原则:

“这些原则在多大程度上适用于这些低级法院呢?这里我要补充一点,所谓‘低级的’这个词是一种不正确的表述,就秉

[1] (1979年)3 WLR 312 at 319。

公执法而言，它们不是低级的，这些法院中的法官不是低级的，在那里辩护的律师也不是低级的。这些法院之所以被称为'低级'法院，仅仅是因为它们审理的是一些人们认为不太重要的案件。不过这些法院审理的案件同样受到当事人和公众的关心。不管怎么说，我实在看不出这些由高级法院逐渐形成的原则为什么就不同样适用于低级法院？在所有的法院中，不管是高级法院还是低级法院，司法程序都应保持纯洁公正。很多案件表明，这是法律得以发展的办法，这些案件都是有关蔑视法庭、法官责任和辩护人及证人的绝对特权问题的。唯一的限制在于实施这些原则的方式。在那些犯有蔑视法庭罪的案件中，如果集中发展到了要发布禁令或需要处罚的程度，就要转给高级法院来处理……除此以外，这些原则对于所有的法院都是适用的。

不过到目前为止，这些原则——给予豁免权和保护权——已经被限制在为人们所熟悉的一些法院中了。我认为这些法院不仅包括高等法院，还包括王座法院、郡法院、地方治安法官法院、宗教法院和军事法院。迄今这些原则还没有扩展到很多新成立的法院中去。我们不能只看这些司法机关的名称是否有'法院'两个字，有很多新成立的司法机构是以'裁判所'〔1〕命名的，但它们具有大家所公认的法院的一切特点，比如劳资关系裁判所和律师纪律裁判所。在我看来，给予我国公认的法院的豁免权和保护权应该扩展到所有裁判所或具有法院特点

〔1〕 裁判所(Tribunal)，根据法规而设立的专业性行政司法机构。它与民事法院的不同之处在于：它不能执行自己的裁决（必须向法院另外提出申请）。——译注

的司法机构中去。如果这些原则对于古老的法院是有益的,那么对新型的也应该同样有益。因此我大胆地提出建议,豁免权和保护权应该扩展到根据国会和国王的授权而建立起来的所有裁判所,只要他们以同样的程序行使着同样的职能,而且掌管他们的人也和那些公认的法院的法官具有同等的能力。

根据这一点,我还建议把商事仲裁机构排除在上述范围之外,因为它们不是根据国会和国王的授权而成立的,计划调处庭也不包括在内,因为它们的职能不是审理和判决,只是调查和报告。签发执照的机构也不包括在内,因为它们行使的是行政职能,不是司法职能……估价委员会也不包括在内,因为这些委员会是由外行而不是由律师掌管的。还有些机构不在此列,这里就不一一列举了。

那么地方估价法院又如何呢?它是由原来的估价委员会沿革而成的,而后者当然不是法院……

总之,我认为这个机构缺少一个法院具有的一项最重要的特征:在它的机构或与它有关的机构中,没有一个具有法律资格或法律经验的人。为了组成一个法院,应该由一名律师任院长,并且在他手下至少要有一名经过考试或实际工作证明是合格的律师的人作为他的职员或助手。理由是律师由于得到了比其他人更好的教育和取得了比其他人更丰富的经验,就能比其他人更公正地办案;就能避免外行会出现的差错;就能按照提出来的证据判案而不受外界消息所左右;就能按国会的规定解释法律和法规;就能从法律参考书中找到根据作为办案的参考;一般还能知道什么是正当的法律诉讼程序。

“正是由于这个原因,我认为地方估价法院不适于称为法院。……”

我的两个同事不同意我的意见，他们认为它是法院。不过在另一个更重要的问题上，他们和我是一致的。当一个法官要审理一起民事诉讼案时，报纸由于对案件发表了意见而犯了蔑视法庭罪，这种事情的确十分罕见。正如我说的那样：

“从职业性质来说，一位训练有素的法官不会受他在报纸上读到或在电视上看到的任何东西的影响。”

结论

从更广泛的角度看，对蔑视法庭罪提出起诉的目的在于保证每个人得到公平审理，或者换句话来说，它是一种程序，法庭可以以此来谴责任何可能危害公平审理的行为。法庭可以用事前发布禁制令或事后进行惩罚的办法来限制这种行为。目前的趋势表明，这种起诉应该由检察总长来进行，他是能判定某种行为是否应该起诉的人。任何申诉都要提交给检察总长，以便当他认为合适时就可以以蔑视法庭罪提起起诉。这样做无疑是合适的。但这种权力不应仅仅归他一个人所有，因为有些案件常有政治色彩。检察总长由于担心对他所在的党产生影响，可能不愿进行起诉。因此，法院应该能够根据与问题有切身利害关系的任何人的请求，采取必要步骤进行解决。

第二篇

行为调查

导　言

当今,许多问题不是由法院、甚至也不是由司法裁判所判决的。这些问题不属于“应受法庭审判”一词所说的问题。这些问题是由调查机关、监督机关、许可证发放机关以及诸如此类的机关受理解决的。由于此类问题不属于应受法庭审判的问题,因而也就不能向法院上诉,于是也就可能得不到任何法律援助。但是,公正地处理这些问题却是极其重要的。为此目的,法院已经制定了一些程序用以控制这些机关,特别是在这些机关作出的判决或得出的结论非常不利于某个个人的情况下。虽然法院不能向这些机关发出执行令或调卷令,但是法院总能想方设法来对付这些机关。下面就来谈谈这一点。

首先要谈到的是法官们自己。法官也不是完人,他们可能错判,从而造成冤案。你们还可能记得那个关于执法不公的寓言:“这位执法不公的法官是既不畏上帝,也不惧凡人的”,他作出有利于那位寡妇的判决,“免得寡妇总来找,搅得人麻烦透了。”[1]能有什么人来纠正这种执法不公的事情呢?在许多案件里,错判可以通过上诉得到纠正,不过,有些错判则不能。造成这些错判的原因可能是由于无知、无能、偏见甚至是由于恶意。这些可能使诉讼当事人增加负担、担惊受怕和遭受损害。在其他许多行业里,疏忽大意有可能引起一场要求损害赔偿的官司。既然其他专业人员要负赔偿损失的责任,难道法官可以例外吗?难道法官不应该自己保证或由政府保证他不作出错判吗?法官有什么理由逃避责任呢?

---

〔1〕《新约·路加福音》第18章第2~5节。

第一章　调查法官的行为

一、喋喋不休的法官

从前有一位法官，说话太多，他问的问题一个接一个。他既向证人席上的证人提问，也向律师提问。大家算了算，他提的问题比其他人的加在一起还要多。两造的律师都把这一条作为上诉的理由。

这位法官就是尊敬的休·英伯特·佩勒姆·哈利特爵士（Sir Hugh Imbert Periam Hallett）。爵士名字的第一个字母使得他得了"嘻皮"哈利特（"Hip" Hallett）的绰号。他当了17年法官。当他还是年轻律师的时候，名气就很大，并且因为精通法律而成为出庭律师。起初他经常出入枢密院，在那里莫姆勋爵对他的才华极为赞赏，并于

1939年任命他为法官。哈利特初操法律生涯时也是不声不响的,不过——就像经常出现的情况一样——随着经验的增多,他的话越来越多了。他对每个案件都兴趣十足,以致对所有的细节都刨根问底。结果闹出了笑话。

事情发生在一件普通类型的案子"琼斯诉全国煤炭管理局案"[1]中。有座煤矿塌方,砸死了一名矿工,矿工的遗孀要求赔偿。案子是在切斯特区由哈利特法官审理的。他驳回了她的赔偿要求。那位寡妇上诉,其理由之一就是法官的干预使她的律师不能正常地为她打这场官司。煤管局提出一个反上诉,上诉理由之一也是法官的干预,这个干预妨碍了煤管局得到公正的审理。在本庭,为寡妇辩护的是王室法律顾问杰拉尔德·加德纳(Gerald Gardiner)先生(后来成为大法官)。据我所知,他最能言善辩。为另一方辩护的是王室法律顾问埃德蒙·戴维斯(Edmund Davis)先生(后来成为埃德蒙·戴维斯勋爵)。他智谋超群。在此类案件中,通常总是在辩论结束之后立刻作出判决。但这一次,我们把案子整整搁了三个星期。我们明白这件案子会导致哈利特法官法律生涯的结束,事情后来也确实如此,因此我们特别小心。下面就是我代表本庭所作的讲话:[2]

"我们深感遗憾,命里注定要由我们来审理此件针对女王陛下法官的起诉。我们必须审理此案,因为要是确信哈利特法官已经恰当地找到了对双方进行公平审理的第一手事实,我们就只能对双方公正执行。一旦公平地找到了第一手事实,我们

[1] (1957年)2 QB 55。
[2] (1957年)2 QB 55 at 61。

就会像这位法官一样处于一种有利地位,从那些事实作出推断和结论。但是除非把第一手事实牢牢掌握,否则就作不出推断和结论来。

……

没有人会怀疑,当这位法官出面提问时,驱使他的必是最佳的动机。他急于了解复杂案情的细节,他提了一些问题以便自己弄清楚这些细节。他急于使证人不至于被盘诘弄得无所适从,并且当他认为必要时,为保护他们进行了干预。他急于调查所有对煤管局的批评,以便判断这些批评有无凭据,因此,他不时就这些批评亲自询问证人。他急于使这个案件不至拖延太长时间,而当他认为某一问题已经充分探讨了的时候,便明确表态。他的所有这些动机都是很可取的。而且正是基于这些动机,法官们才着手日常审案工作,他们这样做已经有好几百年的历史了。

但是很清楚,把那些干预加在一起确已超过了限度。在我们国家形成的审案制度中,是法官开庭听讯和裁定各方争论的问题,而不是代表整个社会进行调查或验证,我们相信在某些国家也是一样。但是即使在英格兰,一位法官也不光是个对'这是怎么回事'作答的公断人。法官的目标首先是找出真实情况,然后再根据法律进行公正审判。而在追求这个目标的日常工作中,律师发挥着可敬和必要的作用。大法官埃尔登勋爵(Lord Eldon)不是说过'真实情况最易为争诉双方的有力陈词所供出'这句名言吗? 前上诉法院院长格林勋爵从前也说过,一名法官要想做到公正,他最好让争诉双方保持平衡而不要介入争论。格林勋爵说,假如一名法官亲自检验证人的证词,'那就是说,他自甘介入争论,从而有可能被甚嚣尘上的争吵遮住明断的视线’(见‘尤尔诉尤尔案’〔1〕)。

的确,法官应力求自己的视线不被遮蔽。蒙住双眼不偏不倚固然不坏,但是如果不用纱布缠住公正的慧眼,情况就会更好。对于偏见和先入之见,公正的慧眼必须闭而不视,但是公正的慧眼必须能够一眼看到真实情况的所在,挡住它视线的灰尘越少越好。让律师们一个接一个地在天平上加码——‘精确地计算利弊得失’——但最终还是由法官决定天秤倾斜的方向,尽管倾斜度常常十分微小。因此,在民事诉讼中不允许法官传唤他认为可以使事实得到澄清的证人,这在我国的法律中规定得相当死。法官只能传唤诉讼双方请来的证人(见‘关于伊诺克和扎利斯基及博克公司案’〔2〕)。同样,要由律师来轮流质询证人,而不是由法官来质询,以免显得法官有所偏袒(见‘王国政府诉凯恩案’、〔3〕‘王国政府诉贝特曼案’〔4〕和‘哈利斯诉哈利斯案’〔5〕)。而且要由律师尽可能完整有力地阐明案情,不要粗暴地打断律师的话头,以免影响他辩护的效果(见‘王国政府诉克卢尔案’〔6〕)。法官的事情就是听取证词。只有在需要澄清任何被忽略的或不清楚的问题时,在需要促使律师行为得体以符合法律规范时,在需要排除与案情无关的事情和制止重复时,在需要通过巧妙的插话以确保法官明白律师阐述的问题以便作出估价时,以及最后在需要断定真情所在时,

〔1〕 (1945年)P 15 at 20,(1945年)1 All ER 183,61 TLR 176。

〔2〕 (1910年)1 KB 327。

〔3〕 (1936年)25 Cr App Rep 204。

〔4〕 (1946年)31 Cr App Rep 106。

〔5〕 (1952年)《泰晤士报》4月9日。上诉法院的判决,1952年,第148期。

〔6〕 (1953年)37 Cr App Rep 37。

法官才能亲自询问证人。假如他超越此限,就等于是自卸法官责任,改演律师角色。但是这种改变对法官并没有好处。大法官培根[1]说得很对,他说:'耐性及慎重听讼是法官的基本功之一,而一名哓哓多言的法官则不是一件和谐的乐器。'

这就是我们的标准,这些标准定得很高,不能指望我们始终都能达到。在追求司法公正时,我们可能会过于热心,以致不够稳重,于是就会出差错、栽跟斗。这里发生的事情就属于此种情况。一位思维敏锐、学识渊博、动机良好的法官却由于介入案情辩论的次数太多,结果造成诉讼双方的一方——不,双方——控告他不能公正审案。而本庭认为控告是有道理的。

……

在这种情况下,本庭认为必须同意这位寡妇对复审的要求。有一件东西是这个国家里的每个人都有权得到的,这就是公平审理。在公平审理时,每个人都可以适当地向法官阐述案情。在这一点上,寡妇的权力与煤管局的一样多。法官要是如此判决此案就不可能失败;而未经公正审理法官是不能如此判决的,本庭也不能批准这一判决。"

当时的大法官是基尔穆尔勋爵(Lord Kilmuir)。当然,事先他并没有跟我谈及此案。但事后他告诉我,他对我们十分感激。他派人去请那位法官,安排他再干一段,然后辞职。于是,这位法官在复审开庭期结束时就辞职了。此案是一件棘手的案子。尽管那位法官很精明能干,但是他问的问题实在太多了。

---

〔1〕 培根(Francis Bacon 1561 ~ 1626),英国著名学者、政论家。引文参见《培根论说文集》(水天同译),商务印书馆 1987 年版,第 195 页。——译注

此案了结之后，有好几件以同样的理由上诉别的法官的案件提交到我们这里。律师们作了速记，分别计算法官和律师提问的数目，然后要求重新审理。不过我不记得哪件基于此种理由的上诉获得成功。“嘻皮”哈利特是仅此一例。让别的法官都引以为戒吧！

二、犯有错误的法官

前面那个案件是由于法官的差错导致复审并使诉讼双方增加了开销。没人会想到让法官个人为这种无意的差错承担赔偿责任。但是，假如法官是由于误解而出差错，并由于误解导致某人被错捕，那么这个法官要承担赔偿的责任吗？《西罗斯诉穆尔案》[1]提出了这个问题。

西罗斯是土耳其人，他获准到英国旅游。因为超过了规定日期，地方法官建议将其驱逐，但同时又指示**勿将其拘留**。西罗斯向大法官法院上诉要求驳回驱逐建议，一位巡回法官偕两名地方法官听取了上诉。西罗斯走进上诉法庭时是自由人，和他一起来的有一名事务律师的书记员。西罗斯要求撤销驱逐建议，法官予以驳回。这样，在适当的时候西罗斯将被驱逐。但在被驱逐之前，他不应被拘留，仍然有权自由离开。但是，这位法官并不知此情，他准是认为西罗斯已在监管之中了。于是就发生了下面的事：

---

〔1〕（1974年）3 WLR 459。

“……接着法官宣布判决：驳回上诉。随即西罗斯就与那个诉状律师的书记员从座位上站起来走出法庭。显然案子到此就结束了。但是过了一会儿，法官抬头一看，见西罗斯扬长而去，他的背影一晃就不见了。一两分钟之后，法官突然大叫：‘抓住他！’警察赶快出来追西罗斯，但是他已经走了。他出了圣詹姆斯广场的法院大楼，已走到杰明大街。但过一会儿穆尔警官带着其他警察还是抓住了他，把他带回了法院。西罗斯被关起来。就在这个时候，法官们吃午饭去了。

……

法官回来后，律师提出西罗斯不应被拘留，并且要求保释他。律师还叫来证人为西罗斯作保。干这些事大约花了一个小时，最后法官还是拒绝准予保释。这样西罗斯就又被带走拘留起来。

……

次日，西罗斯的律师申请人身保护状[1]……

地区法院命令发布人身保护状。于是西罗斯自由了。阿什沃思(Ashworth)法官说：

‘对该上诉人的拘留是完全不合法的……对此我确信不疑。……’

十天以后，西罗斯对法官和警察提起诉讼，要求对人身侵犯和错捕进行赔偿。他以两件事起诉法官：(1)那天上午下令

[1] 人身保护状(hebeas corpus)，一种用以对拘留某人的合法性——不论是官方的羁押(如在驱逐出境或引渡时的被扣)还是私人的扣留——提出异议的特权令状。最初由国王批准方能获得，后由任何高等法院视情况颁发。如法院认为拘留属非法，即可以此令状令拘留人证明其拘留的合法性；如不能证明，即命令其将被拘留人释放。——译注

拦住他。(2)那天下午拒绝发保释令,因此延长了对他的拘留。他还以按照法官的命令行事为理由起诉了警察。”

显然,这些事实提出了一个问题:法官是否要为他如果加以适当注意本来不会出现的差错承担赔偿责任?有一百年或者更长时间没有出现过这种案子了。西罗斯一案是由我们新成立的帮助穷人的法律中心之一——北肯辛顿法律中心(North Kensington Law Centre)承办的。他们把此案委托给吉福德勋爵(Lord Gifford)。155年以前,吉福德勋爵的曾祖父曾是上诉法院院长,但是吉福德现在还是为穷人办案的初级法官。法官一方是由财政部法律顾问助理戈登·斯莱恩先生(Gordon Slynn)代理的。正如你可能预料的那样,双方的辩护都很有力。后来我们试图阐明这个合乎现代标准的观点:

“任何以法官在行使其审判权时的言行对法官进行的起诉都是不能成立的。自1613年以来,如若不是更早的话,这一看法就已为我们的法律所接受。法官的言论受一种绝对特权的保护,他发布的命令、作出的判决,不能成为对他进行民事诉讼的理由。无论法官是严重失误,还是极为无知,或受嫉妒、仇恨、恶意和其他种种不良动机的驱使来审理案件,都不应受到起诉。对受害一方的补救办法是向上诉法院提出上诉或者申请人身保护状,要不就申请再审令或调卷令,或者采取此类步骤以撤销法官的判决。当然,倘若法官受贿或者哪怕有一点点腐化行为,或者法官滥用司法程序,那他将受到刑事法庭的惩处。但是除此以外,法官不受要求赔偿的起诉。这倒不是因为法官有任何犯错误和办错事的特权,而是因为他应该能够完全独立地履行职责而无需瞻前顾后。关于这一点,王室法律顾问坦特登(Tenterden)在‘加尼特诉弗兰德案’[1]中说得好：

‘此项免予受个人诉讼和质询的自由是法律赋予法官的。给予法官这一自由并不是为了他们个人，而是为了公众，为了促进司法的实施。由于法官不受诉讼，他们就可以无所顾虑地思考，独立地审判，就像所有执法者所应该做的那样。’

这些话不但适用于高级法院的法官，而且也适用于各级法官，不论他们级别高低……

……

如我前面所言，过去，低级法院和高级法院之间界限分明，无论这种界限有何道理，反正今天已不再适合了。至少在最近一百年里已不存在关于这方面的案子。况且如今我们的司法制度已全面改观。变化是如此之大，以致我们最好现在就重新考虑那些适用于司法行为的原则。在这个新时代里，我愿持此立场：作为原则来讲，高级法院的法官并不比低级法院的法官有更多的豁免权。我国法院里的每一位法官——从最高级的到最低的——都应受到同等程度的保护，都应负同等程度的法律责任。倘若支持法官豁免的理由是要保证他们可以自主思考和独立审判，那此种豁免权就应适用于所有法官，而不论法官的职位高低。当法官依法行事时，每位法官均应受到保护，以免负赔偿损害的责任。所有法官都应该能够完全独立地完成自己的工作，而不需担惊受怕。绝不能弄得法官一边用颤抖的手指翻动法书，一边自问，‘假如我这样做，我要负赔偿损害的责任吗？’只要法官在工作时真诚地相信他做的事是在他自己的法律权限之内，那么他就没有受诉的责任。法官可能弄错

[1]　(1827年)6 B &C 611、625。

事实,可能对法律无知,他做的事情可能超出他的司法权限——不管是在事实上,还是在法律上——但是只要法官真诚地相信他做的事情是在自己的司法权限之内,他就不应承担法律责任。他就不应为指责他出于敌意、恶意、偏见或者其他诸如此类的东西所苦。基于此种指责的诉讼一向尽被驳回,而且仍将遭到驳回。除法官表明他明知自己无权做某事却违法去做外,任何其他情况均不能使法官承担法律责任。

此原则也应适用于治安法官,治安法官也不应再受'敲打'。在助手们的帮助下,为了满足全社会的要求,治安法官一直以高度的责任感努力工作。他们也应像其他法官一样,受到同样的保护。

……

那位法官无权拘留西罗斯。地区法院以人身保护状将其释放做得很对。尽管该法官做错了,但是他是依法行事,那么基于这点,就不能对其起诉。同样,也不应对警察起诉。鉴于警察是奉法官之命行事,而他们并不知道命令是错的,因此,对警察也应予以保护……"

第二章　调查大臣的行为

对履行法官职责的法官就谈这些。但是,如今政府有时聘请法官去进行某项调查或去主持某个委员会。此时法官就没有什么特权或豁免权了,因此他应当谨慎行事。当政府对处理某事感到为难时,他们通常请法官去完成这项工作。在人心浮动、众怨迭生时,只有一种人能秉公行事得到大众的信任,这就是法官。法官独立于行政机构之外,因此,法官就可以直言自己的看法。

我曾在 1963 年 6 月受到政府的召请。当时政府的确处于一种无所适从的窘境,陆军大臣尊敬的约翰·普罗富莫(John Profumo)在降灵节[1]假期辞职。在他辞职之前,《星期日镜报》登出了他写给克里斯汀·基勒(Christine Keeler)的信的影印件。信以“亲爱的”开头,以“爱你的约翰”结尾。《星期日镜报》付钱给基勒拿到了这封信。一时谣言四起。谣言不但涉及普罗富莫和苏联海军武官,而且还涉嫌许多大臣。大臣的威信一下子全垮了,他们垂头丧气。联合王国的安全据说也处于危险之中。自1678年泰特斯·奥茨[2]造谣惑众事件到现在,还从来没有见过这种局面。麦考利[3]告诉我们,1678年的时候,“首都和全国各地都被仇恨和恐惧弄得发疯了”。1963年6月17日星期一,下议院进行了辩论。1963年6月21日星期五,首相(哈罗德·麦克米伦〈Harold Macmillan〉先生)请我去调查国家安全情况。自那时起,一直有人说,作为一名法官,我不该接受那样的任务——因为这种任务带有政治色彩。但当时我觉得,而且现在仍然认为当问题涉及国家的安全时,去做政府请我做的工作是我的职责。我仍然保存着一份我于1963年6月24日给首相复信的抄件:

“亲爱的首相:

你已经赋予了我巨大的责任——而我觉得以自己的能力恐难胜任,我能说的仅是本人将竭诚尽力完成此任。

---

[1] 降灵节(Whitsun),基督教的一个比较重要的节日,即在复活节后的第七个星期日。——译注

[2] 泰特斯·奥茨(Titus Oates,1641~1705),英国骗子。早年在剑桥大学学习神学,后为教士。因生活不检点被逐出教门。1678年他散布罗马天主教徒正在密谋占领英国的谣言。弄得整个英国人心慌慌。——译注

[3] 麦考利(Thomas Babington Macauley,1800~1857),英国著名历史学家、政治家和诗人。——译注

您的忠实的

丹宁”

因为此项工作非常紧迫重要，我把其他所有事情都放下了。除了两名秘书和两名速记员，我独立来完成此项工作。我在白厅财政部里有个房间，在那里会见王国政府的大臣、保卫人员、谣言贩子和妓女。他们都是从后门进来，悄悄地穿过走廊的，以防被报纸记者看见认出来。我听到的一些话简直难以入耳——甚至对我这样一位阅历丰富的人也是如此——因此我让女速记员出去了，也没有作记录。有一次我允许摄影记者进来观看我工作。我让摄影记者待在远远的地方，好让他们看不见我在写什么。后来他们登出照片，并且说我正在写一封“亲爱的首相”的信。他们攻击我——一位国家安全保卫者——在安全方面缺乏必要的警惕。“谁来保护保卫者呢？”〔1〕（后来摄影记者受到出版局的责备）。一位年轻的夫人曼迪·赖斯·戴维斯对报界说：“他确实是我所见过的最好的法官。”

每到周末，我就回家研究案卷。总有记者和摄影记者来访。我作报告那天，二十多名记者和摄影记者来到我们乡村车站。他们在月台上随便照了几张，然后与我们同车旅行。独立电视台拍了有关我的片子，贯穿片子始终的副歌是“前进，基督战士”。

要是你对这个故事本身感兴趣，可以去读我写的《1963 年 9 月 16 日的报告》。此报告非常畅销。《每日电讯报》曾把报

〔1〕 原为拉丁文。——译注

告作为它的增刊全文发表。文书局[1]门前人们排长队争购《每日电讯报》增刊直到午夜。代表“基督之前”的“B·C”和代表“丹宁之后”的“A·D”[2]成了尽人皆知的俏皮话。

但是为了那些没读过报告的新一代人着想,我要讲一讲我据以进行这次调查的那些原则:[3]

“用什么方法处理交给我做的工作最好,对此众说不一。根据《1921 年调查裁判所法》任命的一个裁判所是一个复杂的、开销很大的机构。此机构配备了整套法律机器——律师、事务律师、宣誓证人、绝对特权,对公众(尽可能地)公开和对蔑视法庭的人进行关押——但是此机构也遇到不可避免的麻烦。在审案时,这里没有原告及律师,没有指控,也没有被告。由国会一院或两院任命的特设委员会是个很有代表性的机构,但是据说此机构(在有些人看来)也有不便之处。调查官员太多,而且这些人可能受他们自己的、经常是截然不同的基于政治上的考虑而产生的看法的影响。因此,在这个机构里意见过于分歧,以致无法行使权力。但是现在我却被授权**独自**领导另外一个调查机构,这个机构虽有意见一致的优点,但却有两大不利之处。首先,作为保密机构,它不具备公正的外观。其次,在进行调查时,我不得不身兼侦探、调查人、律师和法官数任,而把

[1] 文书局(Stationery Office),政府建立的一个财政部门,目的在于向政府官员提供文具、图书以及出版和发行的政府文件等。——译注

[2] “基督之前”的英文是 Before Christine,缩写为 B. C,“丹宁之后”的英文是 After Denning,缩写为 A. D,这两个缩写词又是英文“公元前”和“公元后”的意思。人们在这里开玩笑地把基督和丹宁相提并论,以此说明丹宁有划时代的贡献。——译注

[3] Cmnd. 2152, paras. 5 ~ 9。

这几种人合于一身是颇为困难的。但是我还是认为这个机构有三个相当大的优点。第一,正是由于此机构是保密和绝密地行事的,我敢肯定,证人在这里比在其他地方更为坦白。第二,我能够更得心应手地用一个证人的证词来检验另一个证人的证词。第三,也是最重要的一点,某些证人对别的证人(不能为自己辩护的证人)的诽谤攻击不会得到张扬,而这种张扬在普通法法院和调查裁判所里都是不可避免的。

你说的完全正确,如果我需要更大的权力,我将会要求得到。但我觉得没有这种需要。我请的证人都来了,而无须用传票传唤。每位证人都回答了我向他们提出的问题,而无须用蔑视法庭罪来吓唬他们。未经宣誓的证人告诉了我许多实情,好像他们宣过誓一样。妨碍我的不是授予我的权力,而是授权我进行的调查本身的性质。

在这次调查的各个阶段,我始终怀着很大的忧虑:对这些事情我应该追究多深呢?这些事情表明不是这些人就是那些人或是犯了刑事罪或是犯了渎职罪,或是道德败坏,或是无能。我主持的调查机构并不是判定有罪或清白的合适机构。我没有归自己支配的手段,没有宣誓作证的证人,没有经过盘诘的证词,没有指控,也没有申辩的机会。这次调查使我进退维谷:**一方面**,假如我对调查这些事情裹足不前。调查便会前功尽弃。为了维护公众利益而提出的问题将无从回答,对无辜者的怀疑可能也无法澄清。但是,**另一方面**,假如我调查这些事情,就很可能使一些人处于莫须有的状态下,而且我可能还会把他们没有机会为之申辩的过错和失职强加给他们。更加重要的是,我必须牢记,我得到的情报是秘密地给我的,为使每个证人都能对我坦率地和诚实地说话,我已经向他们保证,告诉我的话将绝对保密,只供我调查和报告用。这就意味着,我在报告里讲的话不能用作其他目的,特别是报告里的任何话都不能用来告发和起诉任何人。但是我当然不能禁止任何人寻求其他来源的证据,并以此起诉。

由于这些不可避免的困难是和这种调查方式紧密相连的,最后我认为我能够做的就是以下这些事情:

当事实经过争论得到澄清后,我要尽可能客观地讲出事实,而不管这会对某些人造成什么后果。从这些事实里我要作出可以明显得出的推论。但是当事实仍在争论时,我必须牢记司法的基本原则——任何人均不得以怀疑定罪。在宣布某人有罪之前,必须有证据证明他有罪。因此,我将宁可采取对其有利的事实,而不作出无法补救的错误判决,因为对我的判决不能上诉。

对因此而责备我'为人开脱'的那些人,我要这样回答,虽然公众利益要求尽可能完全地查明事实,但是还有更重要的公众利益要予以考虑。即对每个人都公正执法。这一公众利益是超越一切其他利益之上的。无论如何,作为法官讲话,我把公正执法放在首位。"

下面我要从一句话出发,作出我的结论,我担心此结论对首相和大臣们是不利的:

"……处理此种局面是首相及大臣们的责任,而且也仅仅是他们的责任,但是他们都未能成功地担负起这一责任。"

最后,我在结论里处理了那些在我们国家里引起了巨大混乱的谣言:

"我知道,大臣们和其他人对于那些涉及他们的谣言极为恼火，他们考虑以诽谤罪和诬蔑罪提出上诉。我还知道，在我调查之前他们忍住了没有起诉。但是我希望他们将不会觉得他们的名誉需要他们再行起诉。我相信我的判决是对他们名誉的全面而充分的肯定，我相信，埋葬这些谣言、结束这个不幸的插曲将会对国家更有益处。

我同样相信所有其他人将不会再重复那些已被证明没有根据和不符合事实的谣言，而且报纸和其他人将不会再次试图找出那些我有意识地秘而不宣的人的名字。因为我恐怕如果说出他们的名字，人们自然会说‘无风不起浪’——但在此案中，这句话是完全不适用的。

这使我得出结论。有些人可能认为——实际上已经这样认为了——这些谣言是我们国家社会道德水准下降的迹象，我不相信这是事实。并不存在水准下降的情况，而是今天与过去不同。今天参与公众事务的人比过去更容易受到损害，而这就使得他们甚至比以前更要注意不引起丑闻。因为假如他们不注意，就会卷入日益增加的危险之中，我所得到的证词已经表明了这一点。有关知名人士丑闻的情报已经成为一种颇有市场的商品，不管是真是假，不管是事实还是虚构，它都卖得出去。丑闻越大，要价越高。如果能佐以相片或者信件，不论真伪，那就更值钱了。卖者经常承认自己亲身参与了这些他们想以此谋利的不轨行为。掮客也插手进来帮助促成买卖，并确保卖到最好的价钱。故事加工润色之后，再交给经营这种商品的报纸——只有少数这样的报纸。这少数报纸相互竞争以得到这种情报。每家都怕别家先买到。因此，这些报纸只要遇上这种东西就买下来，想以后靠它发财。有时候到手的情报对他们毫无用处，因为明显是假的。有时候事情可信，但是尽管如此，他们也不敢把事情全部登出来。诽谤法和蔑视法庭条例是有效的抑制因素。他们登出他们能登的部分,但是留下较大的不能发表的那部分。这不能发表的部分就通过口头传播,不止限于在舰队街[1]传播,还要传到威斯敏斯特,[2]还要传过海峡,甚至传过大西洋,然后再传回来,传播途中,故事越编越多。如果当初没人购买,谣言就不会传开。

当看见这样可怕的结果出现时,有一件事情是很明显的,这就是应该采取行动制止靠买卖丑闻谋利。要有个机构管理此事。现在已经有了新的出版委员会。

尽管我觉得有必要提请大家注意这种事情,但是我愿意说,我已从报界和与报界有关的单位得到密切的合作和巨大的帮助。但是从那些我以为其活动应受批评的单位,我却没有得到丝毫的合作与帮助。"

报告发表以后,哈罗德·麦克米伦先生病了,然后他辞了职。阿历克·道格拉斯—霍姆爵士(Sir Alec Douglas—Home)继任首相。1963年12月16日下议院就"安全问题与丹宁报告"为题进行了辩论。在辩论中,哈罗德·麦克米伦先生说:[3]

"就我个人来说,这次辩论发生时的情况,与我两个月前看到的情况完全不同……为丹宁勋爵完成了这件我请求他完成的复杂而困难的任务,我愿意当众向丹宁勋爵表示我的谢意,

---

〔1〕 舰队街(Fleet Street),伦敦一条街,主要的新闻报馆都坐落在这条街上,故又名新闻街。——译注

〔2〕 威斯敏斯特(westminster),伦敦城区,国会两院的所在地。——译注

〔3〕 《官方报告》(第5集)686 HC,Col 911(1963年12月16日)。

当然我在私下已经向他表示过我的谢意了。我相信下院和全国也同样怀有这种感激之情。”

后来,大家明确表示,绝不应该再出现这种调查了。以高等法官萨尔蒙为主席的皇家调查法庭委员会在1960年的报告中这样评论说:[1]

“丹宁法官的报告[2]为公众普遍接受,但这只是因为丹宁法官杰出的人品和高度的声望。尽管如此,作为在当时那种情况下进行调查出现的正常结果来说,公众对于丹宁报告的接受可以看作是一个明显的例外。”

---

〔1〕 Cmnd. 3121, para. 21。
〔2〕 Cmnd. 2152。

第三章　调查公司董事的行为

一、幕后

我们的公司法体系从形成到现在仅仅120年左右。它是一种用途广泛的管理手段。大部分商人和零售商现在都属于有限公司,不仅是在英国,在海外各国也是这样。但是公司法也起到了幕布的作用,它隐蔽了公司董事和经理人员的活动。在这块幕布后面,可以对顾客、对贷款人、对股东做各种手脚。在法院里有好多次,我自己曾试图揭开这块幕布,但遭到了多数人的反对。至今国会提供的唯一办法是授权贸易部任命调查人员来进行调查。受命的调查人员通常是一位著名的王室法律顾问——所有王室法律顾问均冠以"著名的”——和一位杰出的皇家特许会计师——同样，所有皇家特许会计师均冠以“杰出的”。他们要进行的工作相当棘手。他们得调查公司董事和经理人员所做的一切事情，然后对此提出报告。大家都知道进行这些调查要花好几年时间，要用很多钱。而调查结束之后，往往调查人员就要遭到非难。有人说是调查人员办事不公，于是他们的报告也就没人重视了。这个问题极为重要，因此我们已尽力制定出一些原则供调查人员参照执行。

二、珀加蒙出版公司

在调查珀加蒙出版有限公司（The Pergamon Press）的事务时，尖锐地提出了这些问题。调查是由两位好好先生进行的。一位是王室法律顾问欧文·斯特布尔（Owen Stable）先生——高等法院法官斯特布尔先生的儿子——欧文本人是位很有司法才能的人，另一位是罗纳德·利奇（Ronald Leach）先生（如今的罗纳德·利奇爵士），皮特·马威克（Peat Marwick）法律事务所的高级合伙人。你在哪里也找不到像这么好的一对搭档了。但是从一开始他们两个人就在罗伯特·马克斯韦尔（Robert Maxwell）先生那里碰到了麻烦。当马克斯韦尔前来作证时，发生了下面的事情（见“关于珀加蒙出版有限公司案”[1]）：

“过了一会儿，两位调查人传唤公司董事作证。但是几位

〔1〕（1971 年）Ch 388 at 398。

董事都拒绝了。罗伯特·马克斯韦尔的态度很典型,他和他的律师弗里曼先生一同来到调查人开会的地方。马克斯韦尔先生报了自己的姓名、住址,接着说明自己曾经获得过军功十字勋章,而且是国会议员。然后调查人之一,王室法律顾问斯特布尔先生向马克斯韦尔先生提了一个很简单的问题:'您最初参加珀加蒙出版公司是在什么时候?'对此马克斯韦尔先生回答说:'斯特布尔先生,有鉴于弗里曼先生为我提的建议,我谨拒绝回答任何进一步的问题,除非法院命令我回答。'这种态度使得两位调查人除了把马克斯韦尔先生的拒绝态度向法院呈报之外别无办法。"

我们的结论如下:

"他们已经答应与调查人员充分合作,但是当问到他们'您最初参加珀加蒙出版公司是在什么时候?'这样一个简单问题时,他们都拒绝回答。无怪两位调查人将他们拒绝回答一事呈报了法院。无怪法院判定他们拒绝回答问题是不合法的。法官对他们很宽容。他仅仅命令他们偿付诉讼费。要是他们再采取这种无理的态度,他们将不再得到宽容。将按他们犯有蔑视法庭罪一样地处理他们。"

后来,两位调查人继续调查并且提出一份中期报告。马克斯韦尔先生对此颇为不满。他要求下令禁止调查人继续调查。那两位法官在这个问题上的法律观点有分歧。对此我试图这样解决(见"马克斯韦尔诉商务部案"[1]):

"鉴于两位法官意见分歧,我想提出一些应予考虑的要点。

〔1〕 (1974年)QB 523 at 533。

就按1948年公司法进行调查来说,这些要点应牢牢记在心上。首先,当为了进行调查和作出报告把问题交给一个调查人时,这种调查是很特殊的,绝不可以把它和我们过去所理解的其他调查相混淆。要记住这种调查**不是**什么一般的诉讼,它不是对任何人的审判,也不是任何诸如此类的事情。这里没有被告,没有原告,也没有人提出指控。这些调查也不像专业机构的纪律制裁,也不像要把某人逐出工会、俱乐部或诸如此类机构而采取的某项行动。这种调查甚至也不像某个委员会考查是否有确凿的证据给一个人定罪,这种调查仅仅是一次调查,并没有任何人受到控告。

第二,没有人向调查人起诉,也没有'调查委员会律师'。调查人得自己完成全部工作。他得亲自挑选有关文件和召集证人,他得亲自研究文件,得亲自盘诘证人并亲自验证证言的准确性和真实性。盘诘证人时没有其他人在场。即使某个证人说了对他人不利的话,那人也不会听见,也不会当场和他对质。

第三,调查是保密的。必须保密。因为证人说的话可能对别人不利,而把这些不利于某人的话未经其申辩就拿出来发表,那是非常不应该的。所有在场的人只有调查人员和他们的工作班子、速记员以及证人和他的律师,如果证人愿意要律师的话。

第四,调查人必须提出报告。调查人必须对证言作出判断,对提交给他们的事情提出看法。如果他们的报告有些价值,他们必须勇敢、坦白、毫不退缩地拿出来。公众利益要求他这样做。有时可能需要他们谴责或批评某人。但是在批评以前,调查人必须公正地对待他……

……

……必须记住调查人是为公共利益履行公共职责。他们必须尽自己的最大能力做到办事公正。当然,他们要把他们想到的重要问题向证人提出——以便给证人一个机会来解释或纠正任何对他们不利的有关说法。他们甚至会提醒证人这样做。但是不应因为他们偶有疏漏之处便批评他们。即使最精于盘诘的老练的律师,偶尔也会忘记问证人这个或那个问题。虽然我们大家都知道要记住全部事情多么困难,但是我们仍然责备调查人。调查人要考虑的事情至少和律师一样多。借用莎士比亚的话来说,调查人不能让'他的所有差错都让人看到,记在小本子上,学会、背熟',好让律师高兴。调查人的工作完全是费力不讨好的。假如在进行调查以后,还要为此负受审的责任,那是不能容忍的。有骨气的人永远不会去干这个。公众利益要求,只要调查人做事诚实,尽力而为地主持公正,法庭就不能责难他的报告。

……

最后,我愿意说:我研究了提交给本庭问题的全部细节。而且我也读了威恩法官的判决,我谨对他的判决表示钦佩,并且完全赞同他的话。想根据调查人的判决向法庭上诉,这正是马克斯韦尔先生的企图,但是国会未允许他上诉。因此,马克斯韦尔先生试图通过攻击调查人本人行为的办法来绕过国会。他这一企图最后也归于失败。据我看,调查人非常公正地进行他们的工作,他们极为认真地调查了全部问题。他们仔细地调查了这些复杂问题的具体细节。他们向马克斯韦尔先生提出了一切可能需要解释或回答的问题。调查人给了马克斯韦尔先生一切机会以处理这些问题。假如有一两个问题被他们漏掉,这同他们涉及的大量问题比较起来也是微不足道的。我很遗憾,他们的工作完成得这么出色,却还得为对他们的攻击所苦恼。在过去根据公司法进行的那么多调查里,从来没有出现过这种事情。我希望今后也不要再出现这种情况……”

三、公司董事能阻止调查吗?

在下面这个案例中,公司在调查开始阶段就提出指控,他们企图从一开始就阻止调查人员进行工作。他们说国务大臣在任命调查人时就错了。此事出现在“诺韦斯特·霍尔斯特诉商务大臣案”[1]中。本院是这样处理的:

“了解立法背景是非常重要的。经常发生这种情况,股份公司的管理不受普通股东的控制。大多数股份掌握在两三个人手里,这两三个人控制着公司的事务。其他股东知情很少,告诉他们的事情也很少,他们收到许多敷衍他们的年度报告,但是他们中的大部分人都把报告扔进废纸篓。公司虽有年度大会,但是往往只有个别股东出席。公司的管理和控制都操在公司董事的手里,这些董事们是谋取自己利益的寡头集团,而且实际上不受监督。鉴于董事人员是公司的监护人,那么问题就提出来了:‘监护人本身由谁监护呢?’[2]

……

因为公司不受普通人的控制,所以通过了立法,以便贸易部能够任命调查人来调查公司的事务……

---

〔1〕 (1978年)Ch 201 at 223。

〔2〕 原文是拉丁文。——译注

……在很多情况下，调查不是作为司法的或准司法的调查进行的，而仅仅是为了实施健全的行政管理才进行的。在这种情况下，不需要事先提请注意任何指控或诸如此类的东西。以怀疑警察行为不端为例：习惯做法是在调查之前暂停该警察的工作。在此阶段并未提请他注意任何指控，也不会给他申辩的机会。到决定起诉时，正常的司法才会起作用。在其他方面还可举另一些例子。例如，证券交易所可能暂停某公司的股票交易，他们可以根据自己知道的情况行事而无需事先对该公司提出警告。

……

我们知道，当进行这些调查时，那些被调查的人经常会对调查表示不满，大发牢骚，他们说用这种方式对待他们不公正。这种抱怨通常是毫无根据的。提出这些抱怨只是为了拖延调查，或是减轻调查报告造成的影响，但是，不管这些抱怨有无根据，都没有理由放弃这种调查方式。这是公众可以凭借它调查公司的行动的唯一手段。如果出现了使贸易大臣认为公司有‘欺诈、违法或其他不当行为’的迹象，国会已经明确规定——在商务部的控制下，代表全体公众——可以调查公司的事务管理。我认为我们不应该鼓励或支持任何企图拖延或阻碍调查的行为。在我看来这种行为是毫无道理的。法官打击这种行为是完全正确的。”

四、一件有用的武器

但是国会已经给了一件有时可能对查出欺诈行为有用的

武器，它类似于一张搜查证。这是由1948年公司法第441款赋予的。此款使得法官能够发布命令审查公司账目——假如怀疑与公司事务管理有关的违法行为已经存在的话。

当某公司根据订有它应获得“附加费”条款的合同承包工程时，我们就要注意，该公司应该得到的钱是它已付给它的分包人的钱加他自己赚的百分之二十的利润。但该公司不是如实地记上这笔账，而是在账目里作为“费用”记上一个高于他实际上付给分包人的金额。在使用这种欺诈方法的同时，他们在会计部门里雇了一名新手。这位新会计发现了欺诈行为。他告诉管理部门不应该这样做。结果他被解雇了。他报告了警方，警方报告了检察官。但是除非检察官能看到公司的账册——看到公司给分包人的付款等，否则他无能为力。假如公司事先得到警告，证据很快就会不见了。因此，检察官就利用了1948年公司法的第441款。检察官去找高等法院法官；**单方面**申请法院命令，要求法院授权检察机关审查公司账册和命令秘书提供账册。这位法官认为此款适用范围很窄，因而拒绝发布任何此类命令。

检察官想向本院上诉。他通知了本院。我们做好一切准备听取他的上诉。后来使我们感到非常奇怪的是，我们被告知上诉不再有效。该上诉只好被放入“提出”一档中，然后撤销。在归档时，律师出来告诉我们原因。原来，这是因为公司法第441款有一项说：“高等法院法官对按此款提出之申请的判决不可上诉”。本院当场哗然。我们不能让这样的条款来禁止本院听取上诉——如果法官执法有误的话。在法官对事实掌握有错误的情况下这条才是适用的。因此，我们将此上诉归入合审一档。我们得到了负责委任律师的官方代诉人的帮助。因为此上诉很紧迫,所以我们在夏季审判开庭期的最后一天听取了上诉。本院批准了上诉,并授权检察官着手调查,我们授权他审查公司账册并命令公司秘书交出账册。此案名为《关于一家公司案》。[1]

〔1〕 (1979年)123 Sol Jo 584,CA。

第四章　调查游艺俱乐部的行为

对于绝大部分行为调查，自然公正的原则都是适用的。假如某人的行为受到调查，他有权知道对自己不利的证词并可就此作答。但是也有例外：特别是当情报是由告发人提供的时候，告发人的名字必须保密——否则情报来源就会枯竭。甚至对情报本身也要有所限制。在“王国政府诉娱乐局案”[1]中，提出了一个很有意思的问题供大家讨论。

克罗克福特（Crockford）俱乐部是伦敦最有名的游艺俱乐部之一。它在卡尔顿会堂街十六号有座很漂亮的房子。他们在那

[1] （1970年）2 WLR 1009。

里经营人们熟悉的游艺项目:十一点、比九点、轮盘赌、海盗旗、掷骰子赌(此案结束好几年以后,我自己曾到那里去过,但不是去游艺,而是为大宪章[1]展览揭幕,也是为了去吃一顿)。根据1968年游艺法,所有这些游艺俱乐部都必须领取执照,因此,这些俱乐部都要向游艺局申请"许可证"。克罗克福特俱乐部按例申请执照,但是游艺局拒绝了它的申请,游艺局说那些管理该俱乐部的人"与某些具有不可接受的背景和名声的人"有联系。

游艺局拒绝透露他们掌握的秘密。因此,克罗福特俱乐部委托了著名律师、王室法律顾问昆廷·霍格(Quintin Hogg)先生(当时他是王室法律顾问)。游艺局委托了一位第一流的对手,王室法律顾问雷蒙德·基德维尔(Raymond kidwell)先生。我们那次有威尔伯福斯勋爵协助。上议院肯派给我们一名主管法律事务的议员来帮助我们,真是难能可贵。威尔伯福斯(Wilberforce)的到来对我们非常有利——他是当代最好的法官。案中有好几个有争议的问题。关于透露情报来源这个问题,我是这样说的:

"如果游艺局把情报来源告诉申请人会使提供情报的人处于危险之中或者会有损于公众利益,我认为游艺局就不必这样做。甚至在刑事审判中也不能问证人向他提供情况的人是谁。大法官艾尔勋爵在哈迪案件[2]('王国政府诉哈迪案')中把

---

〔1〕 大宪章(Great Charter of England),亦称"自由大宪章",是英国历史上最重要的政治、法律文件之一。它是在1215年由英王约翰签署的,共63条,其中一些条款是保护个人自由的。——译注

〔2〕 24国家审判案199、808。

道理说得很清楚：

‘……有一项规则，已得到了普遍的承认，因为它对社会侦察犯罪行为具有的重要意义，这项规则是：那些作为侦察犯罪行为渠道的人，其名字绝不应该不必要地予以泄露。’

而且布勒法官也说：‘……假如在这种案件中要求说出告发人的名字，那就没有人会出来告发了，社会正义就会被邪恶所战胜。’……这个道理同样适用于游艺局进行的调查。游艺局是国会设立来对付名声不好的游艺俱乐部并对其加以控制的机关。通过艰苦的摸索，游艺局了解到某些俱乐部和有组织的犯罪活动有密切关系，这些犯罪活动经常是使用欺诈手段和暴力方法的暴力犯罪。如果游艺局必须说出他们的情报来源，那么由于害怕受到报复，就没人会出来‘告发’这些俱乐部了。对于情报的细节来说也是这样。如果游艺局必须透露情报的每个细节，那么情报本身就会暴露出告发人，从而使告发人处于危险之中。但是，在不披露每个细节的前提下，就应该认为游艺局在每个案件中都应该能够向申请人尽量说明反对他的理由，以便申请人能够进行答复。只有这样做才是公正的。而且游艺局必须不惜任何代价做到公正。如果他们做不到，这些法院将会毫不犹豫地进行干预。

如果接受这样一个看法，即游艺局在最后做出决定时应该做所有这些事情，那就产生了一个问题：游艺局一定要说出他们的理由吗？我以为不必。治安法官不一定要为他们的判决说出理由，见‘王国政府诉诺森伯兰赔偿上诉法庭，由肖起诉案’。[1] 游艺局也不需要这样做。其实，游艺局必须说出的只

〔1〕 (1952年)1 KB 338 at 352。

是他们对于申请人的能力和他付出的努力的**看法**。如果申请人要求他们说出理由,他们只需回答:‘依我们看,你们可能不具有你们应该具备的能力和干劲’。这就足够了。他们这么一说,就可以把事情了结。

“以这些规则来检验,把这些规则用于此案,我认为游艺局对此事的处理是完全公正的……”

这个裁决两年之后获得了上议院的认可。亨利·罗杰斯想开设滚球场。他向游艺局申请许可证,游艺局拒绝了。好像游艺局曾经要求苏塞克斯的警察局局长汇报罗杰斯的情况。警察局局长向游艺局提供的情报对罗杰斯极为不利。游艺局得到了情报,但是没给罗杰斯看。后来,有人以某种方法——无疑是很卑劣的方法——把这份情报从案卷里抽出来,并把副本给了罗杰斯。罗杰斯试图以诽谤罪提出起诉,但是没有成功。案子一直捅到上议院。这就是“王国政府诉法官刘易斯案”。[1] 里德勋爵(Lord Reid)在此案中通过了我们的判决,他说:

“自然公正[2]要求游艺局要问心无愧地行事。因此游艺局要尽可能地告诉申请人他们据以拒绝其申请的理由的要点,以便申请人可以说明这些理由不符合事实。但是必须信任游艺局会这样做:把对此事的处理提交给我们裁决,我没有发现他们有做错的地方。”

---

〔1〕 (1973年)AC 338 at 402。

〔2〕 自然公正(natural justice)是西方社会的一条最基本的法则。在法律上它适合于一切案件的审理。它包括法官在审案时不得偏袒任何一方,必须给予被告以充分的辩护、申诉的权利等。——译注

第五章　调查外国人的行为

可是有一种不实行自然公正的调查，这就是在国家安全利益认为必要时的调查。有些情报至关重要，除了对极少数人以外，不能有丝毫泄露。我们国家像其他国家一样，有自己的情报机关。像其他国家的情报机关一样，我们的情报机关也有自己的间谍和情报员。如果对这些间谍和情报员做的事情有丝毫泄露，他们就可能有生命危险。有一次（关于此事公众一无所知），我们的好多情报员失踪了，消失得无影无踪，他们被某个外国强国“消灭了”。此事只有安全机关知道，而局外人全然不知。

在马克·霍森鲍尔案即“王国政府诉内

务大臣,由霍森鲍尔起诉案"[1]中曾暗示到这件事,仅仅是暗示而已。我们没有强迫内务部泄露它的情报,但为此我们却遭到了多方面的批评。因此我想解释一下。

马克·霍森鲍尔是位美国记者。18岁时他就来到我们国家,并参加了调查性的新闻采访。他得到内务部的准许住在我国。当他的准许证还有四个星期到期时:

"……他接到内务部的一封来信,来信告诉他,由于国务大臣决定驱逐他出境,他不能继续待在英国了。原因是这样做符合国家安全的利益。我要把随信寄来的声明读一下……

声明用的是官方语言,但如若译成白话,它的意思是,国务大臣认为霍森鲍尔先生对英国来说是个危险人物,因此他待在英国是不受欢迎的,不再准许他留在这里了。大臣所以这样认为是根据提供给他的秘密情报。情报大致是说,霍森鲍尔先生是这么一伙人当中的一员,这伙人想要得到有关我国安全措施的高级机密情报。他们企图发表这个情报或发表一部分,以此来危及我们的情报机关中一些人的生命安全。对霍森鲍尔的主要指控是说'他存有对王国公职人员安全不利的情报',并企图予以发表。如果此指控属实,他必定会被驱逐。我们不能让自己人的生命受到外国人的损害。……

因此,我想立即指出,如果此案属于应遵守一般自然公正规则的案件之列,那么可以对它进行某些批评。其一是,内政大臣自己,我想还有咨询小组,都知道许多霍森鲍尔先生不知道、也没告诉他的秘密情报。霍森鲍尔没有机会予以纠正或反

---

[1] (1977年)1 WLR 766。

驳,也没机会接受盘诘以明辨是非。其二,霍森鲍尔未被给予足够的关于对他的指控的情况,以便他能够有效地处理或答复这些指控。所有这些均可作为坚决要求推翻任何法院或者任何刑事或民事法庭的一般判决的理由。

但此案不是普通案件,而是涉及国家安全的案件。而我们的历史表明,当国家本身受到危害时,我们所珍视的自由只能退居第二位,甚至自然公正本身也要退避三舍。国会经常如此立法而法院则忠实遵守。第一次世界大战时,在'王国政府诉哈利戴案'[1]中大法官芬雷勋爵(Lord Finlay)说:'必须防范……间谍活动和秘密情报员造成的危害。'第二次世界大战时,莫姆勋爵(Lord Maugham)在'利弗西奇诉约翰·安德森爵士案'[2]中说:

'……可能有这么一些人,虽然不能证明他们犯案,也没有对他们提出指控,但是授权国务大臣发出命令将他们拘留,倒是一种权宜之计。'

那说的是在战争时期,但是在和平时期也要注意这种人的危害。间谍、颠覆者和破坏者可能披着非常清白的伪装混在我们中间。他们可能正在危害我们情报机关人员的生命安全,就像霍森鲍尔所做的那样。

如果这些人是英国臣民,我们必须在国内处理他们。如果他们是外国人,我们可以将其驱逐。涉及那些表明自己是不受欢迎的而应被驱逐出境的外国人时,自然公正的规则将受到限制。

……

〔1〕 (1917 年) AC 260 at 270。

〔2〕 (1942 年) AC 206 at 219。

由保安机关提供给内政大臣的情报是而且必定是高度机密的。公众在王国安全上的利益是生死攸关的，因此情报来源一定不能泄露，如果有暴露情报来源的危险的话。情报本身的性质也不能泄露。因为在极度保密的范围内，我们的敌人可能企图消灭我们的情报来源。因此，我们的情报来源一定不能暴露。甚至对下议院也不能暴露，对任何法庭或调查法庭，对任何咨询机关，不管是法定的还是非法定的，都不能暴露。除非内政大臣认为这样做是安全的。虽然个人自由和对个人执法公正对于公众利益是重要的，但是对于国家本身的安全来讲，公众利益也要退居次要地位。因此不必进行逮捕，也不必进行起诉，以防泄露必须保守的秘密。目前所有关于机密情报的案件均遵循此原则。当公众利益要求情报保密时，情报保密的重要性甚至要超过执法公正中的公众利益的重要性……

……

这里有个矛盾：一方面是国家安全利益。另一方面是个人自由。权衡两者不是法院的责任，而是内政大臣的责任，他是国会授权承担此任的人。在世界上有些地方，国家安全有时用来作为各种侵犯个人自由的借口。但是在英国情况不是这样。不管是两次大战时期，还是在每次大战以后的时期，各届政府都是为了满足一般人民的愿望而卸任的。各届政府设立了咨询委员会帮助工作，这些委员会通常有一位主席，主席已经做了他能够做的一切事情来保证公正执法。除了对国家安全有绝对的必要，各届政府从不干涉任何人的自由或行为自由。既然如此，我们确信，内政大臣已亲自作了考虑，而我们没有任何理由怀疑内政大臣已慎重地考虑了全部问题。至于他用什么方法去做，他可以向国会而不是向法院答复。”

第六章　调查律师的拖延行为

一、调查法院的行为

自从律师在司法中起作用以来，外行就一直抱怨律师办案拖延。同样，律师们也一直找借口搪塞。最常用的借口是他们忙，你可能记得大约六百年以前，乔叟〔1〕曾经这样谈到过一位律师：

“好像谁也没有他那样忙，
好像他现在比过去更忙。”

我知道，在律师中，“显得比实际忙一点”是个普遍采用的策略。如果说忙，就显得你案子办得好，如果不忙，就显得你案子

---

〔1〕 乔叟（Geoffery Chaucer，1340～1400），英国著名作家，英国现实主义文学奠基人。著有《坎特伯雷故事》。——译注

办得不怎么样。因此,“显得忙”就具有重要意义了。我清楚记得我自己还是个年轻的律师时——也盼着委托人——我会把诉状和案卷都堆在桌子上,所有案卷都系上红带,以便造成忙的印象。不过那些诉状和案卷大部分都是“死的”,都是早就处理过的或是办完了的。直到当了律师大约十年以后,我的桌上才一叠叠地堆满了“活”案卷。

律师拖延的真正原因不是他们办事懒散或拖拉。律师是所有专业人员中最勤勉的,原因往往是他们对办案先后次序的选择。每件案子都是重要的,都必须处理。每封信都要在当天或者至少在第二天回复。突然来的一个电话会把他们考虑其他事情的思路打断。有的时候律师是一位慢手,但是通常是由于他办事太谨小慎微。有时是还不完全了解情况,还必须全盘查对一下。还有时是由于律师缺少工作人员,或者是工作人员病了。所有这些原因,律师都可以把它们拿到上帝面前作为借口。但是其中任何一条,他都不能在委托人面前当作理由,在我们法官面前也不成。法院要求对每个委托人的案子均需从速处理。自从我们的重大的“艾伦诉麦克阿尔平案”[1]以来,在任何情况下,法院都是这样要求的。我把此案说成是“重大的案子”,是因为我们把它保留到了圣诞节假期之后,并且当时高等法官迪普洛克向我评论说那是他所办过的最重要的案子。

首先请允许我解释一下,在民事案件中,办案速度是由提出诉讼的原告决定的。是由原告发出传票,送达传票;是由原告提出诉讼声明书,送交诉讼声明书;是由原告叫来被告进行申辩或者承担后果。如果原告自己在必须由他做的事情上花

---

〔1〕 (1968 年)2 QB 229,(1968 年)2 WLR 366。

费很长时间的话,案子就将不定期地拖下去了。在“艾伦诉麦克阿尔平案”之前,事情经常如此。法律规定了一个原告应予遵守的时间表,但是原告从来不会由于未遵守此表而受谴责。原告总是拖长提出诉讼的时间。我最好是引述本院做出的判决的开头几页:[1]

“在这三个案子里,法律上的拖延是不能容忍的。拖延的时间是如此之长,以致执法公正成了啼笑皆非的事情。等一会儿我会说明细节,但是总的情况就是这样。在第一案中,一位寡妇在大约**九**年以前失去了丈夫,她丈夫因工作死亡。寡妇有充分理由从属主那里为自己的两个小孩要求抚恤金。可她的案子到现在还未交付审判。在第二案中,一名护士抱怨说,她**九**年多以前在搬一名病人时扭伤了腰,造成以后一年不能工作。假如此情属实,她有权从医院当局得到赔偿费。而医院当局到现在也没有对护士的要求进行答复。在第三案中,一位实业家将近**十四**年前用两万英镑买了些股票。他起诉说他在交易时受了欺诈,他的律师却丢下他的公司不管,出卖股票的人也已经死了。但是由于这项诉讼涉及他的财产,因此他的财产就不得动用。其寡妇也就不能接受丈夫留给她的钱。可是该诉讼却一直未予审理。

在这三个案子中,委托人本人均无错误。寡妇、护士和实业家都想把诉讼进行下去。遗憾的是我只能说,错误是在法律顾问这方面。倒不是他有意忽视这几件案子。但是由于其他工作和别的案件占用了他们的时间,他们就把这些案子几个月

---

[1] (1968 年)2 WLR 366 at 369—371。

甚至几年地放在一边没管。因此造成了这种恶果。例子还不仅仅是这几个。几个月之前我们遇到两个同类的案子。一件是1967年3月19日的‘里根廷诉比奇姆·贝克雷斯有限公司案’,[1]另一件是1967年3月17日‘菲茨帕特里克诉贝特格兄弟有限公司案’。[2] 我们说:‘这些案子中的拖延现象是很可悲的。使案件有所进展是原告律师的职责。每拖延一年对公平审理都是不利的。’因为没有起诉,我们取消了这些案件。这意味着受到损害的原告将无法从被告那里得到赔偿。但是原告可以从他们马虎失职的律师那里得到赔偿。这些案件已使律师深切地感到他们必须抓紧办案。最高法院条例(1967年)第二版附录第四页第二十五节第一款第三条的注解写道:

‘上诉法院的这些断然判决树立了一个比以前遵循的诉讼程序更为严格的程序。这些判决为在审案之前处理和准备案件注入了新的效率因素,特别是针对涉及“意外事件”的案子。未使案子“有所进展”的原告律师将冒使原告的诉讼由于缺乏控告而被取消的风险,而原告律师自己将由于失职而对以前作为他们的委托人的原告负担赔偿损失的责任。’

根据那些判决,还有几案也由于拖延而被取消。这三个案子也在其中。原告向本院上诉,我说‘原告’上诉,但是我们不能无视原告律师和他们的承保人与这些上诉有很大关系这一事实,他们是要对过失负责的。司法界也有牵涉,因为出庭律师要为这些案子出庭并要求法官听讯。我们允许出庭律师作为协助法院的人向我们解释涉及公共政策问题的法律。

---

〔1〕 (1967年)111 Sol Jo 216。

〔2〕 (1967年)2 All ER 657,(1967年)1 WLR 706,CA。

有人极力反对我们未经审理就取消某人的诉讼，因为这意味着剥夺他向女王法院告状的权利。他们援引大宪章来反对我们，好像我们以某种方式破坏了大宪章的规定。对此可以作一简单的回答。司法拖延是一种违反司法程序的行为。大宪章不能允许有任何这种情况：‘对任何人，朕绝不否认或延误其享有的权利和公正待遇。’〔1〕

多年来人们一直抗议律师的拖延，认为这是极大的、难以容忍的错误。莎士比亚曾把它列入应遭鞭笞的行为，说它是对时间的蔑视。〔2〕狄更斯描述了律师的拖延如何使人耗尽金钱、耐心、勇气和希望。〔3〕为了纠正这个错误，我们将在本院、在我们权限之内尽一切力量强迫律师迅速行动。而且，如果需要的话，当拖延时间过长时，我们将取消诉讼。这是一种严厉的措施，但这是在法院固有的权限之内，而且法院规章明确允许这样做。这是法庭持有的唯一有效的制裁办法。如果原告在规定时间之内未提出诉状，或未领取指示传票，或未为审理案件而登记诉讼，被告均可以要求取消诉讼。有人向我们论证说，法院不应在第一次申请时就取消诉讼。即使拖延的时间很长，法院也总应该再给那个办案拖拉的律师一次机会。法院的命令应该是，‘除非’那个办案拖拉的律师在规定的时间内采取下一步骤，否则将取消诉讼。据说惯例一向如此，这样做已经有好多年了；这个惯例是在‘伊顿诉斯托勒案’〔4〕中由前上诉法院院长乔治·杰塞尔爵士（Sir George Jessel）确认的，而且未

〔1〕 见《大宪章》第40章。

〔2〕 《哈姆雷特》第3幕第1场。

〔3〕 《荒凉山庄》第3章。

〔4〕 (1882年)22 Ch D 91 at 92。

经事先通知不得改变此例。我不能接受这种看法。如果有这种惯例,那么对拖延诉讼就没有任何制裁措施了。原告律师可以把案件丢在一边,愿意拖上多长时间就拖上多长时间,无需担心造成的后果。

“如果仔细阅读‘伊顿诉斯托勒案’,你可以看出乔治·杰塞尔爵士说的那个惯例只适用于两三个月的适当拖延。当出现过度拖延的特殊情况时,此惯例即不再适用。对待此种拖延,我们的原则很清楚:当拖延过度和毫无道理时,当拖延意味着对一方或另一方抑或双方造成严重不公时,法院可在自己的权限内立即取消诉讼,而让原告以他的律师使他处于如此境地而向律师要求赔偿。无论何时,只要律师由于自己无故拖延剥夺了委托人的诉讼理由时,委托人就可向律师要求赔偿。例如:当律师没有及时发出传票、没有及时送达传票,或者没有适当地准予传票展期时。遗憾地说,我们最近已经见到几个这样的案例。其中不少得到法律上的帮助。我相信,在所有这样的案件中,律师已经迅速地给了受害的委托人以补偿。或者至少由保证人赔偿了损失。因此由拖延造成的损害同样得到了应得的补救,我希望永远这样做。”

但是目前人们赞同的不是我的判决。我的判决可能太笼统了。人们赞同的是迪普洛克高等法官和萨尔蒙高等法官的判决。他们把判决说得更精确。为了因缺乏控告取消诉讼,必须曾有过度的不可原谅的拖延以致对被告造成严重损害。我们当时没有认识到这一点,但是这个公式在涉及《时效法》时造成了巨大的困难。

在人身伤害案里,原告需在事故发生后三年之内发出传票,四年之内送达传票,如果原告在送达传票之前,已经用去规定的全部时间——四年,被告会由于此拖延而遭到巨大的损害。但是正是在这个问题上,上诉法院发生了意见分歧:

上诉法院里以拉塞尔(Russell)高等法官为首的一派,据说认为原告**有权**利用那四年时间。四年的拖延和损害算不了什么。在"帕克诉汉姆案"[1]里他们就持这种观点。但是以我为首的一派反对这种观点。在《斯威尼诉罗伯特·麦克阿尔平爵士父子公司案》[2]中,我说:

"……原告没有这种权利,他根本无权拖延诉讼。在各阶段,他都要尽快提出诉状,尽快进行诉讼,这是原告的职责。如果原告犯有过度的、不可原谅的拖延罪——最后没能准时履行法院规章——倘若整个拖延对被告如此严重不利的话,他将为使诉讼由于缺乏控告而被取消一事承担赔偿责任。……"

这种立场逐渐被广泛接受。上诉法院就在"伯基特诉詹姆斯案"[3]中采取了这一立场。但是很遗憾地说,后来此案被上议院推翻了。这个案件很富有启发性,因此我愿把它讲一讲:原告伯基特先生声称被告詹姆斯先生在1969年11月**口头上**同意于1970年4月1日付给他一百万英镑。正是这一说法让人觉得此案很可疑。对一笔百万英镑的协议竟然没有书面保证!原告自己对此案也无多大的信心。在两年多的时间里,他什么也没做。然后于1972年7月,原告得到法律帮助并发出传票要求得到这一百万英镑。但是原告或他当时的律师却拖

〔1〕 (1972年)1 WLR 1583。
〔2〕 (1974年)1 WLR 200 at 205。
〔3〕 (1978年)AC 297 at 301。

延了许多许多个月未追问这个要求的结果。因此在1975年7月,被告发出传票要求因缺乏控告取消诉讼。法官确实取消了诉讼。上诉法院也取消了。他们认为这种拖延完全是过度的和不可原谅的,而且被告为此受到了严重的不利影响。他们拒绝同意上诉。这里我停下来说一下,在此种案件里,虽然我们把这种判决称为非最终判决,但是上诉法院的意见通常是被视为终审判决的。但即使是这样,这位原告在律师的帮助下,告到上议院,得到准许然后上诉,而且上诉成功。在违反合同的案件中,时效期是六年,上议院受到这一点的很大影响。因此,虽然从1970年4月1日以来,已经过去五年多了,原告仍然得以再发出传票,在此种情况下,上议院使一件失去时效的案件得以继续。上议院让被告付全部诉讼费用。诉讼遂交付审理。

这件案子的其余部分《法律报告》里没讲。在审理过程中,原告的要求早就被认为是无效的。我相信此案无须传被告出庭即可取消。这件事表明上议院准许上诉会造成多么严重的不公正。这种情况意味着被告须向上议院付大笔的上诉费,但他却不能从毫无真凭实据就起诉他的原告那里讨回一个便士。

自从那时以来,上诉法院尽自己的一切努力来消除"伯基特诉詹姆斯案"所造成的影响,特别是在"比斯诉兰伯斯卫生局案"[1]和"马洪诉坎克雷特(南方)有限公司案"[2]中。但是此案的不幸影响在"托利诉莫里斯案"[3]里仍可明显看出。这个案件的经过是:1964年5月,一名两岁半的小女孩在一次事故

〔1〕 (1978年)1 WLR 382。

〔2〕 (1979年)7月6日(未提出报告)。

〔3〕 (1979年)1 WLR 592。

中被一辆汽车撞伤。三年后,小女孩的父亲作为监护人,用小女孩的名义开了张传票。传票在第二年才送出去。那已经是1968年3月了。但是在其后九年中,他们再没做任何事情。就这样一直拖到了1977年7月,即事故发生后的第13年。到那时候证人已经找不到了——大家都把这件事忘了——警方的记录业已销毁——公正审理是不可能了。很明显,某个案件在这种情况下会因缺乏控告而予以取消——除非援引"伯基特诉詹姆斯案"。然而因为小女孩仍未满18岁——因此有效期还未满——诉讼得到准许,继续进行。但是此案在上议院只以三票对二票的多数获准,威尔伯福斯勋爵和迪尔霍恩勋爵持异议。许多人本来认为他们俩的观点应该占上风。

我一贯认为那种看法——原告可以再发传票——是站不住脚的。如果第一次诉讼被取消,那就让它取消。原告或许不会有胆量再开始另一次,在这问题上他不应该得到法律的帮助。即使原告再开始第二次诉讼,他也应该偿付被告在第一次诉讼中用去的费用。

自从1975年时效法颁布以来,三年期限并不是一个绝对不可逾越的障碍。法院有权予以延期,这也是法院自己的权力。在决定是否准许诉讼继续时,原告或其律师的拖延情况是最重要的考虑因素,而决定这一点也在法院的权限之内。人们可能不再援引"伯基特诉詹姆斯案"的判例,这样上诉法院的原则将充分发挥作用。

二、对仲裁有办法吗？

直到现在，我说的都是到法院之前诉讼阶段的拖延情况，如果原告犯有过度的、不可原谅的拖延罪，可以因缺乏控告取消其诉讼。但是许多争执是仲裁造成的。在今天这个商业化和工业化的社会里，许多合同不管重要与否都包含仲裁条款。关于船舶和建筑工程的争吵都交付仲裁。争议涉及大笔款额。有的被判给，有的被判付。

现在假定在仲裁进行中起诉人犯有过度的和不可原谅的拖延罪——而且这一拖延非常严重，使得公正听讯成为不可能的事——对另一方有补救办法吗？直到最近，人们还认为对这种拖延没有什么补救办法。在“克劳福德诉普劳汀有限公司案”[1]中，布里奇（Bridge）法官认为仲裁人无权因缺乏控告而取消起诉。仲裁人只能许给起诉人——不论其拖延多长时间——更多的时间以继续诉案。商事法庭委员会持同样观点。他们认为在仲裁中对拖延没有制裁办法是一大缺陷。一方或另一方可以磨蹭时间和无限期拖延审理的日期——更确切地说是判决日期。法官唐纳森（Donaldson）先生是该委员会的主席（他曾任劳资关系法院的首席法官，在任内成绩卓著——尽管在某些方面曾严重滥用职权）。但是最近，正是他，认为就拖延仲裁而言有一种有效的补救办法。这个观点表现在两个案

---

〔1〕（1973年）QB 1。

件里,它们记录在“布雷默·伍尔肯诉南印度轮船公司案”[1]中。唐纳森法官拒绝依照过去布里奇法官的判决行事。他认为仲裁人像法庭一样,有同样的权力因缺乏控告而取消起诉。而且他进一步认为,当起诉人犯有过度的、不可原谅的拖延罪时,另一方可以要求法庭发出禁制令,而法庭可以命令起诉人停止继续参与进一步仲裁。在这两案中,他批准了停止仲裁的禁令。那是在1979年4月。几个星期之后,劳埃德法官在“斯普兰蒂德·森案”[2]中遵行了唐纳森法官的判决。我们必须对这些判例的正确性保留我们的意见。因为这些案例正在上诉法院上诉,正如唐纳森法官所说,这些案例对英国的仲裁制度来说,有着非常重要的意义。在某种程度上,立法机关和唐纳森法官走的是一条路。依据1979年仲裁法第5款,仲裁人将来可以拥有和法官一样的权力,可以因缺乏控告而取消诉讼。这样就前进了一步。

---

〔1〕 (1979年)3 WLR 471。

〔2〕 (1979年)5月4日(未提出报告)。

第三篇

逮捕与搜查

导 言

我早就致力于民权问题。我在1949年汉姆林(Hamlinlecture)讲座中就涉及人身自由、言论自由及其他自由。但是回顾30年来经办的案件,我发现自己涉及的与其说是自由,毋宁说是如何不断摆正自由与安全的关系。正如我于1949年在讲到人身自由时所说的:

“当然,人身自由必定与社会安全是相辅相成的。我说的社会安全是指,我们所生活的社会中的治安和良好秩序。倘若一个正直的人可以受到杀人犯或盗贼的侵害,那么他的人身自由就分文不值了。每一社会均须有保护本身不受犯罪分子危害的手段。社会必须有权逮捕、搜查、监禁那些不法分子。只要这种权力运用适当,这些手段都是自由的保卫者。但是这种权力也可能被滥用。而假如它被人滥用,那么任何暴政都要甘拜下风。”

第一章　进行逮捕

一、警察的任务

在对我们的自由进行保卫时，警察发挥着关键的作用。社会为保障自身的安全，需要有一支得到社会信任、遵循正确指导、受过良好训练以及执行严明纪律的警察队伍。他们应该能够在犯罪发生前就阻止犯罪行为，或者如果犯罪发生，他们能够侦破并将罪犯送交法院审判。

当然警察必须行为适当，他们必须遵循规章的正确指导，绝不能用恐吓或许诺进行逼供，绝不能未经授权就搜查某人住宅，也绝不能不顾情况允许过分使用暴力。但是只要警察行为正当得体，一切正直的公民都会最大限度地支持他们。拐骗犯勒索赎金后逃之夭夭，行凶抢劫犯打倒老妇后逍遥法外，公司董事欺骗股东后携款而去，再没有什么比这些事对法律的危害更大了。

我们时代最令人不安的因素之一就是犯罪分子想方设法使治安的保卫者名誉扫地。即使暴徒上街示威，躺在公路上阻碍交通，只要警察一赶走他们，便会有人大喊“警察施暴”。即使某人已向警察招供，而且他的供词已作为证据在法庭提出，但他往往还会变卦，说他的供词是警察逼出来的，要不就说是瞎编的，或者说是别人诬陷他。

支持警察，承认他们是保卫我们免遭暴力和威胁的前线力量，这是现时要求一个有责任感的公民应尽的义务；而确认警察有逮捕权——以及搜查和扣留权——当这些权力使用得当的时候，这是当今法庭的职责。

因此，如果在下面几页里，我列举了那些有助于保卫自由的原则，我将不致歉意。

二、“跟我走”

当警察对某人说，“跟我走，我要把你带到警察局去”时，这就是逮捕。不论此人驯顺服从还是竭力抗拒，这都是逮捕。如果逮捕合法，此人不得抱怨。要是逮捕不合法，此人可以以不法监禁为理由提出起诉并得到赔偿。因此，对警察来说，了解自己的权限是非常重要的。当扰乱治安的事在眼前发生时，当其他可逮捕的犯罪行为确实在进行时，每个人都有权，也确实有义务挺身而出予以制止。但是在任何其他情况下，最好的办法是去叫警察。现在我们有关逮捕的法律非常复杂。我曾经参观过设在罕布什尔郡布兰希尔的警官学校,我还和学员们交谈过。学员素质之高给我留下了深刻的印象。但是对于警察来说,最困难的,同时也是最重要的事情之一就是知道他什么时候有权进行逮捕,而且知道然后他能够做些什么。校长告诉我,他们总是给学员们讲述"达利森诉卡弗里案"。[1]

三、通过相片甄别

这是个典型的案例。此案例一年要反复说上一百次。但是既然有那么多教训,所以我还要在这里再重复一遍。有位打字员在邓斯达布尔的一处律师办公室工作。她到银行去,取回钱,然后把173英镑放进保险柜,她关上了保险柜的门,但没有锁。正当她要离开办公室去吃午饭时,忽然看到一个男子站在过道上。她问那个男子说:"您有什么事吗"?男子转过身,面对她回答说:"没有,我走错门了。"打字员到楼上去了一会儿,当她下楼时,她听到砰的一声,然后是跑下楼梯的脚步声。173英镑不见了。于是她叫来警察。当时是侦探长卡弗里值班。打字员向警察描述了一下那个男子的相貌。警察把她带到刑事调查厅,给她看了一些相片。她挑出一张警察很熟悉的罪犯的照片,说:"就是这个人。"

警察到了伦敦。他们找到达利森。达利森说,那天他在别的地方干活。警察不相信他不在犯罪现场的辩解,就逮捕了

[1] (1965年)1 QB 348。

他。他们把他带回家,带到他说那天他干活的地方,然后对他进行了搜查,但什么也没找到。于是他们又把他带回了邓斯达布尔。

但是警察在把达利森带回去之前,曾去见过几位颇有名望的人:斯坦普夫妇和兰斯曼夫人。他们的证言有助于证实达利森不在犯罪现场的说法。于是进行甄别。有 11 个人长得和达利森相像。打字员把这些人来来回回地看了又看,她请每个人都说一遍:"没有,我走错门了。"打字员说:"我认为只有一个人是那个人。"她指着达利森,然后走上来点了点他。

达利森被带到治安法官那里。打字员和警察也被传来。但没有传证实达利森不在犯罪现场说法的那三个人。

在按季开庭的法庭里,起诉律师没有提出任何证据,因此达利森被释放了。达利森以不法监禁和恶意控告为理由提出起诉。王室法律顾问朱克斯先生——他是一位精干而富有说服力的人——代表达利森。逮捕本身显然是合法的。打字员从好多相片中把达利森的相片挑了出来,这对于认为是达利森做的案是个说得通的理由。但是对于警察带着达利森满伦敦跑,却提出了一个严重的问题。为了作出判决,我在说到逮捕时用了"重罪"一词。在普通法中,所有较严重的罪都是"重罪",轻一点的罪是"轻罪"。这种区别如今已被 1967 年的刑法取消了。"重罪"一词已被一个新创造的词"可逮捕罪"取代了。"可逮捕罪"也就是指那些较严重的罪。但是你得去查查书才能找到两词的细微差别。完全可以说,我当时的判决仍然是恰当适用的,不过,对"重罪"一词你必须看作是"可逮捕

罪”。当时我是这样说的：[1]

“朱克斯先生以后又讲到，即使逮捕是合法的，然而卡弗里侦探长把达利森带到米尔费尔德街40号而不是将其带回邓斯达布尔的警察局，这是不合法的。这样就对警察在拘留人时所具有的权限提出了一个有趣的问题。朱克斯先生说警察并不比平民拥有更多的权力。我不能同意这种说法，就**逮捕**而言，很久以来，警察就比平民拥有更多的权力。当警察没有逮捕证就进行逮捕时，只要他有合理的理由怀疑被捕人犯有重罪，他的逮捕在法律上就是合法的。他无须进一步（像平民必须做的那样）证明这种重罪在事实上已经构成。就**拘留**而言，警察的权力就更多了。假如**平民**由于怀疑某人犯有重罪而逮捕此人，他不得携人四处寻找不利于此人的证据……平民必须在可能的范围内尽快将其交给警察或者将其带到警察局，或者将其交给治安法官。但是只要该平民是在一个适当的时间内这样做了，就不能因为他抓住罪犯于一时以便弄清情况而受到批评……但是**警察**拥有一项更大的权力。当警察有理由怀疑某人犯有重罪而拘留他时，他可以做合理的事情以便调查此事，并查看一下是否有进一步的证据证实这种怀疑。例如，警察可将嫌疑犯带回其住所，查看是否有赃物；否则赃物可能会被转移，从而就会失去有价值的证据。警察可将其带到他说的发案时他在工作的地方，那里可能会找到人证明或否认他不在犯罪现场的说法。警察可将嫌疑犯交付甄别，看看证人是否会将其甄别出来。只要合理地采取这些措施，他们就是公正执法的有

[1] （1965年）1 QB 348 at 366。

力助手。当然,我说的公正执法的意思不仅是对该犯本人而言,而且一般也是对整个社会而言。但是这措施必须是合理的。在《怀特诉考特案》[1]中,警察将某人拘留了三天,而未送交治安法官。警察说,他这样做是为了私方起诉人能够收集证据。这种说法显然毫无道理。警察的辩词被驳回了。但是在目前这个案件中,我认为事情很清楚,警察采取的措施是合理的。确实,达利森自己愿意在所做的一切事情中与警察合作,他不能将此事说成是非法监禁。”

四、控方应告知受控方吗?

以后,对于那三个没被叫到治安法官这里来的证人就产生了一个有趣的问题,应该叫他们来吗?对此我是这样说的:

“后来,朱克斯先生指出,按照收监程序,不能将证人斯坦普夫妇和兰斯曼夫人的证言交给治安法官。我认为不能用这个理由来反对卡弗里。他并未隐瞒这三个人的证词。他将这些证词提交给他的上级,而且也给了原告律师。律师认为不必将这些证据提交法院,而这并不是卡弗里的过错。而我并不认为律师一定要将证词提交治安法官。我一直认为,原告律师或诉状律师的责任是这样的:如果他知道有一位可靠的证人,该证人能够讲出一些可能表现犯人无辜的事实材料,他就必须亲自叫来此人或将其证词提供给被告。对法庭隐瞒这样一位证

〔1〕 (1825年)4 B&C 596。

人的证词是会备受谴责的。如果原告律师或诉状律师知道的不是一个可靠的证人,而是一个他认为不足信的证人,他也须告诉被告有这么一个人,如果被告愿意,他们可叫来此人。在这个案子中,法庭审判刚一开始,原告律师即将斯坦普夫妇的证词提供给了被告律师,因此原告律师尽了自己的义务。”

这件案子发生后不久,在另一案件里,因为警察未将可能会支持被告的证人告诉被告,于是那案件就被撤销了。[1]

五、不适合驾驶

以上是普通法规定的逮捕权。但是现在还有许多制定法也给予了逮捕权。而这就产生了一个如何解释这些制定法的问题。比如,公路交通法,该法给予警察权力,无须逮捕证就可逮捕由于喝酒、吸毒而不适驾驶的人。在“威尔特希尔诉巴雷特案”[2]中引起了人们对这种权力的深思。两名警察看见威尔特希尔先生驾驶一辆汽车,因为他开车太快,警察示意他停车。他把车停了下来。警察问他的姓名和地址,他一言不发。警察要他下车。他抓住方向盘说:“我不下车。”并且呆呆地注视着前方。警察告诉他,因为他酒后开车,要逮捕他。警察用无线电步话机叫来两名警察,把他弄出汽车,带到警察局。医生发现威尔特希尔身上有几处擦伤,但医生认为他没有喝酒,因而并非不适合驾驶。因此警察未对他起诉即将其释放。威

〔1〕“王国政府诉法官莱兰,由霍索恩起诉案”(1979 年)QB 283。

〔2〕(1966 年)1 QB 312。

尔特希尔先生提出起诉要求赔偿。诉讼用了六天时间。法官向陪审团指出，逮捕是不合法的，并判定警方赔偿威尔特希尔589英镑。上诉法院推翻了这项判决。当时我说：

“第一点，费伊先生提出，此项条款只给予了警察逮捕确实违反此项规定的人的权力。因此当警察能够证明某人**事实上犯罪**时，警察的行为才是合法的。而斯托克先生提出，警察有权逮捕任何明显犯罪的人；因此只要警察觉得某人由于喝酒而不适合驾驶，即使以后发现其并未犯罪，警察的行为也是合法的。

……这项法律涉及在这个国家使用道路的女王陛下全体臣民的安全，因此任何由于喝酒而不适驾驶的人不得在道路上开车就成了具有头等重要性的大事，而警察应该有权制止这样的人继续驾驶。做到这一点的最有效的方法就是当即逮捕这样的人。只要警察**在场**，他们即须立即行动。必须用案发时他们感觉到的事实，而不是用事后的情况分析来判明警察是否在依法行事，不能仅仅因为陪审团后来开释司机就谴责警察的行为。我们大家都知道，我们的某些陪审团对待酒后开车的司机是多么宽容。陪审团经常开释这样的司机。陪审员会说：‘上帝保佑，出事的人可别是我。’如果每个被开释的司机都以一种无法满足的要求要警察赔偿，那么我想，警察很快就会不再逮捕任何人了，而这对我们大家都没有好处，警察必须有权按照他们感觉到的情况行事。”

第二点也是很有意思的，值得记录下来：

“第二点，费伊先生提出只有结束逮捕，没有逮捕证的逮捕才是合法的。他说，逮捕可以在将某人带到治安法官处而结束,也可以准许某人在警察局被保释而结束。如果像此案这样,在未发生这些事情的情况下将威尔特希尔开释,那么逮捕从一开始就是不合法的。逮捕就成了最初的人身侵犯。审理此案的法官接受了这种看法并且照此行事。他作出判决说,因为被告未经保释就被释放,所以逮捕从一开始就是不合法的。而陪审团要解决的唯一问题是决定赔偿的金额。

请看此判决意味着什么:即使警察合法地逮捕某人并将其带到警察局,可是警察局的负责官员后来却将其释放,这种做法却使警察的行为从一开始就不合法了。这种看法是与这样的总原则相违背的,即一个在当时是合法的行为不能在以后按照追溯说将其解释成不合法的。……但是斯托克先生向我们讲的两个案子完全违背了这个总原则。

……

自从那时以来,法律已经规定,如果逮捕某人后发现其无罪,或者至少没有足够事实可将其拘留,须将其立即释放,而无须将其带到治安法官处……”

第二章　搜查

引　言

假如警察依法逮捕犯有重罪(现已改用可逮捕罪)的人,警察可以到其家去,搜查并扣留任何警察有理由认为可以作为与被逮捕人罪行有关的物证的东西。这属于逮捕权附带的权力之一。例如,当某人由于偷盗而被捕时,一般惯例是到他家看看是否有什么赃物在那里。

但是当警察没有逮捕某人而试图进入其家或其他人家——以便寻找对其不利或对其他人不利的证据时——警察必须依照普通法行事,或者警察要有授权他们进行搜查的搜查证。这两种情况都是近几年主要案例所讨论的重要问题。

一、扣留护照

1970年以前，我们还从没有考虑过普通法的地位问题，但是在1970年，这个问题在著名的《格尼诉琼斯案》[1]中出现了。有一家巴基斯坦人住在牛津，这家的妻子失踪了，她的丈夫已经回巴基斯坦。警察认为是男方把自己的妻子杀了。男方的父亲、母亲和妹妹仍然住在牛津的家中。警察到他们家，搜查了他们家并且扣留了他们三个人的护照，继续进行调查。他们仍然相信——基于合理的理由——那个丈夫把妻子杀死了。后来，留在家里的三个人要求发还护照，说他们想回巴基斯坦度假。警察拒绝发还护照。我们命令警察发还护照。我力求阐明有关法律——以便将来能依法处理类似事件。我说[2]：

"因此，我们有了这么个案子：警察在调查杀人犯时，未持搜查证，也未逮捕犯人就扣留东西，并且没有得到被拿走东西一方的同意，就扣住东西不予发还。警察的理由是，他们相信这些东西在起诉杀人犯时有'作为证据的价值'。在法律上，这种做法有充足的理由吗？

……

构成这些要求的原则是什么呢？一方面，我们必须考虑到个人的自由。除非有能叫人非相信不可的理由，个人秘密和私

〔1〕（1970年）1 QB 693。

〔2〕（1970年）1 QB 693 at 705,708。

人财产绝不受侵犯。另一方面,我们也必须考虑到整个社会的利益,找出罪犯予以镇压。正直的公民应该帮助警察而不是阻碍警察追查罪犯。权衡这些利益,我认为,在无人被捕或被控的情况下,要使扣留东西合法须满足下列条件:

第一,警察必须有合理的根据相信有人犯了情节严重的罪行——案情很重,因此最重要的事情是将犯人逮捕归案。

第二,警察必须有合理的根据相信那些正在检查的东西,或者是犯罪造成的结果(如赃物的情况),或者是作案使用的工具(如杀人犯用过的斧子),或者是作案的物证(如抢劫银行犯用过的汽车或火车、大抢劫犯用过的碟子)。

第三,警察必须有合理的根据相信,占有该物品的人,或者是作案的本人,或者是和犯罪有牵连的人,或者是同谋,或者无论他怎么否认与犯罪有关都是毫无道理的。

第四,警察绝不能在完成他们的调查或提交作证所需要的合理时间之外继续保留或不予发还那些物品。有副本就足够了,他应该复制副本而将原件发还。案子结束或决定不再继续进行此案时,物品须立即发还。

第五,警察行为是否合法必须根据当时的情况判断,而不能根据以后发生的事情判断。

以这些标准审查,我认为警察无权扣留那些护照和信件。警察可能有合理的根据相信那位女人被人杀了。但是他们没有出示任何合理的证据使人信服那些护照和信件是证明杀人犯作案的物证。他们说的只是护照和信件有'作为证据的价值',而不管其确切的意思是什么。他们也没有出示任何合理的证据让人相信被告以什么方式参与作案,或以什么方式协助作案。不管怎么样,警察扣留护照和信件的时间够长了。他们肯定已经拍了照，而这就足够了。

有人提出不能发出指令要求归还护照和信件。据说此案应该交付审判，而如果警察做错了，他们必须对造成的损失承担法律责任。但是我认为警察的保证还远不足以成为不得命令他们立即归还那些东西的理由。我觉得，护照不予归还的真正理由是，因为警察希望阻止被告在警方调查之前离开这个国家。然而，这并未构成扣留护照的法律根据。要么，警察有理由逮捕他们；要么警察没有理由逮捕他们。假如警察无理由逮捕他们，就须准许被告离去——即使这意味着被告逃出法律罗网也罢。英国法律对个人迁居自由极为重视，因此除非有最可靠的证据，否则不得阻碍和禁止自由迁居。也绝不能只根据一个不足以逮捕某人的怀疑而忽视迁居自由。”

二、搜查证

在普通法中，可以就赃物发出搜查证。但是不可就其他原因发出。

至少有上百种法令让治安法官得以对各种犯罪物发出搜查证，像火器、爆炸物、毒品、伪币和淫秽刊物等，在同刑事犯罪斗争时，搜查证是件必备的工具。这就是国会通过这些法令的原因。法院很少考虑这些法令。我以为，这是因为警察只在他们有理由相信作案的物品在这些人的家里时才动用这些法令——而且他们成功地找到了作案物品。但是有两个重要的案件需要我们考虑与这些法令有关的原则。

三、妇女服装

第一个案件是“奇克时装(西威尔士)有限公司诉琼斯案”。[1] 有人闯进设在莱斯特的伊恩·彼得有限公司的一家工厂,盗走一些妇女服装。几星期之后,其中一些女服在卡的夫的一家商店里出售,价格低于批发价格。警察怀疑从伊恩·彼得公司盗走的女服已经到了奇克服装公司所属的商店。因此,警察准备一举搜查奇克时装公司的所有商店,并且搜查该公司董事的家。警察得到了搜查证,搜查中没有找到任何“伊恩·彼得公司”制造的服装,但是找到了以前被盗的其他公司制造的服装。警察扣留了这些服装,商店经理作了解释,警察听了经理的解释,把服装还给商店。于是,奇克时装公司提出起诉要求警察予以赔偿。法官同意警察赔偿五百英镑。警察提出上诉。我是这样处理这个案子的:

“法院一度认为,警察只能扣留那些搜查证上所列的物品。他必须保证,这些物品一定是搜查证上所列的,否则就要冒风险。假如警察扣留了搜查证上未提到的别的物品,警察就是非法侵犯了那些物品,事情还不止于此,按照‘六个木匠案’[2]的理论,警察还侵犯了这块地方本身,警察成了最初的人身侵犯者。根据‘六个木匠案’的原则,如果某人滥用法律赋予的权力,他就成为一名最初的人身侵犯者。

[1] (1968年)2 QB 299。
[2] (1610年)8 Co Rep 146a。

如果这种原则仍是法律的话，那警察在执行搜查令时就不会是安全的。这种法律同当时它成立时一样，它对保留赃物的人不啻是个福音，而对维护法律和秩序的力量来说则是紧箍咒。因此法官们更改了这个法律……

……

就是这些案件，里面并没有明确地阐述原则，但是按照我们英国的方式，一个案件一个案件地积累起来，原则就渐渐出现了。现在到我们必须阐述这个原则的时候了。一方面，我们需要考虑个人自由，除非有最紧迫的理由，个人住处的安全不得破坏。而另一方面，我们必须考虑整个社会的利益，找出犯罪，予以镇压。当今，由于犯罪行为日益增多，正直的公民必须帮助而不是阻碍警察追查罪犯。我是以这样一种方式看待这个问题：就一个人的个人自由而言，有关逮捕的法律已经制定。如果警察有合理的根据相信有人犯了重罪（现在用可逮捕罪），而某人正是作案人，警察可以逮捕此人并剥夺其自由。我不明白为什么物品比人更神圣不可侵犯。依我看，当一个警察凭一张搜查证进入一处住宅搜查赃物时，他不但可以扣留那些他有理由相信是搜查证中所包括的物品，还可以扣留他有合理的根据相信是偷来的，或是可作为指控某人或与该人有关的任何人偷盗或窝赃的物证的任何其他物品。让我们这样检验这种说法。假定警察未找到搜查证上提到的物品，但是却找到他有理由相信是偷来的物品，他得离开该处回到治安法官那里另开将此物品包括在内的搜查证吗？如果警察走开，可以想象，十有八九，在他去拿搜查证这段时间里，这些物品就会不见了。真正的物主就不能找回这些物品。犯罪的证据也就消失了。那样将只会有利于小偷而不利于正直的人。即使最后证明是警察弄错了,那些物品根本不是赃物,但是只要警察办事掌握分寸,只要他扣留物品没有超出必要时间,警察就应该受到保护。警察行为的合法性应在当时判断,而不能根据后来发生的事情判断。我知道过去一度可以按追溯说把某人说成是最初人身侵犯者,但是这种说法已不再适用。'六个木匠案'是过去那种诉讼形式的副产品,现在那种诉讼形式已经过时了。我们尽可将其抛弃。

在此案中,就双方一致承认的事实来说,警察有合理的根据相信,有65种衣服是偷来的,可以作为指控被告公司或公司职员犯罪的物证。因此警察扣住了这些衣服。调查中,警察发现这些衣服不是偷来的就归还了衣服。依据这些原则我判决警察不负法律责任。"

四、军事化的行动

第二个重要的案子涉及国会授予国内税收局官员的搜查权。此权限是1976年财政法通过的。原因无非是由于出现大量的偷税漏税现象。据说由于偷税漏税,国内税收局损失了几亿英镑税金。为了找出偷税漏税者——然后对他们起诉——国会授予了国内税收局广泛的搜查权。在十几起案件中此项搜查权都运用得相当成功,没有引起非议。后来,国内税收局对叫作罗斯敏斯特集团的几家公司和与该集团联系密切的人采取了行动。该集团一直想方设法逃税——他们还声称他们的所作所为是合法的。但是,国内税收局似乎认为该集团的行为还不止此,他们怀疑该集团和与该集团有联系的那些人一直在大规模偷税漏税。因此国内税收局设法得到搜查证,要搜查该集团的办公处和与该集团有关系的那些人的私人住宅。国内税收局相信他们是依照衡平法授予的权力行事的,于是他们组织并进行了搜查。那是在1979年7月13日星期五。也正是在这天有人在法庭上对搜查的合法性提出了异议。事情很快到了地区法院,法官马上听讯。1979年8月1日,法官判决搜查合法。罗斯敏斯特集团立即提出上诉。这时正是休庭期间。我们设法尽早安排听讯此案。1979年8月13日、14日和15日法庭进行了三天辩论。上诉法院在1979年8月16日星期四作出判决,裁定国内税收局的行动是不合法的,并撤销了搜查证。但是国内税收局试图获准上诉。因为此案关系重大,所以我们马上同意了。但是这样,上议院就可能会推翻我们的判决。因为此案很富有戏剧性,所以我想叙述一下(对"罗斯敏斯特案"〔1〕)我是如何判决的:

"这种搜查是军事化的行动。这种搜查是国内税收局官员在反偷税漏税的斗争中进行的。行动时间定在1979年7月13日星期五早上七点,所有事情均严格保密,绝不能让对方事先知道。事前国内税收局开了碰头会。这个机构的70多位官员出席了会议。他们得到详细的指示,分成若干行动小组,每组都有组长。每个小组分到一个目标,去搜查一处特定的住宅或办公室,我想目标一定已经标在地图上了。而每个小组都要扣留在那里发现的犯罪文件。采取行动那天发给每位组长一张搜查证,使他和他的小组有权进入要搜查的住宅或办公室,并

〔1〕(1979年)3All ER 385,CA。

有权在必要的时候使用武力。每小组由一名警察陪同，有的小组还配备了不止一名警察。可能警察的作用就是当一名不声不响的见证人；或者也许是想让人们明白，这次搜查是具有法律权威的，因此那家人最好不要抵抗——不然的话……

一切按计划进行。7月12日星期四。国内税收局的高级审议官昆兰先生到中央刑事法庭去了，然后他向一位巡回法官——普通法高级律师——陈述了国内税收局的怀疑。巡回法官签署了搜查证。国内税收局的官员影印了搜查证，分发给各组组长。然后就在第二天——7月13日星期五早上——天一亮各小组就都出发了。各组都有自己的目标。一些目标在伦敦，一些目标在伦敦附近的各郡。早上七点钟，各家门口都响起一阵叩门声。其中一家是住在肯辛顿的罗纳德·安东尼·普卢默先生。他是皇家特许会计师。普卢默11岁的女儿开了门。普卢默穿着晨衣下楼来。陪同国内税收局官员来的是位探警。户主普卢默先生没有反抗，让他们进来。他们走到普卢默的文件柜那里拿走大量卷宗，走到保险柜那里拿走房屋互助协会的存折和普卢默小孩的支票本及其护照，还拿走普卢默女儿的上学的成绩册。他们走进普卢默的卧室，打开衣箱拿走一捆属于普卢默母亲的文件，他们搜查了住宅，拿走普卢默夫人的私人文件。

另一户人家是住在梅德斯通附近的罗伊·克利福德·塔克先生，塔克是皇家会计师协会的会员会计师，他出差到格西去了，因此开门的是塔克夫人。国内税收局的官员出示搜查证，塔克夫人让他们进去。夫人不知如何是好，她给在格西的丈夫打了个电话，告诉塔克先生国内税收局的官员搜遍了整个住宅，拿走了他们找到的全部文件。他们还拿走了寄给作为房客住在塔克家的学生的信。官员们到阁楼上又拿走了堆在那里属于塔克弟弟的文件,以及塔克的护照。

主要攻击目标是汉诺弗广场一号。罗斯敏斯特集团各公司的办公室都设在那里,普卢默和塔克是那些公司的董事。国内税收局的官员在一些警察的陪同下,由公司的一名雇员引导走进大门。里面有不少办公室。许多办公室的房间里都堆满了各种各样的卷宗、纸张和文件。税收局官员把许多卷宗、文件装进塑料袋里,坐电梯运到楼下,装上汽车带走了。官员们把这些东西都带到了税收局设在奥尔威奇·梅尔本大楼的办公室。运来足足12车。他们把塔克先生的办公室翻了个底朝天,其他办公室也是如此。从早上七点到晚上六点他们一直在忙着搜查。他们仔细检查了一些文件。但是文件和卷宗实在太多了,根本查不完,只好在卷宗上打个号码登记入册,然后就装进塑料袋。每份卷宗都打上了他们登记的时间。好像他们平均每分钟处理一份卷宗。他们弄来的还不仅仅是卷宗,连打字员的速记本都拿来了——我想他们根本看不懂。他们还弄来了成捆的金融方面的报纸。有一次,他们先拿走了抽屉上面的文件,后来又回来取走了下面剩下的东西。

另一些办公室在相邻的圣乔治大街上——我想顺着走廊就可以走到那里。这是阿尔特姆斯—杰利科金融服务有限公司的办公室。当然,七点钟的时候公司董事哈拉斯先生不在公司。他是九点十分到的。哈拉斯看着国内税收局官员把公司的卷宗都装进口袋准备运走,他当时说他们拿走了好几百份文件,那时警察也在场。

户主在任何情况下都没有进行反抗。他们只是给税收局官员开开门。户主们去找诉状律师和法律顾问,他们的行动很迅速，傍晚的时候已经到了大法官法院的沃尔顿法官那里。他们要求并且得到了一张停止侵入住宅的命令。大约到晚上六点差一刻时，他们打电话把命令通知到了汉诺弗广场那里。这样，税收局官员才停止了搜查和扣留东西。但是这时，他们实际上已经完成了上述工作。因此，命令根本没起到什么作用……

事实就是这些了。就我的历史知识而言，在英国，自从1763年4月30日星期六内务大臣发出大逮捕书，授权王室卫兵逮捕约翰·威尔克斯[1]并没收他的全部书籍和文件以来，还从来没有过这样的大搜查，也没有过这样大规模的扣留文件。那时，王室卫兵把什么东西都拿走了——威尔克斯的全部手稿和一切文件，以致他的记事本把卫兵们的口袋塞得满满的。威尔克斯到法院起诉。首席法官普拉特撤销了逮捕书。你可以在'王国政府诉约翰·威尔克斯案'[2]、'赫克尔诉莫尼案'[3]和'恩蒂克诉卡林顿案'[4]中了解此案的始末。普拉特首席法官说：'凭一张未具名的逮捕证进入某人住宅以寻找证据，这比西班牙宗教法庭也有过之而无不及。没有一个英国人愿意在这种法律下面生活上哪怕一个小时，这举动是对英国臣民自由最明目张胆的破坏。'

"现在，我们必须看看在此案中搜查证是否有效。当然它

[1] 约翰·威尔克斯（John Willes，1725～1797），英国政治家、记者和鼓动家。——译注

[2] （1763年）2 Wils 151。

[3] （1763年）2 Wils 20s。

[4] （1765年）2 Wils 275。

完全依据衡平法[1]……

……

许多人会问:为什么国会通过这项法律?为什么国会允许国内税收局进行搜查和扣留?国会之所以这样做是因为国内税收委员会对某些坏人的阴谋诡计非常担心,像有些坏人——而我们在法院里也常常遇到这种案件——他们记两套账:一套自己用,另一套给税收员看。有些坏人把虚构的买卖也当作真的记在账上。他们还开出两种发票:一种给顾客,另一种用来对付税务官员。有些坏人明明实际上盈利却在账上记上亏损,在这伙偷税漏税的不法分子里面还有些大家伙,他们不但逃税还进行大规模的欺诈活动,我确信,如果某项立法限制——或者能够限制——这些人,那么这项立法就会得到所有正直公民的支持。那些欺骗税务局的人是吸我们社会鲜血的寄生虫,问题在于这项法律制定得太笼统,如果它掌握在某些人手里就可能变成压迫的工具。有人可能会说,'正直的人是不会害怕的。这项法律不会用来对付他们,可以信赖税收稽查员只在大的、恶劣的偷漏税行为上才动用此项法律。'这种说法很诱人,但是我把它驳回了。大权一旦到手就有被滥用的危险,为了避免冒此风险,据我看,法院的职责就是解释此项法律,以便使其尽可能少地侵犯英国人民

〔1〕 衡平法(Equity),英国法律的一个组成部分。它的基本原则是公平合理(fair),衡平法的名称由此而来。衡平法起源于中世纪,最初由大法官后由大法官法院实施,以对普通法法院审理的案件根据公平合理的原则进行补偿。它的另一些原则是根据良心办事,不允许受不法行为侵害而得不到补偿等。19世纪70年代英国司法改革后,衡平法作为独立的法律原则不复存在,但其本身的公平合理的原则仍对英国及英美法系国家和地区的法律产生着较大的影响。——译注

的自由。

……

再来看对搜查证引起的异议。这种对搜查证所引起的异议在于搜查证没有具体列举任何牵涉偷漏税的罪行。正像有一些人所说的,可能有20种不同的偷漏税行为,而搜查证却没有具体列举它所怀疑的是哪一种偷漏税行为。每个宣誓作证者在向上诉法院的起诉中都抱怨这一点。他们每个人的证词里都有这么一段话:

'尽管我的律师提出要求,但是国内税收局却拒绝说出他们所认为的犯罪性质。而我不知道,同时我确信我的同事也一点不知道我们有什么犯罪行为,或他们认为我们有什么犯罪行为,甚至不知道到底怀疑谁犯了什么罪、犯了哪些罪。'

……

……当国内税收局官员带着搜查证去搜查某人家或某人的办公室时,我觉得被搜查人有权问:'你们怀疑我犯了什么罪就要求进我家扣留我的文件?'而在税收局官员看了此人的文件并予以扣留时,他有权说:'你们为什么扣留这些文件?你们怀疑我犯了什么罪?这些文件对你们的案子有什么用?'除非他知道指控的特定罪行,否则他不能采取步骤保卫自己或者自己的财产。因此,我觉得作为法律本身,因而也作为搜查证本身来说——为了致力于我们保护个人自由的传统——我们有责任说,搜查证必须明确指出在税收上作弊的具体犯罪行为。

假如这种说法正确,那么随之而来的必然是:搜查证是有问题的。它应该具体指出受到怀疑的人所犯的特定罪行。因此,我同意该法院用调卷令撤销那张搜查证。

……

所以,不能只让税务官员成为决定‘是否有合理理由相信’的人。法院必须能够对这些官员起到某种监督作用。如果法院不能这样做,那就谁也不能这样做了。请看看这些官员在这个案件中所做的事吧:贝特森先生根据他们自己的登记册一份一份地、一卷一卷地看了一遍他们看过的证据。他们不可能有时间检查所有那些文件,也不能得出适当的结论,看看是否有理由把这些文件作为证据。税务官员没在现场检查这些文件,却把文件装进塑料袋里带回了梅尔本大厦……

……我想问,这些官员有什么根据决定是否有合理的理由来相信这些文件可以作为证据呢?是那些速记本、日记本和所有那些诸如此类的东西吗?——需要这些东西作为证据吗?达文波特先生说,在现阶段,国内税收局不想走得比他们已经走的更远。他们不告诉我们他们根据什么理由需要那些文件,说在现阶段没必要告诉我们。强调在现阶段,我猜想,他的意思是在进行刑事审判以前不告诉我们。

我认为,这种回答理由不充分。它意味着国内税收局官员将不受法院或其他任何人的控制,除非在刑事审判以后——假如有刑事审判的话。它将意味着在整个这段时间内,任何人都不能控制进行这种搜查和扣留的税务官员。

……

这使我得出结论,我们得更加关心这个案件。谁都不希望那些欺骗国内税务局的人逍遥法外,必须将这些人找出来绳之以法。但是我国法律的基本点是,为此目的而运用的手段必须是合法的、正当的目的,不能使不正当的手段合法化。这些手段绝不能侵犯个人自由、个人秘密和基本的财产权。在发现其有罪之前,每个人均应被视为无罪。假如基于怀疑某人犯罪要搜查其住宅、要扣留其财产，一定要按照法律的正当程序行事。而法律的正当程序就要求必须有一张有效的搜查证具体指出怀疑某人所犯罪行，而扣留的东西则仅限于此搜查证授权的东西。在此案中，正如我所认为的，搜查证开得不具体，因而它是无效的，而搜查和扣留又与搜查证上的授权毫无关系，因此这次搜查是一次非法的越权行为。”

第三章　新程序

引　言

除了衡平法之外,法律还有些有趣的发展,还发明出了一些新程序,这些新程序和搜查证有相似的用处。许多欺骗和作弊行为是秘密进行的,但作案人留有文件或物件。如果作案人事先得到消息,他们就会把这些文件和东西处理掉。为了防止这一点,法院曾不得不发出求助于易于矫正的命令。为了说明它是怎样起作用,我们必须举些例证。

一、关于非法复制者的安东·皮勒禁制令

这个新程序是大法官法院一位富于创造的法官休·兰弟(Hugh Laddie)先生发明的。一些唱片制造商向兰弟求教。这些制造商拥有各种音乐唱片的版权并靠这些唱片的版税为生。但是这些唱片很容易复制。而非法复制唱片的人的产品很有销路。他们私下把音乐复制在磁带和唱片上。他们有廉价设备。这些侵犯版权的唱片在郊区小店出售。在1974年第一个这样的案子里,唱片所有人对印度音乐唱片拥有版权。他们发现莱斯特一家小店的潘迪先生以极低的价格出售未付版税的唱片,于是对潘迪提出起诉。潘迪在诉讼中宣誓证明,说他只有几张这样的唱片,这些唱片是从住在波斯湾的迪拜的哈基赛义德先生那里得到的。哈基赛义德没有固定住址,只有一家邮局的邮政号。潘迪发誓自己是无罪的,而且交出一封信来证明这一点。

版权所有人发现潘迪的誓词是一派谎言,而且那封信也是他伪造的。他们断定潘迪有大量未付版税的唱片存在店里。但是如果他们按通常的法律程序——向潘迪发出传票——那些未付版税的唱片就会不见了。用法官坦普尔曼(Templeman)先生的话说就是:"马就会很快离开厩。"因此版权所有人申请——单方面申请——一张使他们能够进入潘迪的商店并寻找未付版税唱片的令状。法官认为'乍一看这个要求似乎是对财产的侵犯,对私人秘密的侵害'。但是他发出令状,见"电

子唱片公司诉潘迪案”。[1] 同样大法官法院的其他法官在类似案件中也发出过这样的令状,直到后来有一名法官怀疑这些令状的合法性。当时兰弟先生提交本院一件案子以检查这个问题。这个案子也是单方面的——因此另一方毫无所知。我们将全部事情仔细审查一遍,然后确认了此新程序,这就是“安东·皮勒勋爵诉制造加工有限公司案”,[2] 此案不是关于唱片的,而是关于绘画和秘密情报的。我不说细节了,只说说我的判断,它会告诉你有关新程序的全部情况及新程序的权限:

“布赖特曼(Brightman)法官……拒绝命令审查或者运用这些文件。他说:

‘有充足的基本事实证明,被告公司企图复制原告公司的文件,被告公司企图在对原告公司造成很大损失并侵犯原告公司权利的情况下为自己公司谋取利润。’

他认识到被告可能会隐藏证据或者销毁书面材料,但是他认为除了在特殊的情况下,这在民事事务中必须承担风险。

他说:

‘否则,我觉得按照这种方法所得到的命令会变成一件压迫的工具,特别是在财大势雄的原告和小人物打官司的案件中,仅仅靠单方面的证据就会断言后者侵犯了前者的权利。’

请允许我现在就指出,在英国,任何法院均无权签发进入某人住宅搜查证,以便看看那里是否又具有犯罪性质的文件,是否有诽谤材料,是否有侵犯版权的东西或者诸如此类的东西。警察或者法警均不可为了检查文件而敲门要求进入私人

〔1〕 (1975年)1 WLR 302。
〔2〕 (1976年)Ch 55。

住宅。户主可以将他们拒之门外,并对他们说:‘走开’。这在主要的案例‘恩蒂克诉卡林顿案’[1]中已有定论。我们当中的任何人都不想稍微修改一下这个原则。但是此案申请的命令不是搜查证。它没有授权原告律师或其他任何人违反被告的意愿进入被告的宅所。它没有授权破门而入任何人家,也没有授权从后门溜进去,更没有授权从开着的门或窗户进去。这个令状只是授权在被告准许的情况下入室检查,原告必须得到被告的同意。但是此令状有这样的作用,它使被告受到压力被迫同意此令状还有别的作用,它实际上命令被告同意——因为我想如果他们不同意,他们就犯有蔑视法庭罪。

这似乎是一张变相的搜查证……

……轮到我们按照原则考虑这种情况了。我觉得这样一个命令可以由法官**单方面**签发,但是只有在原告必须进行检查才能做到对双方公正执法的情况下;在如果被告事先得知消息,关键证据就有被销毁的危险的情况下;在文件有被烧毁、丢掉、隐藏起来或者运到法律达不到的地方去,从而公正执法的目的有遭到破坏的危险的情况下;在检查不致对被告或者他的地位造成真正损害的情况下,才可以发出这种命令。

然而在执行此命令时,原告必须谨慎行事。送达命令时,原告须由律师陪同。律师须是法院职员。他们必须给被告机会让他们考虑并与律师磋商。如果被告因为命令是用不正当手段得到的而申请撤销,必须允许他们申请。如果被告拒绝允许入室检查,原告不得强行入室或检查。原告必须认可被告的拒绝,如果需要申请法院裁决的话,以后再提请法院注意这种

[1] (1765 年)2 Wils 275。

情况。

你可能以为因为有了这些防止滥用的防范措施，发布这种命令就没有什么作用了。但是这种命令可以以下列方式起作用：它有助于告诉被告，法院根据提交给它的证据认为被告应该允许检查——不仅如此，法院命令被告允许检查——而被告拒绝允许，他们就要自己负责任。这不但使被告要冒蔑视法庭起诉的风险，而且使他们要冒造成法院得出对其不利的推断的风险。因此被告的律师经常建议被告服从令状。我们就听说，在这种案件里，至少有两次这种命令发挥了作用。因此我们同意继续签发出这种命令，但是仅仅是在一种极特殊的情况下，即财产有被私运走或者是关键证据有被销毁的严重危险时。"

这个判例使法律程序起了根本性的变化。在两年以后的一起案件单方面"由岛屿唱片有限公司起诉案"[1]中我解释了这种新程序是怎样起作用的：

"这些'非法复制者'过去经常进行大量复制未付版税的音乐唱片的买卖，要抓住他们十分困难。一旦一个小商贩受到起诉，他就处理掉所有未付版税的唱片。他把自己的存货转给另一个同伙，然后宣布他除了原告发现的那些唱片之外不再有任何唱片了。但是这个诡计被兰弟先生的策略挫败了。兰弟说服大法官法院的法官们在递交传票之前——单方面——对那些店主发出这种命令。这种命令在律师在场的情况下和传票一起送达店主。在非法复制者没有察觉之前——在他来不

[1] (1978年)Ch 122 at 133。

及销毁或处理掉他的存货或者犯罪文件之前就能抓住他。此命令要求店主坦白交代一切有关材料，命令‘冻结’他的存货使原告得以检查。命令还有注意不让不公正的情况发生的防范措施。有记载的第一个判例是坦普尔曼法官在‘电子唱片公司有限公司诉潘迪案’[1]中发出的命令。上诉法院在‘安东·皮勒勋爵诉制造加工有限公司案’[2]中所作的判决确认并加强了这种程序。这些单方面命令的作用很富于戏剧性。当送达这些命令时，店主就承认了他们的作弊行为并束手服罪。这些命令非常有用，因此经常使用它们——不仅用于未付版税的案件，也用于商业信誉案件以及别的案件。这些命令称为‘安东·皮勒禁制令’。”

二、私制者

“安东·皮勒案”的基本要素是版权所有人起诉非法复制行为。此案判例不适用于不拥有版权的人。例如“流行歌星”演奏了一支曲子。但是他对此并无版权。因为据说他们的起诉没有可依据的财产权，所以他们的处境困难。这困难很严重，以致上诉法院仅以两票对一票的票数通过了对他们有利的判决。高等法官肖（Shaw）持反对意见。肖为人极为和善，因此竟使我怀疑自己的判决了。但是在“由岛屿唱片有限公司起

---

〔1〕（1975年）1 WLR 302。

〔2〕（1976年）Ch 55。

诉案”[1]中我是这样说的：

“假如你想得到对这个案件的解释，我可以进行解释。这是一个‘流行歌星想制止私制者’的案件，需要向不知道的人们解释一下。假定一个流行歌曲团在剧场里或播音室里当场演奏或者演唱，他们的演出轰动一时，演出由一个唱片公司录在磁带上，以后唱片公司再制造唱片向公众推销。但是某人和听众一起或是在收音机旁听了演出。他手里或口袋里有一个最新的科学装置。这是一种微型机器，他用这种微型机器把演出录在磁带上。这玩意叫高倍麦克风。录在一盘磁带上以后，再用这盘磁带复制几百个复制带。然后以盒式磁带、大磁带或唱片的形式出售。有时复制带的质量很差，但是有时候复制带的质量和唱片公司录制的不相上下。这些复制带通过小商贩低价卖给公众，从而影响了唱片公司唱片的销路。演员的利益也受到损害，因为他们是按照唱片出售的数量得到版税的。

但是演出人对他们的演出并无版权，唱片公司也没有。不论演出多么成功——也许举世无双——但是演出却是太短暂、太缥缈、太难把握了，因此演出不受版权法的保护。实际的音乐作品本身可以成为版权的对象，但是演出人对作品本身并无权利。作品本身可能也已经丧失了版权。他们演奏或演唱的可能是一位早已过世的作曲家的作品，或者作品的版权也可能属于一位现代作曲家或属于一位得到过付款的所有人。值得注意的一点是演出者本人并无版权。

---

〔1〕（1978年）Ch 122 at 132。

尽管演出人没有版权，但是假如未经演出人书面许可就秘密录制这些磁带和唱片——而且出售——就完全非法了。这是可处以罚款或监禁的刑事犯罪行为，那些做这种买卖的人叫“私制者”。[1]“私制者”一词是美国人在一百多年以前创造的。当时那些做非法酒类买卖的人经常把酒藏在他们穿的高筒靴子的上半部的靴筒里，因而得名……

现在我们来看看安东·皮勒禁制令是否可以用于私制者这个问题。对外行人来说非法复制者和私制者之间可能没有区别。如果安东·皮勒禁制令可以针对偷制者，那么同样可以针对私制者……

……

在目前这个案件里，依我看，演出者和唱片公司都有不受非法干扰的个人权利和利益。唱片公司有权自己制造唱片，演出者有权从这些唱片中收取付给他们的版税。他们的权利得到唱片公司和演出人之间订立的合同的认可。他们的权利属于财产权的性质。如果这些权利被非法干扰，不论是唱片公司还是演出者的权利和利益均会受到严重的损害。假定坐在观众中间的私制者手里或口袋里——不是装着一架录音装置——而是磁扰装置，用此装置他可以给演出制造刺耳的声音，而这样一来他就破坏了演出的商业价值。谁也不会怀疑唱片公司和演出者会采取行动制止他并要求赔偿。此例表明，唱片公司和演出者有权保护他们的私人权利。因此，不论这些私人权利是受到民事行动手段的干扰，还是受到刑事行动手段的干扰，他们都有权加以保护，不能让做坏事的人利用自己的犯

〔1〕 原文“bootleggers”，意为穿高筒靴的人。——译注

罪损害私人权利而不受惩罚。

……

因此我的结论是,法院有权针对非法复制者发出安东·皮勒禁制令,就像法院有权针对偷制者发出一样。执行这个命令完全符合惠特福德(Whitford)法官领导的委员会的要求,这使我坚定了自己的看法。必须在满足该案报告里所提到的防范措施之后,才能准许'安东·皮勒禁制令'。因此我将批准此上诉并且将此案责成法官像处理偷制者一样处理非法复制者。"

第四篇

玛利瓦禁制令

导　言

在世界大多数国家中，债权人在赢得对债务人胜诉判决以前可以在诉讼开始时扣押债务人的财产，要是以后赢得了胜诉，他即可把这笔财产或相当于这笔财产的等价物作为偿还债务的保证留归已有。这个过程在法语中称为 saisie conservatoire。[1] 我想，它在字面上意味着一种“保留占有”或“为债权人可能胜诉临时占有”。不过不管它意味着什么，有一点是无疑的，这就是在过去的 150 年中，英国法律是不知道有这回事的。苏格兰法律有过类似规定，然而英国法律却没有。[2] 在英格兰，债权人

[1] 法文，意思是扣押。——译注

[2] 英国由英格兰、苏格兰、威尔士、北爱尔兰四个部分组成。苏格兰有自己的法律系统。——译注

在赢得对债务人胜诉以前,绝不能占有债务人的任何财产,这对债权人来说是十分严格的。从起诉到判决总要花费一段时间,债务人可能施展所有伎俩进行拖延,以便在这段时间内采取各种手段转让他的财产。一种常见的手段就是把财产置于妻子的名下并声称这些财产一直就是属于她的。为了防止要这类手腕,有一种对付他的办法,就是在审判后宣告他破产,并把这种手腕看成是对债权人的欺诈行为而不予理睬。不过,用这种方法对付英国国内的债务人不甚有效。假如债务人带着他的财产潜逃国外,或者债务人本来就在国外居住并把他的财产转移出英国,这种方法就一点用处也没有了。

第一章　诉讼过程介绍

一、起因

1975 年 5 月 22 日，我们审理了一个案件，从此开始了我一生中最重大的一次司法改革。

案情很简单。有两个希腊人与一家日本轮船公司签订了一项租船合同，海上运输业的萧条使他们蒙受了损失。这两个希腊人没有支付租金就跑了，他们关闭了在皮雷埃夫斯[1]的办公处。不过，在伦敦的一家银行里他们还存有一笔钱。日本船主担心这两个希腊人把这笔钱转移到瑞士或其他什么国家去，因为只要打一份电报，转

[1] 希腊的一个港口城市。——译注

移即可做到。因此船主的律师根据法律程序呈递了诉状,要求法院受理此案,并且在法院受理此案以前,他们及时向法院提出了申请,要求发布一项禁制令,禁止那两个希腊人把那笔钱转移到英国审判权以外的地方去。法院拒绝了这一申请,理由很简单:在英国没有这种规矩。日本船主马上告到上诉法院。我们立即发布了这项禁制令。在"日本邮船株式会社诉卡拉乔吉斯案"[1]中,我说了下面一段话:

"有人告诉我们从前没有发布过这种禁制令。是的,在判决前就占有被告的财产或限制被告人处置自己的财产,这种做法在英国确实是从未有过的。我们听说法官内庭查普曼(Chapman)法官最近还拒绝过这一类申请,在此案中,唐纳森法官也不接受这种申请。当然,我们知道欧洲大陆国家的做法不是这样。

我认为,现在已经到了应该修改我国惯例的时候了。高等法院或上诉法院没有理由拒绝此案当事人要求他们发布的命令,《1925年最高司法法院(合并)法》第45条规定高等法院可以这样做。这条法律说,高等法院可以发布一项训令[2]或禁制令或以一项中间禁制令[3]指定一位案件受理人,只要在某个案件中这样做对法院来说是正当的、适合的。我认为此案就

---

〔1〕 (1975年)1 WLR 1093 at 1094。

〔2〕 训令(mandamus),一种代表国王特权的法院命令。一般由高等法院向个人、法人或下级法院发出,命令他们执行自己职责范围内的责任。这种命令是维护已被损害的公共权利或义务的一种特殊手段。

〔3〕 中间禁制令(interlocutory order),禁制令的一种,通常在特殊审讯中用于紧急情况。发出中间禁制令后,如果被告胜诉,原告必须向被告赔偿其因中间禁制令而受到的损失;如果原告胜诉,则可发出永久禁制令。——译注

是这种案件。这是一个应该得到租金而没有得到有确凿证据的案件。如果不发布一项禁制令，那笔钱就会被转移到审判权以外的地方，而船主想要追回欠款就会遇到极大的困难。因此我们在两天前发布了一项**单方面**禁制令，这项禁制令应该继续有效。”

二、玛利瓦案件

1975 年 5 月 25 日当天，有关此案的消息很快就传开了。商事法院里的那些律师是一批专家，工作起来效率很高，这些律师虽然人不多，却是第一流的，我敢断定，不用等人报告此案，到了那天下午，律师协会中的每一个与商事有关的议事室都会对此案议论纷纷。

四个星期以后，也就是 1975 年 6 月 22 日，案件交付审理。这个新的诉讼程序由此得名为：“玛利瓦诉国际散装货船公司案”。〔1〕案件是这样的：船主向定期租船人出租他们的货船——“玛利瓦号”，合同要求租金必须提前半个月支付。虽然租船人拖欠了第三批付款，但他们在伦敦一家银行里存着一笔钱。这笔钱是印度政府以前付给他们的运费，他们本应用它来偿还拖欠的租金。但他们没有这样做。这个时候，里克斯（Rix）先生提请我们注意上个世纪上诉法院处理过的一些案例，当时对这些案件的一般看法是，在判决之前不能发布禁制令。但是我们并没有理会这些案例，我说：

〔1〕（1975 年）2 Lloyd's Rep 509。

"如果债务应当偿还而没有偿还,那么就存在着这样一种危险,即债务人可能转移他的财产以便在判决之前把它化为乌有。因此,法院在审理一个适当案件时就有发布一项中间禁制令,防止债务人转移财产的司法权力。我认为目前这个案件对行使这一司法权力正好适用。"

那两个案件在上诉法院了结了。被告人从未申请撤销这些禁制令,因为那笔钱的确是应当偿还的。他们服从判决,并且把银行里的钱取出来,偿还了债务。事实证明这种程序是有用的。

三、听取双方的陈述

不过在这个阶段还不能把这两个案件看成是发布禁制令的根据,因为这仅仅是接受单方面的申请,只是听了债权人的陈述而当事人的另一方却未提出异议。所以,我们必须等待一个能够听取双方陈述的案件出现。我们等了将近两年的时间。1977 年 3 月,"拉苏诉皮鲁萨汉(波塔米纳)案"[1]提交到法院。此案涉及的事情发生在远东。利比亚的一家叫拉苏的公司对印度尼西亚的一家国营公司波塔米纳提出上诉。拉苏公司要求对方用英镑作为支付手段赔偿由于后者违犯一项租船合同而造成的近两百万英镑的损失。拉苏公司要扣押波塔米纳公司在许多国家存的财产,而波塔米纳公司却在忙于转移它

〔1〕 (1978 年)QB 644。

的财产和把它的财产存放到债权人无能为力的地方。最后,拉苏公司知道波塔米纳公司在英国有一笔财产。这笔财产是用来修建海上化肥工厂的部分设备,它们正堆放在利物浦的西格拉德斯通码头上等着装运。拉苏公司要求法院发布玛利瓦禁制令,禁止波塔米纳公司把这些设备运到法院审判权以外的地方。根据单方面的申请,克尔法官发布了禁制令。波塔米纳公司要求撤销这一禁制令。当时,我们正在上诉法院忙于别的事情,只能抽出两名高等法官受理中间申请。我们所说的"中间申请",是指一种次要的或中间性质的申请——这种申请与最终决定各方权利的"最后上诉"是截然不同的。这样,只有我们两个人——高等法官奥尔(Orr)和我——来决定这个重要的案件。为原告辩护的是尼古拉·菲利浦(Nicholas Phillips)先生,当时他是一个资历较浅的律师,不过以后成了第一流的王室法律顾问。为波塔米纳公司辩护的是迈克尔·马斯蒂尔(Michael Mustill),当时他是一名崭露头角的王室法律顾问,现在是位法官。他采取了一种现在常能取胜的方式,声称法官对我国法律的任何改革都是错误的,改革法律应该是国会的事。我反驳了这一论点,我说:

"马斯蒂尔先生要求我们在这里不要根据法官的判决提出案件而要等待国会的立法,为的是能更全面地考虑案件的影响。在涉及外国货币的'米利安高斯诉乔治·弗朗克(纺织品)有限公司案'[1]中他向上议院提出的就是这种意见。这种意见被格莱斯代尔的西蒙勋爵(Lord Simon of Glaisdale)接受

〔1〕(1976年)AC 443。

了,但是被上议院拒绝了。上议院支持了我们开始使用的那种新的诉讼程序。在那个案件中可以这样做,在这个案件中也可以这样做。这是法律改革的一块阵地,在这块阵地上,法官可以一步一步地走下去。他们可以制定出一项新的诉讼程序,观察它的实际作用。这比另起炉灶长期议而不决要强得多。"

我对在判决之前占有债务人的财产,从历史的角度和用对比的方法作了一个论述。论述十分有趣,所以我想在这里向你们再说一遍:

"……有人说英国的法律从来不知道这一新的诉讼程序。这是不正确的。从前这种程序曾在伦敦中心商业区使用过,叫作对外查封法。使用这种程序原是为了强迫被告露面并强迫他保释出庭。不过,当被告不在管辖权以内的时候,这种程序就被延伸到一切判例之中了。依此程序,如果不能在法院管辖权以内找到被告,诉状一经发出,原告就能立即扣押被告人的任何财产,不管是钱还是物,只要是在法院管辖权以内发现的都可以扣押。1723 年,勃翰(Bohun)在他的一本关于伦敦海关的书中详细地论述了这一程序。〔1〕 而 1842 年,普林(Pulling)在他的一本书中反映了使用这一程序的最新情况。〔2〕 他对这一程序起源和原因的论述很值得注意。他写道:

'像在罗马帝国的其他省份流行一样,这种诉讼方式在很早的时候就在伦敦流行了。对于那些把信用贷款交给一个商

---

〔1〕 见《伦敦的特权》(Privilegia Londini)第 3 版,第 253 ~ 289 页。

〔2〕 见《伦敦城和伦敦港的法律、关税、习惯和规则》("The Laws, Customs, Usages and Regulations of the City and Port of London")第 2 版,第 187 ~ 192 页。

人的公民来说,这一诉讼方式是极为重要的,因为商人有可能到法院管辖权以外的地方逃避对这些公民的偿还。同时,他还可能把足够的财产暗地里转移到第三者手中……这种习惯上的诉讼方式在英格兰的其他古老城镇,如布里斯托尔、爱克斯特、兰开斯特仍然保留着,在苏格兰和泽西岛以及欧洲大陆的大多数沿海城镇也保留着。在法国,这种方式称为 saisie arret,[1]在苏格兰称为扣押……'

……当我国伦敦和布里斯托尔的公民到了美国并在那里定居的时候,他们带去了这种对外查封法的程序。美国最高法院在'欧文贝诉摩根案'[2]中说明了这一点,这个案件赞同一本权威著作《扣押财产的钓饵》的观点。这本书说:

'无疑,当我们的祖先在西半球找到了新的家园时,这种习惯法对他们来说是熟悉的。随着他们的到来,这种习惯法的主要原则已经以各种形式与我们各州的法律体系融为一体了。'

正像在特拉华州处理的案件那样,这种融合首先是通过法官进行的,然后才以立法的形式融合到各州的法律之中。为了从非本地居民或正在潜逃的债务人那里讨还欠债,这种习惯法作为一种偿还方式完全被采用了……

我读过普林的书,他说在欧洲大陆大多数沿海国家也使用着同样的程序。在那些地方,这种程序一直十分有效地保留着并至今还在实施。在法国,这种程序叫作 saisie conservatoire。它也普遍应用于欧洲大陆各国。应用这种程序,债权人为了自己的利益可以临时占有财产。经常是债务人提出保证,然后才

---

〔1〕 法文意为假扣押。——译注

〔2〕 (1921 年)256 US 94。

能把财产提走。

我们既然加入了共同市场,那么在涉及被告不在管辖权以内的案件时也应该遵循这一诉讼程序。这样做我们才能满足《罗马条约》[1]所规定的要求。因为《罗马条约》与各成员国的法律是一致的。"

接着我又谈到了以前那两个案件。我说:

"'日本邮船株式会社诉卡拉乔吉斯案'[2]和'玛利瓦诉国际散装货船公司案'[3]是正在演变中的程序的一部分。这两个案件向法院提出了很多急切要求法院发布禁制令进行干预的事实。研究一下这些事实,你就会发现法院制止债务人转移他在伦敦的存款是正当的,也是适宜的。如果不发布单方面的中间禁制令,债务人就会打一份电报,使船主失掉应该属于他的钱。正是因为新的诉讼程序非常正当、非常适宜,从那以后它才常常被商事法院所援用,才常常得到商事法院所有法官和受益人的赞同。现在,经过充分的争论,我认为这些案件已经得到了正确的判决……"

但是在"拉苏诉波塔米纳案"中,双方都在相互指责,因此我说:

"……在这种情况下,我认为在此案中用衡平法进行干预,来帮助这一方或那一方都是不适当的。我不禁要说:'你们是

---

〔1〕 1957年3月25日,法国、西德、意大利、比利时、荷兰和卢森堡在罗马签订了关于建立"欧洲经济共同体"和"欧洲原子能联营"的条约,简称为《罗马条约》。1958年1月,这项条约正式生效。——译注

〔2〕 (1975年)1 WLR 1093。

〔3〕 (1975年)2 Lloyd's Rep 509。

在自作自受！’

……

……这不是一个是否应该发布禁制令限制被告使用或转移在利物浦财产的案件。我同意最终的判决……我认为，法院在判决之前有发布限制转移财产的禁制令的裁量权——不管被告是在管辖权之内还是在管辖权之外。这种裁量权不应受刻板规矩的束缚，当法院认为是正当适宜的时候，就可以行使这项权力……”

虽然我是那样讲的，但是判决很好地解决了问题。用我们的言论，我们为把玛利瓦禁制令作为一种新的原则确立下来做了大量努力；而在判决中，我们又避免了任何可能向上议院提出的上诉。我们实事求是地作出了有利于被告的判决，这样就排除了他们进行上诉的可能。同时我们还澄清了以下一点，即在未来的英国法律中，这项新的原则应该是有效的。

第二章　我们遭到了否决

一、“西斯基纳号”渺无痕迹地沉没了

我们得意了一段时间，可是好景不长。两个月以后，也就是1977年5月，来了一个案件，即“‘西斯基纳号’案”。[1] 在此案中我们使用了玛利瓦禁制令，结果我们的判决遭到了上议院的否决。我曾遭到过多次挫折，但从未像这次这样失望过。主要是因为我觉得他们裁决得不公平，对于驻中东的船货的买主是不公平的。这个案件非常引人注目，有必要把我在上诉法院所作的判决选录如下：

“现在，‘西斯基纳号’沉到了地中海海

---

〔1〕 (1977年)2 Lloyd's Rep 230。

底。沉没以前它一直属于巴拿马的一家公司,这家公司只有这一条船,并且由比雷埃夫斯的希腊人经营。去年(1967年)初,一家意大利公司租用它,跑北意大利到红海的航线。它到了位于热那亚湾的卡拉拉港,装上六千吨杂货。我们对这批货物十分关注,它们从意大利北部工业区起运,准备运到富庶之邦沙特阿拉伯去。货物中有修建豪华住宅的大理石板和花砖,有厨房用的电冰箱和煤气灶,还有数千条御寒用的毛毯。这些货物按不同的买主与不同的收货人打成许许多多不同的货箱,装到船上,准备运往红海之滨的吉达港。

沙特阿拉伯的买主已提前付了货款。他们按货物到岸价格付了款,取得了不可撤销的信用证书,所以他们在名义上已经从意大利北部的卖主手中买到了这批货物。另外,他们不仅付了这批货物本身所值的款额,还付了海上运输费用和保险金。有关这笔交易的所有单据应有尽有。

……

但是,这条货船根本就没有到达吉达港,也没有到达吉达港附近的任何地方。它穿过了地中海,行驶到苏伊士运河入口附近。在那里,它抛锚了……它在运河口外等着。从1976年3月6日到1976年4月6日,一直等了四个多星期。

……船主的公司命令货船返航,把船驶回塞浦路斯,在那里把货卸掉。这种事并不是第一次发生。我们听说在去年一年中,有不少预订在中东卸货的货船返回塞浦路斯在那里卸掉了货物,而没有把货运到预定的地点。它们没有履行对货主的责任。这样的案件大约有20起左右。

让我们再看看这个案件吧。这条船返回到塞浦路斯的利马索尔港……

……不久,这批货物被卸下来。大理石板和花砖露天堆放,损坏了不少。机器也被卸下来,由于下雨也受到了损坏。其他货物放在仓库里。我们得知,这批货物的价值约为500万美元。

货物卸下来不久,大约在1976年4月20日,这条空船只装上压船物离开了利马索尔港,从此再也没有听到过它的音讯。六个星期以后,也就是1976年6月2日,有人告诉我们,它在阿斯蒂帕拉亚岛[1]附近的海面上沉没,而且是完全沉没了。那个岛是多德卡尼斯群岛中的一个岛,在塞浦路斯到希腊的航线上。我们不知道它沉没的原因,只知道船主的公司已经向伦敦保险人提出索赔要求:对该船损失总共应付75万多美元的保险金。

货主对此一无所知。他们是住在沙特阿拉伯的商人。他们不熟悉海上运输的复杂规定。他们向船主询问此事,而船主又向租船人询问。直到1976年5月31日,他们的律师在热那亚才听说,这批货物已经运到塞浦路斯,在那里卸了船,并且被声称拥有货运留置权的船主公司扣押在那里。他们立即把这个情况通知给在塞浦路斯的律师。但是,就在那个时候,货船已不知去向了。他们又把这个情况通知在伦敦的律师。

在英格兰,货主对伦敦应付给船主的那笔赔偿,'西斯基纳号'损失的保险金非常担心。船主公司除了那笔保险金外别无任何财产,而货主(或其保险人)在当时并不要应付给船主的那笔钱,因为在当时这样做他们认为有点过分。因此,货主在1976年7月2日向商事法院起草了一份对船主的起诉状……

[1] 地中海上的一个小岛,属于希腊。——译注

就在同一天,1976 年 7 月 2 日,货主见到了摩卡塔法官。法官批准了货主的要求,发布了一项禁制令,在一定的期限内制止船主转移保险金……

……

目前的情况是这样的,那批价值很高的货物仍然堆放在塞浦路斯的码头上。我想,那批货物大约值三百万美元,其中一些在露天存放着,另一些存放在情况不明的仓库里。仓库费一天天地增加,在这批货物提走以前要付清仓库费。货主还必须支付把货物运到吉达的费用,尽管他们已经付过了这笔费用……

船主是一家'只有一条船'的公司,它的船'西斯基纳号'已经沉在海底。这个公司没有别的船,再也不能经营海上运输业务,也不打算再接洽任何此类业务。除了伦敦保险人为了赔偿'西斯基纳号'的损失应付的 75 万美元保险金以外,船主别无任何财产。

船主没有按提单上的规定把货物(所有的货物均标有'已付运费'的字样)运到吉达港,使货主蒙受了重大损失。另外,由于错误地把船调返利马索尔,并按照一项无根据的留置权,错误地把货物卸在那里,又使货主受到损失。这些损失加起来大约有 25 万美元。无疑,损失还在一天天地增加。货主要求给予赔偿。

货主提出,在他们的索赔要求得到满足以前,应把 75 万美元的保险金——或者足以赔偿损失的那部分——扣留在美国。否则,他们担心——他们有充分的理由担心——那 75 万美元的保险金如付给船主,船主就会把它转移到瑞士或某些别的国家去,而货主就失掉了索赔损失的机会。

……

我认为,这个案件属于玛利瓦判例原则的实施范围。因此,我要发布一项禁制令,制止转移这笔保险金(或者制止转移足够满足货主索赔数额的那部分)……

有人提出,这个程序不应该由我们任意制定,因为这是立法的事情,我们应该将法律交给规则委员会去修改。让我们看看这种说法意味着什么吧:船主公司将携带那笔保险金逃走,而货主却得不到任何赔偿。要是等规则委员会关好马厩的门,马早就被人偷走了。有谁知道,马厩里还会不会有另外一匹马呢?有谁知道,还会不会有另一起货船沉没和要求保险金的案件呢?我要问,为什么法官要等规则委员会作出决定呢?法官有制定法庭惯例和程序的固有权力,现在我们就要行使这种权力,制止转移这笔保险金。为了挽救那些胆怯的灵魂,我想引用一段威廉·考珀〔1〕的诗:

胆小的圣徒啊,
让仁慈鼓起你们的勇气。
吹散心中恐惧的乌云吧,
圣灵在保佑你们。

把'圣徒'读成'法官',把'仁慈'读成'正义',你就可以找到法律改革的正确道路。"

〔1〕 威廉·考珀(William Cowper, 1731～1800),英国诗人。——译注

二、像“西斯基纳号”一样，我们也沉没了

遗憾的是，船主向上议院提出了上诉，上议院否决了我们的判决。我担心上议院的议员会否决玛利瓦原则本身，因为他们会指责我们不守本分，一贯热衷于搞法律改革。如果他们这样做，就会使伦敦中心商业区的律师惶惶不安，因为他们相信玛利瓦禁制令是有效的。但是王室法律顾问安东尼·劳埃德（Anthony Lloyd）先生的巧妙做法把我们从灾难中挽救了出来。劳埃德先生不反对玛利瓦原则本身，他只是指出由于一些特殊原因，这个原则不适用于“西斯基纳号”案件。上议院否决我们的判决的理由是很不充分的，他们只是不愿错过非难上诉法院的机会。圣·玛利勒勃恩的黑尔什姆勋爵（Lord Hailsham of St. Marylebone）表示了一种意见，另外有两个人对他的意见明确表示同意[1]：

“……规则委员会的司法权是法律规定的。初审法院或上诉法院的法官通过受理案件抢先执行它的职能就是篡夺了立法机构的权力……至少我是这样认为的。

……上诉法院院长丹宁勋爵让法院审议本来应由规则委员会审议的问题，这实际上是在篡夺国会授予立法机构的权力……即使这种篡夺是合法的，也是令人不愉快的，何况在我看来，它根本就是不合法的。”

---

[1] （1979 年）AC 210 at 261。

三、但并非渺无痕迹

由于上议院对“西斯基纳号”案的判决建立在这种不充分的理由上，所以它一点也没有改变伦敦中心商业区的律师们对玛利瓦禁制令原则的态度。他们仍然根据这一原则来办案。1977 年 10 月 26 日，对“西斯基纳号”案进行了裁决。18 个月以后，也就是 1979 年 5 月，马斯蒂尔法官（无论是在律师界还是在法庭，他对玛利瓦禁制令都有丰富的经验）说：

“使用偿还手段的案件在大大增加。现在，除了一些个别的例子外，玛利瓦禁制令已经用得很普遍了。目前，平均每月有 20 个案件要使用此项原则。我们几乎全都发布了这种禁制令。”

马斯蒂尔法官是在处理一个案件时说的这番话，这个案件标志着玛利瓦原则的进一步发展，它就是《第三钱德里斯公司诉远洋海运公司案》。[1] 就在前不久，即 1979 年 5 月 24 日，我们对这个案件作出了判决。三艘货船的三个船主对一家大的租船公司提出了索赔要求。这些要求没有得到应有的满足。船主对此十分担心，于是提出申请。法院发布了玛利瓦禁制令。货船租借人则要求撤销这个命令。他们说，完全用不着对他们发这种命令，他们是一家资金雄厚的公司，只要法院正当判决，就不用担心他们会赖账。尽管有这种保证，马斯蒂尔法

〔1〕（1979 年）3 WL，R122。

官还是发布了玛利瓦禁制令。我们支持他的做法。我们又想到了"'西斯基纳号'案",我说,"'西斯基纳号'案"不会使人对玛利瓦原则表示怀疑:

"从我们在这里引进著名的玛利瓦禁制令的时候起到今天已经四年了。世界上所有其他的法律体系都有同样的程序。在民法中,它称为 saisie conservatoire(假扣押)。它已在伦敦中心商业区受到欢迎并被证明是极为有效的。在适当的时候,它能制止债务人在审判期间转移他的财产。两年前,上议院在'西斯基纳号案'中曾密切关注过这项程序。[1] 如果上议院对我们在此案中的管辖权有任何怀疑,我希望他们对此能公开地提出疑问,而不要使法律工作者继续错下去。但是,没有一位上议院议员对此提出过疑问。圣·玛利勒勃恩的黑尔什姆勋爵似乎说出了他的同事们的一致意见。他说:

'既然上议院一点也不怀疑初级上诉判决所形成的新惯例的合法性,我希望,我也不以任何方式对此表示怀疑……'"

我为这项惯例规定了一些准则,我说:

"在规定这些准则时,我希望不做出削弱现在这个惯例效力的事情来。运用这个惯例时,速度是主要的,对单方面使用也是主要的。如果稍有迟缓,或者事先就给予债务人警告,那么在禁制令生效之前,财产就可能已经转移了。这个禁制令很像大法官法院的一项新禁制令——安东·皮勒禁制令('安东·皮勒勋爵诉制造加工有限公司案'),[2] 那项禁制令也同

[1] (1979 年)AC 210。
[2] (1976 年)Ch 55。

样被证明是有效的。在与案件有牵连的财物转移以前，必须对单方面迅速发布禁制令。玛利瓦禁制令就是在财产转移以前发布的。我相信，伦敦中心商业区的律师只要恪守他们的职责，就能继续按目前的惯例办案；只要法官灵活地行使裁量权，我们就能看到这项程序不至于被滥用。

四、一名原籍英国的被告

在这个案件中，我还试图记述玛利瓦原则对一名住在英国的被告的影响：

“上议院没有谈到原告向住在英国的被告提出索赔要求的情况。圣·玛利勒勃恩的黑尔什姆勋爵郑重地宣布：

‘要么，必须改变原告向住在英国的被告提出索赔要求的情况；要么，就得修改玛利瓦判例的原则。’

1979年3月16日，我们在‘信贷银行诉达克洛奇案’[1]中就对一名住在英国的被告施用了玛利瓦禁制令。被告是从波斯湾的阿布扎比来到英国的一位妇人。她在罕布什尔郡买了一所很大的房子，还在英国的一家银行中有一笔七万英镑的存款。摩卡塔法官发布了一项禁令，得到了本院的确认。我说：

‘即使被告在英国供职，法院也有向他发布禁制令的管辖权。如果被告要作一次短期旅行，或者被告有逃跑的危险，或

〔1〕（1979年）CA，3月16日（未提出报告）。

者被告的财产和存款可能失踪,可能转移到债权人力所不能及的地方,就应该对他发布玛利瓦禁制令。此案中的被告在英国一家银行里虽有七万英镑的存款,但只要大笔一挥,即可从英国转移到债权人力所不能及的地方去。'"

看来,到1978年12月21日,劳埃德法官还一直认为不能对一名住在英国的被告发布玛利瓦禁制令(见"阿格拉贝尔案"〔1〕)。不过我希望(上面所提到的)1979年3月16日的案件已经消除了在所有法院仍然还存在的这种看法。如果一名在英国居住的被告有潜逃或转移其财产的危险,也应该对他发布玛利瓦禁制令。

五、一个男人的头被旋掉了

玛利瓦原则的运用范围在迅速地扩大。两个月以后,也就是1979年7月,这个原则被用到一种完全不相同的案件中。这个案件不是轮船和租船人之间的案件,而是一架飞机伤害了一位旅客的案件。它就是"路斯·艾伦诉加姆巴(尼日利亚)航空公司案"。〔2〕一架只能载四名旅客的轻型飞机在沃特福特附近的一个小型机场着陆。这架飞机归尼日利亚的一家公司所有。它准备按自己的航线离开那里,返回尼日利亚。在旅客上飞机以前,飞行员要试验发动机,于是发动了马达。不久,旅客开始登上飞机,第一个上飞机的人撞上了正在转动的螺旋

〔1〕(1979年)2 Lloyd's Rep 117。

〔2〕(1979年)7月20日(未提出报告)。

桨,头被旋掉,当即丧生。那天晚上,飞机没有起飞。为了调查此事,飞行员等了一两个星期。调查后,飞行员说他要在当晚飞回尼日利亚去。为死者妻子辩护的律师怕飞机一旦飞走,他的委托人就会失去索赔损失的机会,于是当机立断,在自己家里给高等法院的一位法官打了电话。那位法官发布了玛利瓦禁制令。后来,那家尼日利亚公司要求取消这项禁制令。他们说他们是尼日利亚的一家大型商业公司,并且有尼日利亚一家殷实的保险公司作保。这是一个重要案件,尽管有了这些保证,我们还是继续坚持这项禁制令,理由有两点:第一,死者妻子的索赔要求还不能确保予以满足,尽管死者可能有很大的一部分责任;第二,这是和扣押一条船相类似的一项禁制令。我说:

"这是我们遇到过的第一件人身伤害案,是个不幸的意外事件。此案的一方求助玛利瓦禁制令予以解决。如果一条停泊在英国港口的船只由于意外的事故造成了人身伤害,或造成死亡,这好办,解决这类问题在英国已有好几百年了。受害者能够对物起诉,〔1〕要求扣留这条船。在保证受害者的赔偿要求得到充分满足以前,这条船不得离开港口。

问题在于是否可以对一架飞机使用类似的管辖权。在原则上,我看不出有什么理由不可以这样做,不同的只是现在是通过玛利瓦禁令而不是通过对物起诉来做到这一点……

既然全世界对海运案件都能以契约或承担的方式给予保

〔1〕 诉讼有两种形式:一种是对物起诉,另一种是对人起诉。前者对物品(即财产)的所有者不予审理,只审理物品(即财产)的权利问题;后者是对人、对行为审理,包括他个人的权利。——译注

证，那么为什么不应该对类似的案件给予同样的保证呢？我看没什么理由不可以这样做……如果，尼日利亚的那家公司真的像其说的那样，有那么高的地位，准备承担责任，那么，我认为我国的某家银行或保险公司就会为这家尼日利亚航空公司提出保证……在下一项命令发布以前，这架飞机不得飞到英国管辖权之外的地方，也不能离开发生事故的机场。”

六、如此这般无视劝告

在我们已经听说的涉及玛利瓦禁制令的所有案件中，我们还从来没有提到十多年前提出来的一份重要报告。这份报告是由佩恩（Payne）大法官主持的一个委员会就**强迫偿还判决所规定的债务**[1]提出来的。他们对此作了一个说明，要是以前我们能在各种不同的案件中按照这个说明的观点去做就好了。这个证明为向住在英国的被告发布玛利瓦禁制令提供了一个有说服力的例子和理由。这份报告的第1252段这样写道。

“在现代旅行条件下，特别是很多债务人能够支付空中旅费的条件下，把物品、动产和大笔金钱转移到外国的危险大大增加了。可以设想出无数这类情况。因此，行使一种制止债务人转移财产的权力是有充分法律根据的，只要有这种权力就能应付各种情况。一名债务人不顾债权人的索赔要求，也不管令状或传票人约束，可能以信用贷款的方式买得一批价格昂贵的

〔1〕 Cmnd 3909。

珠宝，珠宝商又不知道这批珠宝将带到什么地方去。如果他偶然发现债务人已经订了飞机票，计划在几天后就离开英国，而且业已开始的诉讼还不能作出任何审判，在这种情况下，法院发布一项禁制令，命令债务人不得把珠宝转移到管辖权以外的地方去，也不得转让这批珠宝，难道有人会反对法院这样做吗？"

接着这段话，该委员会在第1253段提出了一项建议，这就是根据债权人在判决前或判决后的申请，法院应该有权命令债务人不得把财产转移到管辖权以外的地方，也不能用别的方式加以处理。

最近，由克尔先生（Kerr）——他是一位能干的法官，现在是法律委员会的主席——担任主席的另一个委员会颁布了一条在欧洲共同市场内执行偿还债务的规定。我认为，这条规定也证明相当于saisie conservatoire（假扣押）的程序适用于英国，就像它适用于共同市场其他几国一样。这条规定用于防止转移财产，不仅适用于在英国管辖权以外的个人，也适用于住在英国的被告。即使当事人没有在英国法院起诉而在共同市场其他国家起诉，也同样适用。这实际上否决了上议院对"西斯基纳号案"的裁决。

我知道这些建议正在由那些负责立法的机关审议。我希望不久将通过一个法案去实施这些建议。即使法案被拖延，我也希望法院发展它们自己的管辖权，以便走在立法机关前面。不过，没有国会的帮助，法院当然不能否决上议院对"西斯基纳号案"的裁决。

第五篇

入境与出境

导 言

近来,英格兰已经被那些把它当成避难地的人——既不是敌人,也不是朋友——占领了。在他们自己的国家里有贫困、有疾病却无住房;而在英国却有社会保险——全国性的卫生福利事业和住房保证,不用付钱,也不用为之劳动,便可获得这一切。这些人一旦来到这里,就都想把自己的亲戚招来和他们团聚。因此,这些人的数目急剧增加。

这些涌入英格兰的人在自己的国家中社会地位低下,相反,原来住在这里的富裕居民却离开了英格兰。倒不是因为他们对大批外国人涌入英格兰有什么抱怨,而是因为他们想要逃避该由他们担负的赋税。这种人人数众多,甚至人们给他们起了一个专门的外号,叫他们“逃税人”。他们在外面待上相当长的一段时间,以确保能够逃税,而后伺机回国。

还有一些和他们类似的企业家,在一些小岛上或在一些海外小国成立公司,在那里他们既能免受我国公司法的限制,又能逃避我国的大量赋税。这些地方被称为“避税地”。这些公司在这些岛上或在这些海外小国并不从事任何商业活动。他们在那里没有财产。不过,他们拥有或包租船只,可以进行大规模的“近海贸易”。他们拥有企业,牟取利润。根据国际法(为我国国内法所认可),这些公司是单独的法律实体,它们不向任何人承担公布自己账目的义务。实际上没有任何东西控制它们。真正控制这些公司的人对于公司的债务或应尽的义务不负法律责任。当情况紧急时,也就是说,当它们必须偿还债务或纳税时,也无法查清它们的财产。

有些辩护人常对我们说:“这是一家在列支敦士登或在开曼群岛〔1〕上注了册的公司。”每当这时,我就佯装不解地问道:“为什么要在那些地方注册呢?”好像我什么都不知道。其实我清楚,在百分之九十九的此类案件中,这些公司不是为了掩盖这些事实,就是为了掩盖那些事实;不是为了逃避这些责任,就是为了逃避那些责任。

〔1〕 位于西印度群岛,在加勒比海西北部,现是英国的海外殖民地。——译注

第一章　有关外国人的普通法

引　言

过去的25年中,已经有很多人关心外国移民进入英格兰的问题,而在以前是不大有人关心的。普通法和衡平法都没有限制移民,所以不少人认为英国是世界上“最自由”的国家。现在英国的大部分法律仍然没有注意到外国人的问题。因此,我将尽力列举出一些主要的案例,说明人身保护状的重要性。这些案件就是运用这个令状逐个加以判决的。

一、使“黑人”获得自由

在我们的书中,涉及英联邦公民的最

著名的案例无疑是奴隶詹姆斯·萨姆塞特案件,这个案件是在1772年判决的。当时,王国政府在弗吉尼亚和牙买加殖民地还拥有管辖权。很多王室侍从从英国来到殖民地经营甘蔗种植业。(乔治·华盛顿的祖父到了弗吉尼亚,从不说谎的乔治自己承认,1760年他在弗农山的庄园里拥有49名奴隶。我的一位祖先,纽蒂盖特·波因兹到了圣·基茨。波因兹这个姓至今还保留在那个地方。)贩奴船把奴隶从非洲运到这些殖民地,让他们在种植园里干活。根据法律,奴隶是一般动产,由于这种身份他们是可以买卖的。因此种植园主有权拿奴隶做交易,当时的价格是一名奴隶50英镑。那时,英国的法律承认上述法律的合法性。甚至还承认这种法律也适用于英国。于是很多种植园主根据这项法律行事,在他们来英国的时候就随身带回一些奴隶。1749年,很多种植园主向大法官哈德威克勋爵(Lord Hardwicke)呈递请愿书,他们急于知道,奴隶成了基督教徒,是否就自由了。这位大法官认为,虽然奴隶到了英国,成了一名受过洗礼的基督教徒,但是他仍然不能获得自由。他提出的理由是,奴隶可以买卖而白人而不可以买卖:

"主人把奴隶带来是必要的,因为不能把奴隶干的活交给白人去干,无论是装货,还是航船。"

这种意见得到了另一位伟大的法官塔尔博特勋爵(Lord Talbot)的支持,当时他是首席检察官。

然而,1772年,这种意见遭到了曼斯菲尔德勋爵的反对。詹姆斯·萨姆塞特是一名从非洲海岸买来的奴隶,他被贩奴船运到牙买加,卖给了斯图亚特先生。他的主人把他带到英格兰,然后又打算把他带回去。詹姆斯·萨姆塞特拒绝回去,斯图亚特先生就用暴力把他押到一条船上。这条船叫“安—玛利号”,船长叫诺尔思。这条船停泊在泰晤士河上。斯图亚特先生要求诺尔思船长把这名奴隶关在船上,直到开船。他要把这名奴隶带回牙买加去,到了那里再把他作为一名奴隶卖掉。诺尔思船长给他戴上铁镣关在船上。后来,这名奴隶向曼斯菲尔德勋爵申请人身保护状——我国保证人身自由的伟大法令。

斯图亚特先生依据的是1749年哈德威克勋爵和塔尔博特勋爵的意见。他还争辩说,在英国法律中,可以从封建制度的“农奴”[1]这一概念中找到先例。曼斯菲尔德勋爵用一段精彩的话驳斥了这种观点[2]:

“有什么理由说,英国的法律现在承认了奴隶的地位?为强占一名奴隶而提出的诉讼能证明这一点吗?能在史密斯菲尔德修建一座奴隶市场吗?我不赞成法官——即使是一位杰出的法官——提出的推测性的意见,如果这些意见与道义背道而驰的话。‘农奴’确实在英国存在过,不过就是在当时,它在很多特定的方面也与西印度群岛的奴隶不同。贵族绝不能给农奴戴上锁镣,也不能把他带到西印度群岛卖掉,更不能强迫他在煤矿里或在甘蔗田里劳动。不管怎么说,‘农奴’在英国已经消灭了,它再也不能起死回生了。每一个来到英格兰的人都享有受英国法律保护的权利,不管他过去受到过什么样的压迫,也不管他的皮肤是什么颜色。英格兰的空气清新纯洁,不

---

〔1〕 原文为Villeinage,这个词由Vilieín演化而成。Villein是贵族的一名农奴。在现代英语中,这个词已经演变成Villian,是“乡巴佬”、“粗汉”的意思。——译注

〔2〕《萨姆塞特诉斯图亚特案》(1772年)Lofft 1~19。

能让任何奴隶吸到它。[1] 让黑人自由吧！”

这个案件比《人权宣言》早约二百年。《人权宣言》是这样写的：

“任何人都不应处于奴役之中。必须废除一切形式的奴隶制度和奴隶贸易。”

詹姆斯·萨姆塞特来自英王的一块殖民地，不过，普通法对于从任何一个海外国家来到英国的任何一个外国人都给予自由。在18世纪，没有海关官员，在港口也不必出示护照，外国人只要一踏上英格兰的土地，他就是自由的了。然而，从那以后，由于有了引渡条约、移民法和驱逐法，这种自由的程度才受到了成文法和一些规章的限制。不过在1963年，我们上诉法院在处理一件引人注目的案件时还是考虑到了普通法的影响。

二、来自美国的逃亡者

索布伦医生是位医学博士。他出生于立陶宛（接近俄罗斯），在1941年去美国以前，他一直在那里行医。战争期间，他是不是俄国间谍，我们不得而知。我们所知道的全部情况是：

[1] 这句话的意思是：英格兰是自由的土地，不能让奴隶制玷污它。——译注

在1961年臭名昭著的“麦卡锡”[1]反共大迫害时，他受到了指控，指控他在1944年和1945年曾参与为俄国人递送情报的密谋活动。为此他遭到审讯，经过定罪被判终身监禁。他向美国最高法院提出上诉。上诉期间，法院允许他监外保释。1962年6月25日，法院驳回了他的上诉。就在同一天，他违反保释规定，用他弟弟的护照乘飞机逃到以色列。以色列拒绝接受他，并于1962年7月1日把他送回美国。他们把他押上一架预订在伦敦机场做短暂停留的飞机。飞机飞到距伦敦大约20英里的地方时，他几次用小刀划伤自己，他在他的腕部割开了一条大口子，然后又划破腹部，撕裂了皮肤和腹部肌肉。当飞机在伦敦机场着陆时，为了抢救他的生命，立即把他送进了医院，随后又为他输了血。六天以后，他恢复了健康，完全能把他送回纽约了。但是就在送他回纽约之前，他要求得到人身保护状的保护，要求获得自由，并且提出任何扣留他的行为都是非法的。他要求去捷克斯洛伐克（与俄罗斯接壤），可是美国政府要求把他送回美国。然而索布伦医生的罪行不是可以引渡的罪行，所以不能把他引渡到美国去。为了做到美国要求做的事，内政大臣采取了另外一种步骤。他签署了一项命令，拟将索布伦医生驱逐出境。在上诉法院里，那个命令引起了争论。内政大臣命令驱逐索布伦医生是否合法？我们在《王国政府诉布里克斯顿监狱长，由索布伦起诉案》[2]中是这样解决这个问题的：

---

〔1〕约瑟夫·麦卡锡（Joseph Mecarthy，1909～1957），美国参议员。曾一度操纵参议院常设调查小组委员会，搜集黑名单，进行非法审讯，采取法西斯手段迫害民主和进步力量。——译注

〔2〕（1963年）2 QB 243 at 300。

"……虽然每一个外国人一俟合法地踏上英格兰的土地就获得了自由,但是如果他留在英国不利于公共利益,王国政府就有权在任何时候把他遣送回国。为达到此种目的,王国政府可以逮捕他,把他押上开往他本国的轮船或飞机。显然这是1916年《外国人法令》的规定……《1953年外国人法令》规定得也很清楚。既然有了外国人法令,就没有深究法律的必要了。我一直认为,只要王国政府确信一个外国人留在英国有损于它的公共利益,就有驱逐他并把他遣送回国的特权。威廉·布莱克斯东在他的《英国法释义》(1765年)中确实说过:'国王有权在他认为适当的时候,把自动来到英国的外国人遣送回国。〔1〕'1896年王室执法官理查德·韦伯斯特爵士(Richard Webster)和罗伯特·芬雷爵士(Sir Robert Finlay)在《托玛斯·曼恩案》〔2〕中也宣布过这种意见,认为它是符合国际法的。根据国际法,一个国家如果认为一个外国人留在国内是件要不得的事,它就有驱逐他的权利。与此有关的权限是,国家可以逮捕、拘留这个外国人,并且有权把他押上开往他本国的船只。

我知道,戴雪〔3〕教授说过,即使是最危险的外国人,王国政府也没有办法逮捕或驱逐他。〔4〕 奥本海〔5〕教授也持相同的

---

〔1〕《英国法释义》第1卷,第259~260页。

〔2〕载麦克奈尔勋爵:《国际法论丛》(1956),第2卷,第111页;见《汤姆·曼回忆录》(1923),第135~138页。

〔3〕艾伯特·戴雪(Albert Dicey, 1835~1922),英国宪法学家。长期任牛津大学英国法教授。主要著作有《英宪精义》(1885年)、《19世纪英国法与舆论关系讲义》(1905年)等。——译注

〔4〕《英宪精义》1958年第10版,第224页。

〔5〕奥本海(Oppeuiheim, 1858~1919),德国国际法学家。先后在德国的弗赖堡大学和巴塞尔大学讲授法学。后又在英国研究和讲授国际法。主要著作有《国际法》(1905年)、《国际法的前途》(1911年)等。——译注

意见。[1] 我绝不能同意他们的意见。尽管此类案件还从未在法庭上试验过,但是目前没有必要深究它,因为很明显,这方面的国王特权已被1953年《外国人法令》第20条和第21条所取代。依据这个法令,如果国务大臣认为驱逐一个外国人有益于公共利益,那么王国政府就拥有这种权力,并且为了达到此种目的,它可以拘留他,把他押上'即将离开联合王国的轮船或飞机'。这个法令规定得很清楚,内政大臣可以下达命令,把他押上轮船或飞机,从而抵达他的目的地。

有人提醒我们,普通法限制着这种驱逐权。据说如果一个人是一名从自己国家中逃出来的罪犯,就不能驱逐他,更不能把他驱逐到他自己的国家中去。这种说法是没有根据的,至少在目前是站不住脚的。假定除了罪犯自己的国家以外,没有一个国家愿意接受他,难道我们只是因为他在自己的国家中是名被通缉的逃犯就违心地把他留在英国吗?显然不能。如果一名逃犯现在在英国,国务大臣认为,为了维护公共利益,应该把他驱逐出去,尽管他在本国是名被通缉的罪犯,也没有理由不把他驱逐到他自己的国家中去。1955年印度最高法院在《穆勒诉加尔各答监督官、监狱长案》[2] 中考虑的正是这一点。他们在一项能给人以启示的判决中使这一点变得更加明确。按照他们的意见,即使一个外国人在本国因刑事犯法受到通缉,也应当行使驱逐权。尽管他的国家要求把他遣送回国,我认为,如果他留在英国不利于公共利益,内政大臣就没有什么理由不把他遣送回国。驱逐权不能被这样的事实——他是一名

---

〔1〕《国际法》第1卷,1955年第8版,第697页。

〔2〕(1955年) Int LR 497,(1955年) SCJ 324。

逃脱自己国家法律的逃犯——所剥夺,也不能被那样的事实——他自己的国家要求他回去,而且已经对他提出了要求——所剥夺。

……

因此,在此案中,如果内政大臣为了满足美国的要求,而把一名申请人作为一名逃犯引渡给美国,那就是不合法的;但是如果内政大臣为了维护英国的公共利益,而驱逐他认为有害于公共利益的那名申请人,这就是合法的了。对于法院来说,问题在于调查内政大臣的目的是否合法,他是否滥用了这种权力。法院应该深入到这项驱逐令的背后,以便看清国会授予他的权力是否运用得合法……

那么,法院在此案中是怎样做的呢?法院不能强迫内政大臣公布有关他的行动的材料。不过,如果有充分的理由怀疑内政大臣可能是为了达到一种隐蔽的目的而使用了驱逐权,那么法院就要传内政大臣出庭做出解答,如果他拒绝回答问题,法院就可以宣布他的命令无效。但是根据这个案件的事实,我没有找到这样的证据。我想内政大臣认为那个申请人留在英国不利于公共利益是有其正当理由的。"

因此,驱逐令是站得住脚的。对索布伦医生做了如下安排:由美国联邦法院的一名执行官陪同,把他押上一架飞往美国的飞机。但是后来他终于逃脱了这种安排。就在临行的前一天,他服了过量的毒品,在这里猝然死去。只是把他的骨灰驱逐了出去。

三、学习“基督教科学”[1]的人

最重要的一个问题在于是否应该允许一个外国人(不是英联邦公民)进入英国。一个涉及基督教科学派的案件向我们提出了与此有关的一般法律问题。“基督教科学”是一个新发明的词,在所有的英语词典中找不到它。热衷于它的人认为,“基督教科学”是一种宗教派别,并且在苏塞克斯的东格林斯蒂特的一所学院中还把这种宗教,包括它的信仰、信念、教义和宗教活动传授给学生。在那所学院中有二百多名学生,其中大约一百名是外国人。他们当中有两名学生:一名叫安德鲁·施密特,另一名叫约瑟夫·默兰蒂,都是美国公民。他们获准在英国居住一段时间。期满之后,他们希望完成他们的学业,因而要求内政大臣延长他们在英国居住的期限。内政大臣拒绝了他们的要求。这两名学生对内政大臣进行起诉,说他拒绝要求是无效的,因为他是为了达到一种未经认可的目的才拒绝他们的要求的。内政大臣要求取消这一起诉。结果我们仅以一票的多数取消了这个起诉。这个案件以“施密特诉内政大臣案”[2]记录在案。我在那个案件中是这样解释法律的:

“关键的一点在于是否有事实证明内政大臣拒绝延长期限的行动是不合法的。双方都承认‘王国政府诉布里克斯顿监狱

---

[1] 基督教科学(Scientology),是20世纪50年代流行于西方的一种鼓吹信仰疗法的宗教派别。——译注

[2] (1969年)2 Ch 149。

长，由索布伦起诉案'[1]的判决中的说明是正确的，我在那个案件中说：'大臣行动的合法性依赖于他所行事的目的，如果它为了达到一种业经认可的目的，它就是合法的；如果它表面上为达到一种业经认可的目的，而实际上却为达到另一种不可告人的目的，那就是不合法的。'

因此，就来到我们国家的这个外国人（无疑，他是一个友好的外国人）而言，我现在要考虑的是内政大臣的业经认可的目的是什么。我一直认为，按照普通法，非经王国政府同意，外国人无权进入英国。王国政府无须讲明理由，就可以拒绝批准。现在，这条法律已被《外国人法令》和下列命令所代替。

……

因此，法令授予内政大臣以充分的权力，他既可以拒绝接受一个外国人，也可以批准一个外国人入境居住一段时间，还可以拒绝延长一个外国人在英国居住的期限。昆廷·霍格先生企图限制这种权力。他说，内政大臣的权力只与下述三种目的有关：(1)保证国土的安全；(2)执行国家法律；(3)维护在这个国家里普遍承认的道德标准。在本案中，霍格先生说，内政大臣运用了自己的权力，但不是为了达到上述三种业经认可的目的之一，而是为了达到一种未经认可的目的。照他说来，内政大臣运用这种权力是为了表明他不赞成因而也不尊重一个并未被国家法律禁止的宗教派别。我倒认为，业经认可的目的不只限于霍格先生所提到的那几种，大臣可以为达到任何一种他认为符合公共利益或符合这个国家人民利益的目的而运用自己的权力。没有丝毫根据可以认为大臣在这里运用权力是

---

[1] (1963年)2QB 243 at 302。

为了达到一种未经认可的目的,或者他常有任何不可告人的动机。很清楚,大臣的目的包含在向下议院呈交的说明中,他认为这些人,也就是这些学习基督教科学的人的活动严重危害了我们的社会,是不符合我们国家人民的利益的。所以我们不应当允许学习基督教科学的学生在我国居住更长的一段时间,也不应当允许这类人再进入我们的国家。这个目的是完全正当的。内政大臣为了维护我国普通人民的利益运用了他的权力,因此我认为不得对它的合法性持任何怀疑。”

四、迁徙自由

目前,由于英国法院必须和欧洲经济共同市场保持一致,所以这个案件引起了一种令人感兴趣的后果。现在“施密特案”中的原则在多大程度上适用于我国所加入的共同市场呢?《罗马条约》中有一项保证共同体内部工人迁徙自由的条款。它规定,共同体九个成员国中的任何一国的工人都有权到其他几个成员国中去,以便获得工作或学习机会,不过也有一个例外(极少有这种例外),即基于公共政策的原因,可以限制这种自由。范杜因小姐是个荷兰姑娘,她到达盖特威克机场后宣称,作为一名秘书她要到东格林斯蒂特的基督教科学学院任职。移民官员拒绝批准她入境。因为允许任何一位受雇于基督教科学教会的人进入联合王国都是要不得的。范杜因小姐反对这种做法,她声称《罗马条约》第48条(这一条约也是我国法律的一部分)规定了“迁徙自由”这一共同体的基本权利。根据这条规定,她有权进入英国。这个案件提交到了设在卢森堡的欧洲法院。这是从英国提交到那个法院的第一个案件,在"范杜因诉内务部案"[1]中记载了他们的裁决。当时我认为,现在我仍然认为,《罗马条约》非常有利于范杜因小姐。她是一位人品出众的姑娘。如果她是一位居住在伦敦的英国姑娘,她就能受雇于东格林斯蒂特的基督教科学学院——当然不用经任何人的批准,也不会遇到任何障碍。那么,为什么拒绝给予范杜因小姐这种自由呢?不是说工人有这种迁徙自由吗?有一项对她有利的命令说,如果由于公共政策方面的原因拒绝她入境,那么这种拒绝必须"仅仅由于有关的个人的私人行为方面的原因"。但欧洲法院认为,"私人行为"包括她与"一些个人或组织在一起参与了成员国认为对社会有害的活动"。这样范杜因小姐就要被驱逐了,因为她打算去基督教科学学院。欧洲法院一直是用这种方法来解释《罗马条约》和共同体指令的,这是一个很好的例子,因为它考虑到了政策方面的问题。

---

〔1〕(1975年)Ch 358。

第二章　英联邦公民

引　言

大约20年前,英国人民对英联邦公民大批涌入英国开始感到担心,也就是说,对那些来自过去曾是大英帝国组成部分的自治领地和殖民地的人们涌入英国感到担心。

1962年以前,作为一种权利,英联邦公民不经任何人的批准就能进入英国,他愿意在英国住多久就住多久。他和任何一个在英国本土出生的英国人具有同样的权利,不经审讯不受司法部门的拘留。如果他犯了罪,就像任何英国人一样应受到逮捕和审判,但是不能驱逐他,即使他是一名惯犯,或者他留在英国对其他的人有害,也不能驱逐。

现在,这种权利已经被一系列的法令和规则所取代。我不打算研究这个过程的细节,但有一点需要说明,就是1972年的《移民法》已经引起了法律的变革。目前,英联邦的公民分为两类:第一类是“合法居民”(Patrial),这类人有权在英国居住,而且来去自由,无须经任何人的批准,也不会遇到任何障碍;第二类是“非合法居民”(Non-Patrial),这类人不经批准(这种批准的权力是由内政大臣授权移民官员来执行的)无权进入英国,也不得在英国居住。如果他们未经批准就入境,他们就是“非法入境人”(illegal entrants)。目前有关这方面的法律细节都包括在内政大臣根据制定法的权限发布的《移民规则》中了,不过我想提请读者注意一些与此有关的主要案例。

一、“合法居民”

“合法居民”,是指在英国合法居住五年以上的英联邦公民。一名英联邦公民在英国合法居住五年或五年以上,他就获得了“在英国居住的权利”。在重要的“王国政府诉内务大臣,由潘索普卡尔起诉案”[1]中,我曾冒昧地解释过这个词:

“1971年,联合王国国会发明了一个新词,从而创造出一种新人,国会把他叫作‘合法居民’,不是‘爱国者’,而是‘合法

〔1〕 (1976年)QB 606 at 615。

居民'。[1] 国会使他成为我们中间的一员,也使我们中的每个人成为他们中间的一员。我们现在都是合法居民。从法律的眼光来看,我们不再是英格兰人、苏格兰人或威尔士人,我们只是'合法居民'。国会把这种新人乔装打扮一番,赋予他一种新的权利,并称这种权利为'在联合王国居住的权利'。这是一项每一个人都能得到的最明确的权利,至少我是这样认为的。这种权利以简洁而富有意义的词句来表达就是:'每一个合法居民,都能自由地在联合王国居住,而且不需要经过任何人的批准,也不会遇到任何障碍就能自由地出入联合王国。'[2]

同时,国会使很多单个的移民非常容易地成了一名合法居民,并且取得了这种宝贵的权利。我们这些在英国出生、在英国长大的人自动取得了这种权利。那些从海外来到英国的人是通过登记成为'联合王国和殖民地公民'而取得这种权利的。总之,对于一个在英国居住了五年的英联邦公民(不是对在英国居住了五年的其他任何外国人)来说,取得这种权利是不难的。比如,一个人是位来自加拿大或澳大利亚——我还必须加上印度或孟加拉——的英联邦公民,他品行端正,对英语具有足够的知识,他就能登记成为'联合王国和殖民地'的公民。另外有一点也很重要,这就是一经登记,不仅他本人成了一名合法居民,取得了在英国居住的权利,而且他的妻子也自动取得了这种资格。尽管她住在远离英国的印度或孟加拉的某个地方,尽管她从未来过英国,尽管她不会说一句英语,她也成了一

---

〔1〕 在英语中 Patrial(合法居民)和 Patriot(爱国者)在拼法和读音上都比较接近,所以作者在此强调一下。——译注

〔2〕 1971 年《移民法》第 1 条第 1 款。

名合法居民，也取得了在英国居住的权利，因而也就取得了不用经过任何人批准，也不会遇到任何障碍就能进入联合王国的权利。当然她还可以把她的孩子带到英国来。她所要做的只有一件事，这就是，她必须证明她是他的丈夫的妻子，或者——我想——是她丈夫的妻子中的一个妻子，如果她们当地的法律允许这样的话。为了证明这一点，她必须取得一张合法居民证，她可以到本国的不列颠最高专员署[1]去，向那里的官员说明她的丈夫是一名英国合法居民，她是他的妻子。不过在那里申请取得这种进入英国的许可证的人很多，需要排很长时间的队。和那里的英国官员谈一次话也许要等18个月或更长一些时间。有一些夫妇等得不耐烦了，有三四个妻子试着不再去排这样长的队，她们没有拿到合法居民证就提前来到英国。她们到希思罗机场不久，就在那里申请签发合法居民证。内政部拒绝她们入境，移民官员说：'我们不打算在英国考虑你们的申请，在孟买或达卡考虑这件事会更合适些，所以你们应该回去。我们不能允许你们不经排队就到这里来办手续，因为这样做对于在本国排队等候的人来说是不公平的。'这个答复遭到了建议批准这些移民取得这种权利的人的反对。他们依据的是《欧洲保护人权和基本自由公约》（我国也赞成这个公约）。这个公约的第八条规定了尊重家庭生活的权利，而且还规定。不得干涉家庭生活，除非这种干涉符合法律规定而且对一个民主社会来说是必要的。"

当时，我列举了一些事实，证明潘索普卡尔先生在1966年

[1] 英国王国政府设在英联邦成员国的行政事务机构，专门负责处理移民签证等事务。——译注

是怎样从印度来到英国的，是怎样在英国居住和工作了几年，然后又是怎样取得一份证明并用它登记成为联合王国和殖民地的一名公民的。同样，我也列举了一些事实，证明拉夫先生在1960年是怎样从东巴基斯坦[1]来到英国的，在1962年又是怎样取得公民证的。我继续说道：

"丈夫一俟获得了公民证，就有资格享受一种最有价值的权利。从那个时候起，他本人就取得了'在联合王国居住的权利'。他的这种权利和我们任何一个人的这种权利是一样的。但是，你们和我以及我们的家族出生在这里，从远古的时候起就生活在这里，而潘索普卡尔先生却从他一登记的时候起，就取得了和我们一样的权利。他成了一名大国的公民。如果他会讲拉丁文，他可以骄傲地说：——civis angliae sum。[2] 他成了一名合法居民。

不仅是他，而且他的妻子在这个时候也取得了完全同样的权利，尽管她从未来过英国，尽管她不会说、不会读，也不会写英语，尽管她与四个孩子生活在印度，但她是英联邦的一名公民。因此，她的丈夫一经登记，取得了在联合王国居住的权利，她也就获得了同样的权利。[3] 根据1971年《移民法》第一条第一款的规定，丈夫和妻子以一种完全平等的地位取得了下述权利：

'本法所规定的那些在联合王国拥有居住权的所有的人均可自由地在联合王国居住，并且不经批准，均可自由出入联合

---

〔1〕 即现在的孟加拉。

〔2〕 拉丁文，意为"我是英国公民。"——译注

〔3〕 1971年《移民法》第2条第2款。

王国，任何人不得设置任何障碍。’”

然后，我们以下面的一些话作出了有利于这两位夫人的判决：

“假如这两位夫人的确是他们各自丈夫的妻子的话，那么她们都有权到英国来，而无须经任何人的批准，也不应当为她们设置任何障碍。她们不必经过什么人的批准，因为作为一种权利，她们来英国是不用经过批准的，如果她们能取得合法居民证来证明上述这点，任何人就不得拒绝接受她们。[1]

既然她们有这种权利，所以我认为，不能剥夺她们的权利，无论是武断地拒绝发给她们证书，还是无正当理由地拖延发给她们证书，都是不应该的。她们可以求助于《大宪章》中的一句话：‘国王不得对任何人滥用、拒绝或延搁权利或赏罚。’[2]我认为，根据这一法律规定，有一点是十分明确的，这就是妻子——她必须是妻子——完全有资格申请合法居民证，在一段适当的时间内，应该公正地考虑她的申请……

……对这些妇人来说，唯一的一种救济办法是签发一项职务执行令性质的命令。由于这些案件情况特殊，我认为应该签发这种命令。内政大臣不应该把这些妇人送回印度和孟加拉，让她们在那里等很长时间，应该审查她们的申请，看看她们是否真是合法居民，然后根据审查的结果决定是否签发给她们证书。如果内政大臣没有这样做，那么我就接受上诉。”

---

〔1〕 1971年《移民法》第3条第9款。

〔2〕 《大宪章》第4条。——译注

二、“非法入境者”

另外，还有一些违反我国移民法秘密进入我国的人，这些人是“非法入境人”。古博克斯·辛格·克拉案件就是典型的一例。克拉出生在旁遮普的一个乡村，他有个叔父也住在这个村。他叔父和几个印度代理人商定把他带到英国去，条件是付给代理人15,000卢比。克拉乘飞机从新德里到了巴黎，然后坐车到了法国海边的一个港口。天黑的时候，他和另外三个亚洲人一起坐上了一条由两名白人驾驶的小汽艇，由于他第一次航海，所以十分紧张。他们到了英格兰，在沙滩上了岸。白人把他们领到硬海滩上，送他们上了一辆运货车。车开了五六个小时，到了沃尔弗汉普顿。他住在他父亲家里，不久找到了工作。从那时起他一直工作。几年以后他被捕了，作为一名“非法入境者”受到了拘留。他申请了人身保护状。上诉法院和上议院处理了三个相同的案件，这个案件就是其中之一。它以“王国政府诉潘顿维尔监狱长，由阿扎姆起诉案”[1]记录在案。下面是我所说的一些话：

“这三个案件向现在居住在英国的许多英联邦公民提出了一些非常重要的问题。这三个人都是‘非法入境者’，他们都未经批准就非法进入英国，并且在英国已经工作了三年以上。现在，他们都遭到了逮捕并被扣押在狱。他们都没有经过审讯。

[1] (1974年)AC 18。

虽然他们都已获得了人身保护状，说明扣押他们是非法的，但是按照内政大臣的命令，他们仍将被驱逐出境。

还有其他的一些案件需要我们去判决。在英国肯定还有很多‘非法入境者’。没有人能说出这些人的具体数字。他们是秘密入境的，因此对于下次是否会轮到驱逐他们而感到惶惶不安。在过去某一个时候，他们登了陆，然后和其他人混在一起消失在人群中。他们常常设法弄到护照。他们找到高级官员，说他们的确有过护照，不过已经丢失或损坏了，于是以这种借口弄到了新护照。所以区别合法入境者和非法入境者不是一种容易的事。这些人找到了工作，领到了国家保险卡。[1] 现在，根据1973年1月1日生效的一项新的法令，这些人将遭到逮捕和驱逐。这三个案件的事实向我们表明了这种情况。”

当时，我列举了有关事实，然后我说：

“在列举有关这三个人的事实时，我对他们确实抱有同情之心。他们来自英联邦的一个国家。那里极为贫困，所以他们要到我们国家来避难。在这里，他们能获得工资较高的工作；在这里，有他们国家望尘莫及的社会福利；最重要的一点在于这里的法律能够保障个人的自由。毫无疑问，在他们来英国以前，他们肯定听说过他们的亲戚朋友来到英国定居下来，并且生活得很好。在那些地方，有一些贪婪的代理人，用安排他们迁居英国来攫取他们的钱财。但是，他们一定知道，他们的入境是非法的，因为如果是合法的，他们就无须在夜里乘小船来

---

〔1〕 国家发给公民的一种证件，可以用它享用各种福利和保险。——译注

了。他们也一定知道,有很多人正在排着长队等候合法入境。而他们却没有排队。他们还一定知道,他们留在英国是没有充分根据的。因此他们所要做的一切就是要得到一张似乎合法的护照。无疑,他们无时无刻不在希望自己不要被人发现。平心而论,这些人是在这里安分守己,勤奋工作。一些人认为,应该发布一项赦令宽恕他们的非法入境行为。然而,国会的决定恰恰相反。对此,我是深明其故的。因为一旦允许这些人留在英国,他们就要把自己的妻室带来。事实上这三个人中已有两人这样做了。如果允许丈夫留在英国,就难以拒绝他的妻子和孩子来英国。假使允许这样做,移民的数字就会大大增加,最后使每个人都得不到足够的生存空间。再说,如果对这些人发布赦令,那就会鼓励其他人效仿他们,这种做法当然是不能允许的。把这些人送回国有利于阻止其他人干出同样的事。

在我宣读这个法令时,国会已决定把非法入境者送回国。它把这项决定授权给内务大臣,而不是授权给法院。尽管这种授权可能使内务大臣自由裁量,但是这些事情还是由他处理好一些,因为这种事情毕竟是法院不能处理的政策问题。内务大臣能够考虑到全面的情况,他既要考虑一个人在英国待的一时间和他在这段时间内的行为表现,又要考虑如果允许他或像他一样的其他人留在英国对我们的社会会产生什么影响。这种事情对法院来说不是一个司法问题,而对国务大臣来说却是个行政问题。这和国务大臣自由裁量驱逐一个外国人十分相似。然而对于这一点,在我国很长的历史上还从未提出过疑问。非法入境者不能指望自己能获得比外国人好一些的待遇。尽管他们是英联邦公民,但是他们公然违反我们的法律来到了英国,他们不能求助于法律帮助他们留在英国。这些人大规模地涌入英国，使得国会不得不宣布：‘这种现象必须停止。内务大臣应该把他们送回去。’如果内务大臣对这些人下达了驱逐令，法院不能干涉他的决定。不过有一点是需要强调的。内务大臣的这种权力只是在这个人真的是名非法入境者的情况下才能行使。这种权力同战时规则第18B款所授予的战时权力不大相同。根据那条规定，如果怀疑某人通敌就可以拘留这个人；而在这里，只有某人真的是一名罪犯——非法入境的罪犯——才能驱逐他。根据规则第18B款，内务大臣行使权力是依据他本人的意见——他有充分可信的理由，而在这里，内务大臣行使权力则是依据事实——他是不是一名非法入境者。根据规则第18B款，人身保护法不能反对内务大臣的决定；而在这里，人身保护法可以反对。如果需要的话，可以要求内务大臣出示证据，证明罪犯的确是非法入境者。由于有了这种保证，如果内务大臣决定驱逐某人的话，是一点也不会冤枉他的。因此我将撤销这些上诉。”

1973年5月3日，上诉法院对这个案件作了判决，一个月以后，也就是1973年6月11日，我们的判决得到上议院的确认。你们一定注意到，我在那里谈到了一项赦令，这项赦令不是根据任何制定法发布的，而是根据内务大臣向下院呈送的一份说明发布的。1974年4月11日，内务大臣宣布，根据1971年的《移民法》，对于在1973年1月1日以前非法进入联合王国的英联邦公民，他将不使用驱逐权。

这项赦令不适用1973年1月1日以后非法入境的那些人。从那时起我们曾受理过一些案件，在这些案件中，有些1973年1月1日以后非法入境的人力图向我们证明他们是在1973年1

月 1 日以前入境的。处理这些案件只能根据事实。移民官员一直在非常公正地调查各种情况。如果这些人的确是在 1973 年 1 月 1 日以后非法入境的,那么就应该把他们送回原地。

三、被驱逐者

1972 年,一场灾难落到居住在乌干达的亚洲人头上。这场灾难是由乌干达总统阿明将军带来的。他宣布,所有不是乌干达公民的亚洲人必须在 90 天之内离开乌干达。这项声明把数千名亚洲人置于极度的困境之中。那些持有英国护照的人来到了英国,英国接受了他们。然而还有很多人没有英国护照,其中有一个叫普拉文拉尔·撒克拉尔的人,他在奥地利住了一年,后来又乘飞机到了伦敦。他告诉移民官员说,他以前曾到过英国,因此有权在英国居住。移民当局把他扣留了,以便进一步调查他的情况。于是,他申请调卷令和职务执行令。这个案件以"王国政府诉移民局官员,由撒克拉尔起诉案"[1]记录在案。王座法院的丁格尔·富特爵士(Sir Dingle Foot)是位老练的律师,他对所有涉及英联邦国家的问题,无论是过去的还是现在的,都极有经验,他为撒克拉尔辩护。他认为撒克拉尔有权进入英国,因为他是一个受英国保护的人。下面就是我们对这个案子的处理:

"丁格尔·富特爵士代表普拉文拉尔提出了这个基本问

〔1〕 (1974 年)QB 684。

题。按照这位爵士的说法,让我们先假设普拉文拉尔是一个受不列颠保护的人。丁格尔爵士说,既然如此,他就和一位联合王国和殖民地的公民一样,是一位侨居国外的不列颠国民。作为一个不列颠国民,如果他被他所居住的国家驱逐,他就有权到联合王国来。丁格尔爵士说,这项权利是国际法赋予他的。因为国际法是我国法律的一部分,所以二者是合为一体的。法院应该执行这些法律,除非国会否决了这些法律。为了支持这个论点,丁格尔·富特爵士引用了奥本海的《国际法》中的一句话:'被某国驱逐的人的母国有责任在自己的领土上接受他们。'〔1〕

为了支持'国际法是我国法律的一部分'这个观点,丁格尔·富特爵士还引用了威廉·布莱克斯东的《英国法释义》和爱斯菲尔德勋爵在'希思菲尔德诉奇尔顿案'〔2〕中所阐明的观点,他们都说过国际法是'我国法律的一部分'〔3〕……

在他引证这一点的时候,在这里我们必须要考虑以下的事实,这就是大批亚洲人从乌干达被驱逐出来,国际法还从未妥善处理过这类问题。就我所知,还没有一个法学家考虑过这个问题。当我们所考虑的国家是一个没有海外领土或保护地的独立的母国时,奥本海的观点是十分正确的。如果这样的一个国家中的公民被外国驱逐出来而又无处可去的话,那么母国当然有责任在自己的领土上接受他们。但是这条规定在母国是一个在海外承担了广泛义务的国家时就不适用了,比如,像联

〔1〕《国际法》第8版(1955年)第1卷,第645~646页。

〔2〕(1767年)A Burr 2016。

〔3〕见《英国法释义》第4卷第17版,第67页。

合王国这样的国家。拿我们所关心的人——受英国保护的人——的类别来说，可以说他们是不列颠国民，但是他们不是不列颠臣民。[1] 这些人成千上万，他们的出生地不在英国，也从未在英国生活过。他们生活在遥遥千里以外的国家之中，这些国家除了曾经是英国的保护地以外，与英国没有任何关系。按照国际法，难道可以说他们当中的任何一个人在被驱逐的时候都有权进入这个小小的岛屿吗？当然不能。这个国家没有他们生存的空间，即使只来一两个人也是不允许的。何况他们不是三三两两地来，而是成群结队地来。迄今为止，国际法还从未审理过大批被驱逐的人涌入某一国家的案件。我认为，国际法没有我们必须遵守的这种规定，也没有我们必须接受他们的规定。"

我继续说道：

"……普拉文拉尔·撒克拉尔曾经断言，他是一个受不列颠保护的人，由于他从乌干达被驱逐出来，所以他有权进入英国。我认为，他没有这种权利，在他的身上没有进入这个国家的合法权利。如果他一直是一个受不列颠保护的人，那对他倒是一个有利的因素，移民官员和国务大臣将会认真考虑这一点，或许能够允许他进入英国。但是，普拉文拉尔从未达到这一点，他不能证明他是一个受不列颠保护的人，所以他没有资格享受任何特殊待遇。对于他所处的困境，每个人都会同情。不过他是个有地位的人，聪明能干，应该能想到他的双亲都在

〔1〕 英联邦成员国和英国海外殖民地的公民都是不列颠国民，而不列颠臣民只是指英伦三岛本土的公民和持有英国护照的人。——译注

印度,他的妻子和两个孩子也在印度,在那个幅员广阔的国家中和家人团聚,对他来说也许是更好的事情。他在那里也许比在这里更能发挥自己的能力。我们这个国家实在太小了,难以接受我们原来希望接受的所有的人……”

虽然法律是这样说的,但是内务大臣有一种特免权。他完全从人道主义的立场行使了这一权力。很多从乌干达驱逐出来的人来到了英国,他为他们安排了住房,给了他们充足的食品,帮助他们找到了工作,使他们在此定居下来。就我所知,他们对此十分感激,没有任何抱怨。

四、逾期居民和其他人

以上就是关于非合法居民企图不经批准就入境或留居我国的主要案例。但是有很多人作为客人是经过批准在英国住一个月或更长时间,或者作为学生住一年或更长时间的。很多这样的人一经获得这种批准就转入地下,他们超过了居住的期限,销声匿迹了。有时碰巧发现了他们,就把他们拘留起来。有时由于同情他们,允许他们继续留在英国。但在很多类似的案件中,内务大臣签发了驱逐令。按照上诉程序,把他们交给一名裁判人,然后上交给移民上诉裁判所。制定法的有关规定太复杂,以致有一个案件“王国政府诉移民裁判所,由撒勃拉玛姆起诉案”[1]提交到了上诉法院,另一个案件“苏思德里安诉

〔1〕(1977年)QB 190。

移民上诉裁判所案”[1]提交到了上议院。上议院对此案的意见有分歧，表决结果是三比二。因为这些程序过于复杂，我就不让读者费神去读它了，我只说明一点，即赦令不适用于这些逾期居民，如果他们是在1973年1月1日以前逾期不走的人，仍然属于驱逐之例。

还有一些人乘飞机来到英国，他们向移民官员出示伪造的证件或编造的声明书，混过了移民当局的检查。这样的案件也有一大批。以后他们的骗局被揭穿了，他们受到拘留和驱逐。赦令也不适用于这些人。在所有这类案件中，当事人不是合法居民，这样的人只能经过批准才能进入或留在英国。内务大臣根据制定法第三条第三款授予的权限已经制定了一些规定，以供移民官员去遵守执行。这些规定既涉及入境检查，也涉及入境后的检查，既适用于英联邦公民，又适用于非英联邦国家的公民。这些规定是很全面的，不仅移民官员必须审查申请入境人是否符合这些规定，同样，移民上诉裁判所也要按这些规定行事。所以由法院来处理这些案件是不恰当的。只要说明一点就够了，我认为在提交到高等法院的很多案件中，移民官员的确在有效地、诚实地、公正地对待他们的工作。我从未听说他们有什么不公平的地方。

---

〔1〕（1977年）AC 359。

第三章 出境

引 言

法律现在已经不再限制那些为逃税或因其他原因离开英国的人了。昔时有一种令状,叫“禁止离国令”(ne exeat regnum),威廉·布莱克斯东爵士在《英国法释义》中谈到这种令状时说:

“确实,运用王室特权,国王可能发布‘禁止离国令’,禁止他的臣民不经允许就到外国去,为了维护公益,保卫英联邦,这也许是必要的。”〔1〕

坎贝尔勋爵在《大法官列传》中说道:

“当有人试图逃脱法庭的审判而使诚

〔1〕《英国法释义》第1卷,第137页。

实的债权人失望的时候,大法官有一种专门限制当事人一方离开王国的权力。这种权力是由国王颁布的"禁止离国令"——一种最高特权补救办法——派生出来的。由于它影响到个人自由,在发布这种命令时要特别谨慎小心,尤其是涉及外国人时更是如此。"

我必须说,在现代,我还从未听说过为某个案件发布过这一令状,因此我想这个令状现在已经被废弃了,尤其是现在因负债而入狱的法律已被废除,现在债权人可以通过玛利瓦禁制令的方式获得更好的补救,而这项禁制令不会侵犯人身自由。

不过法律也不能鼓励那些不正当地利用自己的自由到国外去的公民。

一、移居泽西岛[1]

众所周知,对于逃税人来说泽西岛是一处特别受欢迎的避难所。斯坦利·韦斯顿先生是一个典型的逃税人。他出生在俄国,18 岁的时候到了英国,在这里他发了财。他通过法律手续把公司的股份转托给他的几个孩子。在"关于韦斯顿的财产转托案"[2]中,我说:

"在办这笔财产转托手续时国家还没有征收资本所得税,但是在第二年,也就是 1965 年,国会按联合王国居民个人自然

〔1〕 海峡群岛中最大的岛屿之一。——译注

〔2〕 (1969 年)1 Ch 223 at 242。

增长的资本所得征收资本所得税,税率为百分之三十。这样一来如果受托人[1]和受益人[2]仍然留在英国,斯坦利·韦斯顿的股份价值又不断增加(就像过去那样),那么迟早要向他们征收很重的资本所得税。这当然是一种令人不愉快的前景。于是斯坦利·韦斯顿先生举家迁往海峡群岛[3],他们的信托财产也随他们转移到了那里。"

韦斯顿先生连同他的妻子和孩子都去了泽西岛,而且在那里安了家。三个月以后,他向衡平法法院提出申请,要求批准他们的信托财产向泽西岛的转移,据说这在经济上对他未成年的孩子和尚未出生的孩子会有很大好处。我们拒绝批准转移。我说:

"……在生活中有很多比钱更值得花费精力的事情,其中之一就是在我们英国土地上——她仍然是缺少幸福的国家所羡慕的目标——把孩子培育成人。仅仅为了逃税就背井离乡迁居别的地方,我认为这对孩子并没有什么好处。这和(巴克利法官处理的)希尔一家的孩子的情况大不相同。很多年以前,希尔一家移居到加拿大(不是为了逃税),在那里把孩子培育成人,成了加拿大人。这样把信托财产转移到加拿大,是很适当的。但是韦斯顿一家向法院提出此项计划时,他们在泽西岛上才住了三个月,其前因后果是不言而喻的:到那个地方去的主要目的是逃税。我认为这对孩子并不是一件好事。我想

[1] 在信托业务中,代人保留物业的人叫做受托人。

[2] 在信托业务中,接收物业利益的人叫做受益人。——译注

[3] 即诺曼底群岛,属英国。在英吉利海峡中,距法国海岸15到48公里。——译注

即使他们留在本国,上税以后仍然有一笔数量相当可观的财产可供自己享用。对于他们来说去泽西岛仅仅是能得到更多的财产罢了。孩子得到的财产越多,腐败堕落的可能性也就越大。逃税也许并不违法,然而总不是一种美德。如果这样做会危害孩子——不管是已经出生的,还是尚未出生的——真正的幸福的话,衡平法法院就未必会鼓励或支持这种做法,从而也就未必会同意这种做法了。

另外,我倒很想看看这些年轻人能在泽西岛住多久。目前在那里建立他们的永久之家可能符合他们的经济利益,不过一旦政府停止征税,资本所得保证归个人所有,他们还会留在那里吗?肯定会改变主意,回来享用其不用上税的资本所得。这样的前景不是才真正符合孩子们的经济利益吗?难道他们仅仅为了逃税就甘当流浪者,在世界各地东奔西窜吗?我想他们不会这样,因为孩子就像树木,根深才能叶茂。

正如法官所说,概括起来,这个家庭之所以迁到泽西岛去,就是为了逃税。他们在这里有一笔富足的财产,为了不交政府向留在英国的人所征收的赋税,为了不承担他们的义务,他们要迁到国外去,如此而已,岂有他哉。如果这的确是为了孩子们的利益,就让他们去吧!让他们带着自己的钱走吧!但如果这样做实际上对孩子不利,法庭就不应当鼓励这种做法,就不应当使这种计划得逞。法官拒绝了斯坦利·韦斯顿先生的申请,我完全同意法官的做法,因此我撤销了这个案件。”

我们恰巧在泽西岛参加法律协会的年会,我非常高兴不再去考虑那些逃税人的不幸了。

二、你就是沃勒斯坦纳博士吧?

下面我再谈谈经营着在国外避税地注过册的公司的那些人。首先要谈到一个曾和我们法庭打过交道的最难以捉摸的人物,这个人就是沃勒斯坦纳博士。有关他的案件叫作"沃勒斯坦纳诉莫伊尔案"[1]。沃勒斯坦纳是位科学家出身的金融家。他原籍德国,后来到了英国,一直干得不错,在伦敦中心商业区有一间办公室,在西区还有一所住宅。他控制着在英国国外的很多公司,其中有些在列支敦士登注了册。列支敦士登是欧洲的一个小国,位于瑞士和奥地利之间,人口总数不过两万。他的公司在列支敦士登从未进行任何商业活动。他在其他地方的那些公司中有一个极赚钱的,是在巴哈马注的册,另一个是在尼日利亚注的册,还有在其他国家注的册。他声称他的买卖都是由那些公司做的,与他无关,借以推卸责任。我们是这样处理此案的:

"显然,沃勒斯坦纳博士托别人经营着很多实际上是属于他的公司,托拉斯或其他法人实体。就像任何一个独营公司,都在一个拥有它的全部股份的人(这个人既是董事又是经理)的控制之下一样,它们实际上完全控制在沃勒斯坦纳博士的手中。他代表它们在便笺上签订过无数个合同,而没有和任何人商量……

---

[1] (1974 年)1 WLR 991。

作为协助法庭解释法律问题的友人，布朗—威金森(Browne-Wilkinscm)先生提出，沃勒斯坦纳博士表面上把所有的公司都托别人经营，以便每个公司都可以让人作为他的替身来对待。实际上，每一个公司都是挂着别人牌号的沃勒斯坦纳博士的公司。

为沃勒斯坦纳博士辩护的安东尼·林肯(Anthony Lincoln)先生拒绝接受这种意见。他说，戳穿法人面纱的做法是十分荒谬的，在'萨洛蒙诉萨洛蒙兄弟有限公司案'[1]中所宣布的原则是不可侵犯的。他认为，如果我们把每一个这样的公司都当成顶着别人名字的沃勒斯坦纳博士本人加以对待，我们就不应该揭开法人面纱的一角，而应该把它送到火里烧掉。

有人说，那些受英国公司法或拿骚[2]及尼日利亚的相应的法律管辖的公司是独特的法人实体。我准备接受这种说法。但是这种说法不适用于在列支敦士登的公司，[3]比如，像罗思柴尔德公司、塞尔巴公司或斯特瓦公司，因为列支敦士登法律不能作为我们行事的依据。我假设它们跟英国有限公司一样也是一些独特的法人实体。即使如此，我也很清楚，它们仅仅是沃勒斯坦纳博士的傀儡。沃勒斯坦纳控制着它们的每一个行动，每个公司都按他的意志行事，他操纵着它们，而其他人却不能左右它们。换句法律的语言说，这些法人实体是按他的命令行事的代理人，他是它们背后的主人。我认为，法庭应该把

[1] (1897年)AC 22。

[2] 西印度群岛最北部巴哈马联邦的首都。——译注

[3] 这是因为巴哈马群岛在当时是英国的自治领地，尼日利亚是英联邦成员国，而列支敦士登不属于此类国家。——译注

法人的面纱丢在一边，而把这些公司当成他本人对待。因为对于这些公司的行为他应该负责而且也一直在负着责任。要不至少他有责任说明是哪个人对这些公司的事务有发言权，可他从来没有说明过……”

三、一个巨大的承包集团

最近有一家巨大的船舶公司没有如期偿还债务，可是它在伦敦的一家银行里有存款。债权人求助于玛利瓦禁制令，要求制止这家公司转让它在伦敦的这笔钱。这家船舶公司声称它拥有大笔财产，不应该受玛利瓦禁制令的约束。可是人们发现这是一家在巴拿马注册的公司，它在巴拿马不经营任何企业，它的买卖完全是“近海交易”。根据这些理由，我们坚持发布了玛利瓦禁令。这个案件叫“第三钱德里斯公司诉尤尼玛利恩案”。[1] 在处理这个案件时我说：

“……在本法院中，我们经常可以碰到在外国注册的公司。在那些国家里公司法很不明确，以致我们对它们一无所知。在那些国家里注册的公司没有买卖，没有职员，也没有财产。谁也搞不清谁是股东，谁是监察，有多少资产，有多少债务。对它的判决无法实施，也无互惠措施。对于这种公司，除了凭空抓住一个名称以外，别的什么也不知道，就像柴郡猫[2]一样令人

〔1〕 (1979 年)3 WLR 122 at 138。

〔2〕 这是英语中的一个比喻，比喻总是露出牙齿傻里傻气地笑的人。——译注

难以捉摸。在这类案件中,正是那些公司的此种状况,使人们有理由相信存在一种危险,即如果作出什么判决或裁决的话,就会导致它们的不满……”

第六篇

涉足家庭法

第一章　我是怎样干这一行的

一、我当了离婚法官

在当法官以前，我从未参与过一件离婚案。这倒不是由于我有什么宗教上的妨碍，我不是天主教徒。但是处理离婚问题过去总被认为是不伦不类的、不愉快的事。最好的新晋律师都不去碰它。我们事务所没有一个人管过这类事。如果报酬优厚，为上流社会所欢迎的王室法律顾问时常会去光顾，但我们不去。

然而，就在任命我为法官时，我被分派到了离婚法庭。这件事发生得有点怪。那是1944年3月6日，也就是D日[1]的前三

[1]　指1944年6月6日盟军在法国诺曼底登陆的那一天。——译注

个月,当时我被聘为上议院法律顾问。那天上议院议员们没有在他们自己的议事厅里,而是在议事厅附近的一间大厅里,那个厅在皇家画廊的尽头,是国王(现在是女王)的罗宾厅。下议院的议事厅被敌人摧毁了,因此下议院议员占用了上议院的议事厅。上议院议员只是每天上午履行司法职责。那天由大法官西蒙子爵(Viscount Simon)主持审判,审理的是"雷维尔诉万全保险有限公司案"[1]——后来作为判例记录下来。这个案件完全是关于战争损失赔偿问题的。我是万全保险公司的法律委托人,这个公司当时很受人尊敬。我的对手是莫斯·特纳-萨米尔斯(Moss Turner-Samuels),是个很难对付的硬手。他摆出种种理由和我辩论,那些理由有站得住脚的,也有站不住脚的。而多数是站不住脚的。(如今他的儿子大卫是位王室法律顾问,提出的论据总能站得住脚。)辩论结束时,大法官把我叫到他的房里,对我说,他希望我能成为一个法官,如果我同意,希望我先接受离婚法庭的任命。这是由于战时夫妻分居使离婚案大量增加。我同意了。时至今日,任何一个大法官在要求我接受某项任命时,我从未拒绝过(除了1968年加德纳勋爵要我回上议院的那一次)。在1944年的那种状况下,大法官告诉我,尽管我们经手的那个案件尚未结束,他也希望立即宣布这项任命。于是,1944年3月7日,在那个案件还在审理的时候,我就被任命为法官了。我成了150年来最年轻的法官(霍德森勋爵除外)。当时我才45岁,是个鳏夫,我的妻子才去世两年多。在我宣誓就职时,我的小儿子跟着我,他那时5岁,西蒙子爵把国玺指给他看,问他:"你知道是哪个国王把它扔进了

〔1〕(1944年)AC 135。

泰晤士河吗?”当时连我自己也回答不出来。到现在我才知道是詹姆士二世。他认为国玺是一切法律权威的根据,当他乘一条小船横渡泰晤士河时,他把国玺扔进了河流中间;几个月以后,一只渔网偶然把它捞了上来。[1]

同一天,另外两个人也被任命为离婚法庭的法官。他们年龄都比我大。一位是休伯特·沃林顿(Hubert Wallington),他是位能干的普通法律师,但由于是罗马天主教徒,很不适合在离婚庭工作。他会使判决受信仰的影响。另一位是哈利·巴纳德(Harry Barnard),在处理离婚问题上他是一位有声望的律师,也是一位地道的好法官。1959年,他刚好任满15年就退休了。最近20年他靠养老金生活,现年88岁。而我一直干到今天,因为我喜欢这项工作。

二、开庭审理离婚案

最初几个月,我在伦敦开庭。战争开始时,伦敦各法庭曾被安排撤到牛津,但我们从未离开过滨河马路。我和上诉法院院长格林勋爵一同在地下室里处理案件。我被任命为法官时,正是飞弹进攻时期。有一次午饭后在地下室里,轮到两个证人起立作证——他们的脸被弹片划破。一天早上,我到法院工作室时,发现窗户被炸,碎玻璃到处都是。我在卡克菲尔德后厅的家正好处在敌人轰炸机的飞行路线下。敌人向我们投了新式炸弹。一天下午,我们看到一枚飞弹第一次被火箭炮击落的

〔1〕 麦考利:《英国史》第9章。

精彩情景。当然,我们像往常一样继续工作。当时,阿特金勋爵正在对“利弗西奇诉安德森案”[1]发表看法:

> “在这个国家中,即使飞机轰鸣,短兵相接,法律也并未沉默;它可能会变化,但它的原则却不因战时或平时而有所不同。”

我不喜欢处理离婚问题。这种事极其污秽,每一件都靠婚姻犯罪来证明——通奸、虐待或遗弃。每天不得不和这些令人厌恶的细节打交道。在没有证据的案件中,女仆就要出来作证:当她送早茶的时候,那一对正睡在床上。律师出示丈夫的照片问:“是这个男人吗?”“是的,先生。”又拿出妻子的照片问:“是这个女人吗?”“不是,先生。”在一个有争议的案件中,丈夫说他在坐抽水马桶时染上了性病。我不相信。在另一案件中,妻子否认床单上有污迹,我也不相信。当贵族家庭牵涉进这种案件时,就显得更加肮脏了。帕特里克·哈斯丁爵士在一边,他盘问别人一向最不留情;吉尔伯特·贝弗斯在另一边——用谨慎的措辞和脸上怪模怪样的抽动强使别人相信他的话。

三、到王座法院

谢天谢地,我只在离婚法庭干了 18 个月。大选以后,1945 年 8 月 2 日,乔伊特勋爵(Lord Jowitt)当上了大法官。过去在

---

[1] (1942 年)AC 206 at 244。

法庭处理大案时,我常常是他的助手。例如在“贝雷斯福德诉皇家保险公司案”[1]中就是这样。乔伊特大法官认为我在离婚法庭工作不太适当。在他上任后做的第一批事中就有一件是把我调到王座分院。那天是1945年10月24日。我立即到中巡回区就任,就在我母亲的出生地贝尔门所在的林肯郡,我的外祖父1854年至1856年在克里米亚战争期间服过役,过去在巡回法官到林肯郡开庭大审时,他总是担任吹号的司仪。如果他知道我到那里任法官,他会多么自豪啊!

这样,我就结束了离婚法官的使命。在整整一年中,我没收藏过一份判决书。对一个新法官来说,这是个有益的教训。我把全部时间用来学习,我在体验种种事情。有时我的判决也被推翻,1944年12月13日我对一件纵容案的即席判决就被上诉法院在“丘奇曼诉丘奇曼案”[2]中推翻了。但是,当我获得自信心时,我开始把我的原理形成文字。我收藏下来的第一份判决书碰巧是关于结婚住宅问题的。那是1945年3月28日判的,记录在“史密斯诉史密斯案”[3]中。不久以后,我不得不考虑推断与责任这个总是反复出现在我脑际的题目。那是1945年7月6日的事,记录在“伊曼纽尔诉伊曼纽尔案”[4]中。后来我就这个题目给《法律季评》写了一篇文章。精明的编辑阿瑟·古德哈特(Arthur Goodhart)决定采用它,但是告诉我应该援引更多的权威人士来支持我的原理。因此,我加上了最后一段。这篇文章发表在1945年10月出版的《法律季评》上,那一

[1] (1938年)AC 586。

[2] (1945年)P44。

[3] (1945年)61 TLR 331。

[4] (1946年)P115。

段我是这样写的：

“读者将会注意到本文的说明全部取自常见的案例，但其中许多我未作注释。这是因为，我在这里所关心的不是法律的特殊部分，而是一套新的贯穿于全部法律中的独特的原则，我试图以这些新的原则改变旧的原则造成的混乱状况。”

四、在巡回区

调到王座法院以后不久，我又结婚了。那是在1945年12月，是寡妇和鳏夫的结合。我们两家合在一起了。当时，我运用了经常给予一个新任法官的特权，选择了自己要去的巡回区——西区。我的妻子开着她的旧汽车DGP 745[1]（我们叫它“野狗”），带着我7岁的儿子和她与前夫所生的17岁的女儿，我自己从不开车。我总是说：“如果有谁因驾驶不慎犯罪，绝不会是我这个法官。”环绕西巡回区的每条路上都有一些美丽的地方——索尔兹伯里、多尔切斯特、韦尔斯、博德明，直到埃克塞特这个“永远忠实的城市”。在那里的第一个晚上，兵站的海军上校来到我们的临时住处，问了一个传统的问题。这个问题可以追溯到军队还是惹人讨厌的那个时代。他说：“阁下，我来问问是否可以允许士兵离开兵营？”我也照传统的方式回答了他：“军人都忠诚吗？”他如实回答了，但没有用传统的语言：“是的，他们三个人都忠诚。”于是乎军营便空了。

〔1〕 英国制造的一种老式汽车。——译注

五、任离婚委员会主席

我曾盼望到布里斯托尔和温彻斯特去看看。我母亲那时还健在。但是大法官乔伊特勋爵把我从埃克塞特召回伦敦，让我主持一个关于离婚法施行问题的委员会，特别是提出一些方法，以便消除现行离婚诉讼程序中的延误。这是个很得力的委员会，其中有特伦斯·多诺万（Terence Donavan）（后来成了多诺万勋爵）、埃德温·赫伯特爵士（Sir Edwin Hefbert）（后来是坦雷勋爵〈Lord Tanglay〉）、约翰·福斯特（John Foster）（后来成了约翰·福斯特爵士），后者负责听取证词同时兼任记录，还有汤姆·斯克姆（Tom Skyrme）（后来成了托玛斯·斯克姆爵士），他是秘书，极为精干。我们没有时间离开法院。我们在上议院的一间委员会的办公室里从下午四点半工作到七点。我们干得很快，别的委员会没有干得这么快这么好的。我们是在1946年6月26日被任命的，到7月底，我们提出了一份中期报告，[1]建议非最后判决和最后判决中间这段时间应该从六个月减少到六个星期。这个建议立即被实行了。1946年11月，在第二份中期报告[2]中，我们又建议离婚案不应再由高等法院法官专门审理，郡法院法官作为委员会成员也应该审理离婚案。这个建议也被立即实行了。在1947年2月的终期报告[3]

〔1〕关于婚姻诉讼程序委员会。

〔2〕Cmnd. 6945。

〔3〕Cmnd. 7024。

里,我们提议设一个结婚福利服务处,为准备结婚和解决婚后困难提供帮助和指导。并进一步指出,服务处的福利官员应指派法官兼任,特别是要对孩子提供帮助。我们所有的建议都被采纳和实施了。这对任何委员会来说都是不寻常的。委员会解散前夕,我们举行了一个宴会,大法官也出席了。他们把我们的那些报告汇编成一本皮面精装的书,赠送给我。书的封皮上写着:

对丹宁法官先生所完成的伟大工程致以衷心的谢忱

乔伊特大法官

1947 年 4 月 23 日

但是有一个人不同意这本“报告”中提出的那些建议,而他又是最关心所有这些问题的人。他就是离婚法庭的院长梅里曼勋爵(Lord Merriman),因为大部分建议的执行任务将落在他的身上。他来到委员会并提出证明,但那是在我们还没有走得很远的早期阶段,并且很抱歉地说,我们不能接受他对那些最重要的建议所持的看法,特别是关于福利官员应该附属于法院的那个建议。我们没有再去见他,这当然是我们的过错。对此他耿耿于怀,绝不会原谅我,后来当我为另一件事去他房里的时候,他对我说:“你这个恶棍,你怎么早不揍我一顿。”在我一生中,从来没有人这样对待过我。他有很多长处,不过当他在什么事情上心烦意乱时,他会在法庭上十分粗暴地对待律师,就像他对待我那样。他这种脾气使不少人对他望而却步。

六、现在情况变了

现在情况发生了很大的变化。我在离婚法庭的那些日子里,什么事都集中在婚姻犯罪问题上。对通奸、遗弃,纵容、串骗发展了大量复杂的法律。为了查出谁应对婚姻的破裂负责,审案耗资巨大,旷日持久。因为那么多事情要依此而定。双方可能都想离婚,但他们总会争执到最后宣判时才肯罢休,这是十分痛苦的。因为对孩子的监护,孩子对父母的看望以及丈夫对妻子的抚养等问题,都有赖于判决结果。所有这些现在都发生了变化。法院现在不再去调查双方是谁应该负责任,只要夫妻关系已经无可挽回的破裂,就可以根据要求判予离婚;甚至不需要去法院,只要把誓书寄到法院就可以结案。对离婚的请求现在很少有争议。离婚本身完全不需要辩护,争论是以后在法官内庭中进行的。在那里,双方争论财产权利和子女监护问题,只是对这些问题法律才直接过问。但是,在研究这些问题以前,我想更多地讲述一些关于妇女逐步达到与男子平等的历史。

第二章　妇女解放史话

在离婚委员会的那些报告提出来以后，我被聘请担任了国家婚姻指导委员会主席。这个委员会以婚姻调解和婚姻教育的形式做了大量工作。对此，我在1950年曾发表过一个演说，大致勾画了过去并展望了未来。

一、差别

无论人们怎样争辩，总是无法改变妇女和男子存在差别的这个事实。妇女在生活中的主要任务是生育和教养子女，并且这项任务占了她们一生中最美好的时光。男人培养孩子的任务无疑和女人一样重要,但是他毕竟不能在那上边花那么多时间。从体质上讲,男人较强而女人较弱;从气质上讲,男人较主动而女人较被动。正是他采取了主动,她才有被动的反应。这些机制上和气质上的不同导致了不容忽视的见地上的差别,但是这些差别没有一条可以作为妇女屈从于男子的理由。妇女的感觉和男人一样敏锐,思维和男人一样清晰。她们在自己所擅长的领域内工作和男人在自己擅长的领域内工作的价值是同样的。她们有和男人一样的权利去争取自由和充分发展自己的个性。女子结婚时,她不是成了丈夫的仆人,而是丈夫的平等配偶。如果丈夫的工作在社会生活中更加重要,那么她的工作在家庭生活中也就更加重要,谁也离开不了对方,任何一方都不应该在另一方之上,他们是平等的。

几乎没有一个法官会对妇女有权要求平等提出疑问,但男女平等只是到了最近几年才实现,它是我们这个时代最重要的一次革命,这场革命的实现说明了我们的文明具有较大的潜力。

二、过去

仅在一百多年以前,妇女对平等的正当要求才被承认。以前,人们一直把妇女摆在一个次于男人的地位上。人们几乎不考虑,也很少花钱让妇女受教育。她们活动的场所只是在家里,因此也没有必要进行专业训练。她们结婚后就成了丈夫的附属品。她们不能有任何东西,甚至没有丈夫的认可,她们也不能作出任何决定。她们必须做丈夫让她们做的事。所有这些都被认为是天经地义的。妇女自己也接受了这种观点,因为她们受的教育使她们相信了这一点。她们——或者更确切地说是她们中的某些人——得到的唯一补偿就是能指望某些时期和某些阶级的男人以礼貌和温和对待她们,但这种礼貌的表示只是为了强调男人的高贵和女人的低贱,是为了向她们表示,女人是仰赖于男人的宽厚和豪迈的,而男人又都是宽仁和豪爽的。

某些哲学家过去倡导过男女平等,但他们往往是一些不切实际的空谈家。大约2400年以前(公元前400年左右),不是别人,正是柏拉图[1]第一个发表了独到的见解,主张男女应该平等。这是一种难能可贵的事。因为,那时雅典的妇女处于同她们的丈夫不平等的地位;妇女在家庭中得不到款待,也不是主人,而只不过是男人的管家婆和孩子的母寒罢了。在雅典,每个妇女总是在某一个男人的监护之下。妻子和女儿被置于深闺内室,不能抛头露面。尽管当时的风俗允许她们在女奴的陪伴下出去散散步,但她们不能停下来同男人谈话,也不能和男客们一起用餐。[2] 简而言之,隐身回避是她们的义务。柏拉图在妇女问题上向世界提出的观念是与当时的习惯截然不同的。他认为,女子应该是男人的伴侣,应该与男人一起分担战争的艰难辛苦和行政管理的烦恼。妇女应受和男子一样的教育,甚至妇女也应该像雅典的男人一样脱去衣裳进行体育锻炼。他说:“让我们监护人的妻子们脱去衣裳吧,尽管她们的罩

[1] 柏拉图(Plato 公元前428~公元前348),古希腊著名的哲学家。——译注

[2] 罗宾逊《希腊史》,第368页。

裙可能是她们贞洁的象征。让她们也来分担战争和保卫祖国的艰辛；只是在劳动中，才应该把较轻的工作分配给妇女，因为她们秉赋孱弱；而在其他方面，她们却应承担同样的职责。”〔1〕

在我国，直到约翰·斯图亚特·穆勒〔2〕的时代，还没有一个哲学家能以如此富有启发性的方式提倡妇女的平等权利。穆勒在1869年写了著名的论文《论妇女的顺从》，那是一篇措辞激烈、学识渊博的平等请愿书。

三、教会的态度

在旧时代，基督教会对社会生活有很大影响。它总是强调妇女要服从她的丈夫。圣·保罗说：“你们做妻子的，当**顺从**自己的丈夫……因为丈夫是妻子的头……妻子也要……凡事顺服丈夫。”〔3〕圣·保罗又说：“你们做妻子的，要顺服自己的丈夫。”〔4〕密尔顿〔5〕为了表述上述准则，他在一本书中说夏娃对亚当说了下面一段话，这段话一直流传到今天：

我的创作者和安排者啊，
你所吩咐的，我都依从，从不争辩，

〔1〕 柏拉图《理想国》第457卷（乔伊特英译本）。

〔2〕 约翰·斯图亚特·穆勒（John Staurt Mill，1806～1873），英国著名的政治家、哲学家、逻辑学家和经济学家。——译注

〔3〕《以弗所书》第5章第22—24节。

〔4〕《彼得前书》第3章第1节。

〔5〕 约翰·密尔顿（John Milton，1608～1674），英国诗人。以下引文见密尔顿：《失乐园》（朱维之译）上海译文出版社1984年版，第156页。——译注

这是神定的。神是你的法律,
你是我的法律;此外不识不知,
这才是最幸福的知识,女人的美誉。

这段格言在结婚仪式上找到了它的用场。在具有法律效力的祈祷书中,新娘答应顺从她的丈夫。基督教的教规把这段格言变成了法律义务。我们最伟大的基督教会法官斯托厄尔勋爵(Lord Stowell)〔1〕说:“丈夫受托对他的妻子行使权力,这是教会的法律,也是国家的法律……顺从是妻子的职责。”一些著名哲学家用大量似是而非的理论支持这条宗教准则。托马斯·布朗爵士在他的《人类精神哲学讲演录》中写道:“为了共同的和平,一个人的意志服从他人的意志显然是必要的……因此,为了和平的目的,必须把决定权理解为归属于某一方,而这一方应该是男人。”〔2〕

基督教会对离婚是十分严格的。它坚决反对任何允许再婚的离婚。《圣经》中的有关章节本身可以作两种解释。《马太福音》第5章第32节中有一句话对于因通奸而离婚,似乎是允许的,不过,对此一直有很多学者提出不同意见。有些学者认为这句圣言“若不是为淫乱的缘故”,是后来犹太律师加进去的一个注释。但是基督教的教义是明确的,不准离婚——无论是出于什么原因,即使案情十分严重以致一方在另一方活着的时候非再婚不可,也是一律不能许可的。为上述观点作论证的

〔1〕 即威廉·斯考特(William Scott,1745~1836),英国法理学家,曾任宗教法庭和高等海事法庭的法官。——译注

〔2〕 托马斯·布朗(Thomas Brown, 1778~1820),英国医生、哲学家和诗人。引文见他的《人类精神哲学讲演录》(《Lectures on the Philosoplay of the Human Mind》)第88讲。——译注

理由是：只是在特殊情况下，家庭的稳定才能依靠对个人的严刑来保证；而在一般情况下，只有保证家庭和社会的和谐不受侵犯才是唯一可靠的办法。

四、对法律的影响

基督教会就这个问题规定了一些原则，这些原则对我们的看法和有关法律的形成产生过重大的影响。教会的戒律以教会法规的形式体现，并且由此转变成为习惯法。它严格地实行妻子在法律上对丈夫必须完全服从的原则。

我给你们举一个简单的例子来说明基督教戒律对法律的影响。你们一定记得，在《马太福音》中有这么一句话，“人要离开父母，与妻子连合，二人成为一体”。[1] 这句话经解释成为如下的原则：“在法律上由于结婚，丈夫和妻子合而成为一人”，而此人即是丈夫。这条原则曾经对我们的法律产生过巨大的影响。威廉·布莱克斯通爵士宣称：“夫妻双方靠结婚所获得的一切法律上的权利、义务和无资格[2]都有赖于夫妻是人身结合这一原则。”[3]他是这样解释这一原则的适用范围的：“妇女在法律上的存在于结婚以后便中止了，或者至少可以说，已被合并和统一到丈夫的存在之中了。她做的每件事都要

〔1〕《马太福音》第19章第5节。

〔2〕无资格（disabilities），即不能从事法律所允许的任何事物。中世纪欧洲各国的很多受歧视、受压迫的民族和所谓贱民阶层或妇女被宣布为“无资格”，从而不能像一般臣民那样享有法律权利。——译注

〔3〕布莱克斯通：《英国法释义》第1卷，第422页。

受到丈夫的庇护、保护或者掩护。”

法律没有注意到相反的格言——丈夫应该爱恋和爱护他的妻子。这个宽宏大量的保护者也有权以一个暴君的面目出现。法律赋予每个丈夫权力,使他能够支配妻子。过去的书中说,丈夫可以强迫妻子履行义务,可以打她,但不得采用暴力和残忍的方式。一般男子把这点理解为:他可以用比他的拇指细的棍子打她。到了18世纪末,也就是布莱克斯通写书的那个时期,这种权力开始在较高的社会阶层内受到怀疑,但是,布莱克斯通在书中添上了下面的话:“较低阶层的人民,通常喜欢古老的习惯法,他们仍然要求并正在行使他们先辈的特权;并且,如果出现任何严重的不端行为,法律法院会允许丈夫限制妻子的自由。”[1]迟至1840年,还存在这种情况:当一个妻子威胁说要离开她丈夫时,法律认为丈夫有权把她当作一个囚犯关在房子里并且可以使用暴力。直到1891年,法院才给了妇女自由进出的权利。这一权利是在一个著名的案件中确定的。在那个案件中,丈夫认为自己的做法符合法律。他的妻子离开他以后,他从法院那里取得让她回家的命令,但她不服从。她的丈夫就在一个礼拜日的早晨在教堂外面等着绑架她,因为她总要到那里做礼拜。他和同他一起去的一个律师的文书动手把她捆在一辆准备好的马车上,在她挣扎的时候,他们把车赶走了。到家以后,他们强迫她留在家里。但是她的一个亲戚就在窗帘快拉上的时候,看见了她,于是就根据人身保护状提出诉讼。法院命令将她释放。从那天起,丈夫无权剥夺他妻子的自由才成了一项无可置疑的法律。

---

〔1〕 布莱克斯通:《英国法释义》第1卷,第445页。

上面,我讲的是妻子的人身地位问题,下面我要讲讲她的财产所有权问题。我们知道,在结婚仪式中,是男子向女子保证"我把全部财产都赠给你"。但法律做的是正相反的事。结婚以后,女方的全部不动产、动产和所有的观念,除了随身衣物用具之外,都立即自动地归男方所有了。如果她的父母或朋友送给她结婚礼物,比如一张书桌或一对蜡烛台,也就属于丈夫了。如果在结婚以后,她出去工作,她所挣到的全部收入自然也属于她的丈夫。请想一想,这给了丈夫多大的权力啊,她又怎么能不依靠她的丈夫呢?每当她想用钱,即使是她自己的钱或她自己挣来的钱买什么东西时,她不得不屈膝走到她丈夫那里,向他讨取。如果她要离开他,即使出于很正当的原因,她也无权得到任何生活费用,甚至无权取出自己的存款。普通法给予她的唯一救济办法就是为购买生活必需品她可以得到丈夫的贷款。但即使在这种情况下,她也必须找到某个愿意支持她的经纪人——而没有人会愿意这么做。大多数经纪人,无论怎样渴望做生意,也都希望得到可靠的支付。他们不希望卷入一场关于妻子是否有权抵押她丈夫的贷款的法律诉讼案中。如果经纪人不愿意接受她的丈夫的贷款,妻子自己的保证是没有用的。她没有权力就自己的利益签订合同,因为她和她丈夫是一个人,离开他,她就不能做任何事,况且,她也没有财产或观念来履行她可能签订的任何合同。总之,离开丈夫,她必将陷于绝境之中。

五、国会改变了一切

然而,从1870年开始,由于国会通过了一系列法律,妻子对财产的所有无能为力的情况已经被彻底扫除了。现在,一个已婚妇女对她自己的或自己挣得的财产已经有了所有权,正像她的丈夫对他的财产拥有所有权一样。她的股票和她在家产中所占的份额在结婚以后仍然是她自己的,她的结婚礼物也归自己所有。她完全可以像任何男人一样处理自己的全部财产,不会再限制她占有资本。她可以根据自己的利益签订合同,并可以以独立的身份就合同起诉和被诉。她不再依赖她的丈夫。妇女可以,并已经出来参加工作,自己谋生。现在,她有了完全平等的权利。

六、现在的状况

我们已经看到,最近90年在平等权利方面取得的进步比以往一千年取得的进步还要大。今天,妇女已经成了男人的同伴。战时,她们分担了作战的艰辛劳苦,她们制造军需品,驾驶军用卡车,进行密码通讯,参与制订飞行计划,有时还被派到敌后进行情报活动;和平时期,她们同男人肩并肩地做她们力所能及的一切工作,她们在工厂里劳动,在街上当警察巡视,参加行政管理,也在国会中任职。如今,我们的首相就是一位妇女。有的妇女还成了王国政府的大臣和城市的市长。她们以和男人一样的方式受到教育。女孩子去男孩子的学校上学,男孩子则去女孩子的学校上学。牛津和剑桥的大多数学院既接纳男生也接纳女生。她们成了医生、律师、作家、公司经理等。她们成了王室法律顾问和法官。柏拉图的理想实际上已经实现了。

我想就用以下这个思想作个结论:妇女们已经获得了自由,同时也承担了与其对等的义务。如果她们履行了自己的义务,她们的平等权利就不仅仅是一种绝对正义的事情,而且还是一件能为人类带来巨大利益的事情。在她们的所有义务中,首要的是在国家中保持和睦健康的家庭生活。对这个重要的义务来说,所有其他利益都是从属的。正是在这一点上,我与柏拉图完全不同。他要把妇女的平等权利扩大到消灭一夫一妻制婚姻的程度,主张男人和女人应当彼此互相任意结合,而把孩子留给国家抚养。如果平等将导致这样一种结果,那就会是我们建立在健全家庭生活之上的文明的终结。美满的家族生活的唯一基础就是基督教婚姻——一个男人和一个女人的人身结合,只要两个人都活着,不管怎么样,双方都排斥其他任何人。

第七篇

被遗弃的妻子的衡平法

导言

在讲了前面那些简单的历史之后，下面我要讲讲法律是怎样与生活的历史协调一致地发展过来的；特别是为了适应新的形势，法官怎样发展出了新的判案原则。法官对法律的发展是说明现代司法在法律改革中的作用的最好的例子。我要讲的第一件事，也是最有争议的事，就是创造出被遗弃的妻子的衡平法。

我承认正是我做了这件事。它得到了我在上诉法院同事们的有力支持达 12 年，但是它也遭到了一些评论家的嘲笑和上议院一定时间内的蔑视。甚至到现在，还有人把它作为说明如何不需要进行法律改革的一个例子。不过我敢说，没有我们的努力，被遗弃的妻子要想获得保护恐怕非得再等40多年不可。直到1978年,法律委员会才写出了关于结婚住宅问题的报告《共同所有权与占有权利》,但是为了实行它,得有一个法案提交国会,看国会怎么办吧。

第一章　援引 1882 年法第 17 款

一、在法官内庭审理的一个案件

在塞万提斯的讽刺小说《唐·吉诃德》中，你可以看到那个游侠骑士，他漫游世界，寻找机会援救处于危难中的年轻妇女。所以，也会有人因为我尊重被遗弃的妻子而开我的玩笑，说我像唐·吉诃德“对每一种损害行为进行报复，把自己置于重要场合和危险中，一旦侥幸成功，就会永享盛名。”〔1〕

---

〔1〕 塞万提斯（Cervantes，1547～1616），西班牙小说家、诗人和剧作家，一生中著有很多作品，其中最著名的是讽刺小说《唐·吉诃德》。引文见 1612 年斯克尔顿（Skelton）英译本。——译注

这都开始于1947年11月，当时我任王座法院法官，在法官内庭审案。“法官内庭”是我们对一套房间的习惯叫法。按照《简明牛津词典》的解释，它是“法官处理次要事务的房间”。我在那里工作的时候，只有一个法官每星期二和星期五到那里去两天，现在则有两个或三个法官每星期有五天到那里去。有关起诉状、答辩状、临时命令等种种“次要事务”都在那里处理。一般老百姓是不允许进去的，不过这并不重要。

二、一桩小事

下面是一桩关于一所房子的所有权的“小事”。这所房子属于一个丈夫，契约上写的是他的名字，是他在发生纠纷的15年前买下来的。他和他的妻子还有一个伤残的儿子一起住在里面。但是战争期间，丈夫离开了妻子，和另一个女人同居了。他又买了另一所房子并与那个女人一起住了下来。妻子得到要求丈夫赡养妻子的判令，判令除了确认妻子和伤残的儿子可以继续居住结婚住宅外，还命令丈夫付给妻子一笔适量的赡养费。但是，丈夫想让妻子和他离婚。她拒绝了。他说：“如果你给我自由，我就给你那所房子”。她仍然拒绝离婚。于是他去法院起诉，要她搬出那所房子，他认为这样或许能使她改变主意。

这个案子告到王座法院主事官那里。这位主事官是位处理所谓“小事”的低级法官，但“这些小事”对当事人来说常常是非常重要的大事。在这种情况下，那位主事官感到无法答应丈夫的要求。房子属于丈夫，他有房契；妻子对房子没有拥有的权利，但她又不是房客或类似房客的什么人。于是主事官下了一道判令，判妻子对房子有占有权。

三、审理第一个遗弃妻子案

这个案件上诉到我这里。妻子请了一位对法律颇为精通的律师，迈克尔·斯特朗德斯（Michael Stranders）。他事先查阅了大量的案例。为丈夫辩护的律师虽然也不错，但对法律不很精通，他叫查尔斯·罗克福德（Charles Roehford）。他查阅的案例不多。我感到在这一点上有点不公正。当时，丈夫一方强烈要求给予法律援助，我觉得对此案进行判决是件大事，于是决定不在法官内庭审判——因为那里不能记录，我准备在公开法庭审判——那里可以把这个案件的判决作为判例记录下来。我一个判例也没有引证，只根据原则进行审理。刚巧记录下来的判例错过了定期出版的《法律报告》，于是只得刊登在《泰晤士法律报告》上，题目是"H 诉 H 案"。[1] 下面是我当时对判决所做的证明：

"这场争执是由丈夫引起的，因为他是这所房子的所有者，我必须对他的要求作出一个判决。为了维护妻子在这个问题上的权利，我在此案中是否有一种裁量权是可以讨论的。依我之见，按照习惯法，丈夫无权把他的妻子赶出那所房子。这所房子是他作为结婚住宅提供的。她行为正当，没有过失，他不

---

〔1〕 (1947 年)63 TLR 645 at 646。

能诉请将她逐出,也不能以非法侵占或以其他侵权罪名对她提出指控,除了《1882年已婚妇女财产法》第17款或许能允许他这样做以外,他在法律上无权向她要求占有权。但是照我看来,就是根据这条法律他也没有他现在所要求的这种权利。这一款是授权法官在接到告状人请求时可以下一道他认为适当的判令,其目的是在无数的和无限繁复的可能出现在夫妻之间的财产纠纷中,法官能有灵活的伸张正义的权力,尽管行使这种权力时必须公正,但这种裁量权是不受任何约束的。

……我运用此款授予我的裁量权作出判决:把被告和那个儿子赶出去是不公正的,因此本庭拒绝发出丈夫所要求的判令。允许上诉,但要付诉讼费。”

于是,我根据《1882年已婚妇女财产法》第17款的规定继续使用我的判案原则。这条规定授权高等法院的每一个法官可以在关于夫妻间所有权和占有权问题的任何案件中对财产争议作出“照他认为是适当的判令”。我强调“照他认为是适当的”这个定语。我认为这个定语给了法官“伸张正义的灵活性”。在以后的许多案件中,我力求贯彻的正是这项原则。这一点我在“海因诉海因案”[1]中讲得很明确:

“在我看来,法庭完全可以自己掌握对家庭财产的审判权。法庭的这种裁量权是超越一切权利的,无论是习惯法上的权利还是衡平法上的权利,这项裁量权能使法庭作出它认为是适当的判令。按我理解,这意味着这个法庭有权根据全部案情作出或许是公正的和正义的判令。”

---

〔1〕 (1962年)1 WLR 1124 at 1127。

四、我的原则被推翻了

但是很遗憾,由于上议院出面干涉,这项司法原则被禁止使用了。它一直使用了20多年,最后在“佩蒂特诉佩蒂特案”[1]中被取缔。上议院宣布那个第17款只是程序性的,它不影响双方的法律权利。他们说,在每个案件中,法庭必须查询各方的法律权利是什么并使这些权利得以实现——就此不能作出任何裁量。霍德森勋爵(Lord Hodson)引述了我的原则并谴责它说:

“用科克的话说,这是要用轻率易变的裁量之绳代替庄重正直的法律之权杖。”[2]

---

〔1〕 (1970年)AC 777。

〔2〕 爱德华·科克(Edward Coke, 1552~1634),英国著名的法理学家,曾任检察总长、王座法院首席法官等职。引文见《第一法理》,第41页。——译注

第二章　求助于衡平法

一、衡平法的救济

这样，我的原则就被推翻了。但是还有另外一种击败丈夫要求收回占有权的办法。这种办法是给予被遗弃的妻子一项允许她在结婚住宅里居住的权利。如果她用这项权利武装起来，她就能对丈夫说："虽然所有权在你的名下，但是我可以靠自己的权利住在这里。"她不仅可以对她的丈夫申明这一点，而且如果她的丈夫不经她同意卖掉了结婚住宅，她还可以对购买者申明这一点。不经妻子的同意卖掉房子，是一些丈夫试图把他们的妻子赶出去的一种办法。有个丈夫把房子卖给了他的情妇并把产权置于她的名下，于是这个情妇就向他的妻子要求占有权。但是,这个妻子能够这样说,也确实这样说了:“我有权住在这里,是衡平法给我的权利,是被遗弃的妻子的衡平法。”

二、一位年轻律师立功成名

在一起重大的案件中,我们制定了这项衡平法,或者更确切地说,我们认为我们制定了它。就像我们那么多的努力都被上议院否决了一样,它后来也遭到了上议院的否决,但它是值得我们记住的。这个案件是“本多尔诉麦克沃特案”。[1] 此案中,丈夫是他与他的妻子和孩子所居住的住房的完全所有者。丈夫抛弃了妻子,但在出走之前对妻子说:“这所房子和房子里的家具可以全部归你。”她得到法院命令丈夫赡养妻子的判令,判她可以继续住在那所房子里,另外丈夫每周还须付给她四镑十先令的生活费。后来丈夫破产了。破产受托人打算卖掉这所房子,好把得到的钱分给那几个债权人。但是为了卖到足够的价钱,他希望把房子腾空出卖。于是他要妻子腾房搬家。她拒绝了。破产受托人为房屋占有权对她进行了起诉。郡法院法官命令她搬出去。她向上诉法院提出上诉。她请米尔·亨特(Muir Hunter)先生做律师,当时他是律师界的一位年轻的新晋。亨特先生在此案中成名了。他过去专攻破产法,但在这个案件中——以及在后来的很多案件中——表明他还不仅是一个破产法方面的专家;到现在为止,他已在很多领域中都出了

[1] (1952年)2 QB 466。

名。正是由于他精通法律细节,才发现了约翰·波尔森的欺诈并定了他的罪。我们接受了被遗弃的妻子的上诉。我们认为她有权住在那所房子里,她丈夫的破产受托人不能把她赶出去。我是这样说的:

“关于这些论据的第一个问题是,这个妻子自己是否有权住在那所房子里。在70年以前还生效的旧习惯法中,除了她丈夫的那些权利,她什么权利也没有。在旧习惯法中,她只不过被当作她丈夫的一件家具罢了。丈夫不能以要求收回不动产或以非法侵占的罪名对她进行起诉,就如同他不能对一件家具进行起诉一样。他可以把他的家具捆起来扔到街上,他也可以对她这样做。法律不禁止他这样做。法律仅给妻子保证从丈夫那里获得购买生活必需品贷款的权利。如果她丈夫把她赶出去,她就不得不找其他地方寄宿,并向他举债支付房租,不过必须有人对他的贷款作保。在那种时代,她得不到命令她丈夫给她赡养费的判令,她不得不去找某个出于怜悯或慈悲而愿意收留她的人,或者愿意接受她丈夫贷款的人。因为她不能订立契约,所以不能为她自己的借款作保。即使丈夫不把她赶出去,但如果他因某种理由丧失了对房子的权利,她也必须离开:因为她自己没有住在那里的权利。因此,如果她丈夫破产了,他的破产受托人可以把她赶出去,正像他们可以把他的家具搬出去一样。

现在所有这些都已经改变了,妻子不再是丈夫的一件动产了。在她与丈夫的共同利害关系上,法律正在承认她是丈夫的配偶,因此丈夫不能再把她赶出结婚住宅。尽管房子的产权是在他的名下,但她有和他一样多的权利住在那里。这一点只是在最近十年才被确定下来。整个事情开始于1942年。当时上诉法院高等法官戈达德(Goddard)说,丈夫逐出其妻子的唯一办法是根据《1882年已婚妇女财产法》第17款提出申请(见'布拉姆韦尔诉布拉姆韦尔案'[1])。这一款在这类事上给了法院很宽的裁量权;因此,在1947年,当一个丈夫声称他有把妻子逐出家门的绝对权利时,上诉法院认为他没有这种权利,而且认为这是一种归法院'裁量'的事情(见'H诉H案'[2])。紧接着,上诉法院按同样的观点又判了一案(《斯图尔特诉斯图尔特案》[3]),并且现在这一条已经成了成文的法律规定,即一个被遗弃的妻子,针对她的丈夫来说,有权住在他们的结婚住宅中,直到根据第17款的规定作出一道不再允许她居住的判令为止。为了支持妻子的这项权利,威尔斯法官先生最近下了一道判令,允许一个妻子在丈夫为她找到可供选择的住处之前住在原来的房子里,并禁止那个丈夫不经过妻子的同意出卖房子。我们批准了这个判令。(见'李诉李案'[4])另外,现在法律还认为妻子的这项权利不仅对她丈夫有效,而且对房产主也有效。这样,如果一个丈夫是结婚住宅的法定承租人,而他抛弃了妻子并离开了结婚住宅,法律认为只要他妻子付房租并履行承租条件,房东就不能把她赶出去……

现在法院已使被遗弃的妻子的这项权利逐渐确立起来。这项权利的实质是什么呢?我认为它很类似保证妻子为生活必需品而得到她丈夫贷款的那项权利。按照旧习惯法,如果丈

---

〔1〕(1942年)1 KB 370 at 374。

〔2〕(1947年)63 TLR 645。

〔3〕(1948年)1 KB 507 at 513。

〔4〕(1952年)2 QB 489。

夫抛弃了他的妻子,或者因为他的行为不轨而与她分居,她便有一项不可取消的权利——得到她丈夫的贷款以保证生活必需品。在'曼比诉斯科特案'[1]的注解中引用了这一点:见'波尔顿诉普兰提斯案'。[2] 一个妻子的最显而易见的生活必需品之一就是——栖身之所。如果我们把这项旧的规定在现时情况下加以运用,似乎只能顺理成章地认为,当丈夫是结婚住宅的承租人时,被遗弃的妻子应该有一项不可取消的权利,即用丈夫的贷款继续租住那所房子;或者当丈夫是房子的所有者时,她也应该有一项不可取消的权利,即住在那里不走。像那项旧的权利一样,这项权利是根据普遍适用的法律推论[3]确定的……"

现在我们回过头来再看这个案件中的真正问题。这个问题就是,被遗弃的妻子的权利是否能使丈夫的财产所有权继承人受到法律上的约束,这里指的是那些从丈夫那里买房子的人或他的破产受托人。最后我是这样说的:

"……我本应认为法院要作一个决定是否可以占有的裁量判决,因为只有这种方法才可以使现在制定的那项妻子的权利得以实现。任何其他见解都会导致极大的不公正。它将意味着一个有罪的丈夫能把房子转到新的女主人的名下,然后让她从结婚住宅中逐出他那位无辜的合法妻子。没有任何一个文

〔1〕 1 Selw NP(第13版),233。

〔2〕 2《史密斯指导判例集》(第13版),456 at 469。

〔3〕 法律推定(Presumption of Law),是一项法律规则,通过它可以从已经发现的基本事实中产生推定事实。法律推定是指,一旦证明基本事实是正确的,而又没有其他证据推翻其正确性,那么任何人就不得怀疑由此而产生的推定事实。——译注

明社会能够容忍这种漠视合法夫妻关系的玩世不恭的态度。衡平法要求所有权继承者不应该在这个问题上比丈夫处于更好的地位。

整个案件的结论是:妻子居住结婚住宅的权利并不因丈夫破产而自动结束。破产受托人受衡平法制约,因此他受被遗弃的妻子的权利制约,因为她的权利是出自一项衡平法。受托人必须向法院请求占有权,而受理这种案件的法官将会考虑种种互相冲突的利益……

按照我的意见,这个上诉应该胜利,裁定妻子胜诉的判决应该记录下来。"

三、"纯正派"的抗议

这个判决在"纯正主义者"中,特别是在大法官法院我的同事中引起一阵强烈的抗议。最强有力的抗议来自一个最有能力的、精通法律的和最擅长表达的人,他就是我的朋友 R. E. 马格里(Magarry),当时他还是一位年轻的法官,但后来当了英国的副大法官。他在《法律季评》上发表了一篇文章(后来他成了这个刊物的编辑)登在 1952 年 7 月的那一期上。他在文章中说:

"英国法律近年来生出的一个最强壮的婴儿就是由司法裁决的被遗弃的妻子仍然有占有归她丈夫所有的结婚住宅的权利,尽管他的愿望是把她赶出去……

……这很可能是社会正义要求妻子对住宅的占有应以某

种特殊的方式加以保护;而现代对性别平等的看法可能要求这项权利不应只归女性独有。然而有人会满怀敬意地建议:决定一个如此复杂的问题的唯一令人满意的方式是立法而不是诉讼;他们建议,由于现行的婚姻法对被承认的财产权利还在起作用,所以对妻子的保护只应该通过修正婚姻法来提供,而不应由对新的所有权的司法创造物(实际上,在所有的事件中)来提供……很少有人会认为,关于这个新发现的妻子权利的法律现在处于令人满意的状况,实际上,某些人希望上议院会清除全部不确定的法律结构……至少可以指望这项权利最终会被认为,不论在名义上还是在实质上都不等于任何合法的或公正的房产权利,也不等于除丈夫以外不约束其他任何人。”

第三章　上议院胜利了

一、遗弃妻子案被提交上议院

那是 1952 年的事。一个案件花了 13 年的时间才确实到了上议院，当时上议院也确实做了马格里要求他们做的事。马格里接好了炸药的引爆电线，上议院按了起爆电钮。这把被遗弃妻子的衡平法上的权利炸得粉碎。我的判决也被推翻，因为我那时曾主持上诉法院的工作。这次爆炸是由“国民地方银行诉黑斯廷斯汽车销售有限公司案”[1]引起的。在那个案件里丈夫有一所住宅，他和妻子、孩子住在那里。他抛弃了妻子和另一个女人同居，然后施用

---

〔1〕（1964 年）Ch 665。

巧计,把自己的企业并入他自己的私人有限公司(黑斯廷斯汽车销售有限公司)。他把这所结婚住宅过户给这个新公司,然后,这个新公司为了业务上的目的从“国民地方银行”借钱;并且用结婚住宅对透支额作保。这个新公司没有还清透支款。银行就去找那个妻子,他们说他们要接收这所房子,要求妻子把房子腾空。妻子拒绝放弃占有权,她依据的是当时看来制定得很完善的“被遗弃妻子的衡平法”。在上诉法院,我们拒绝了银行的要求。我说:

“自战争以来,本院通过了很多判例,已确认被丈夫遗弃的妻子有继续占住结婚住宅的权利,直到法院命令她离开为止。这个过程不难考查。战前,法律确认,一个丈夫不能把他的妻子从归他所有并且他本人也住在那里的房子中赶出去,他不可以像对待陌生人一样对待她,无正当理由,不可将她拒于门外(见上诉法院高等法官阿特金(Atkin)判的‘希普曼诉希普曼案’〔1〕)。现在假设他抛弃了妻子离家出走,把妻子和孩子留在结婚住宅中,难道因为他抛弃了妻子就处于更有利的地位吗?就可以把妻子当陌生人对待吗?显然不可以。他不能乘机利用他的错误——他自己的背弃行为——作为驱逐妻子的理由。道理很简单:给妻子提供栖身之处是丈夫的责任;因此,由于提供结婚住宅给妻子住,他就在那里给了她一种权利。只要这房子仍是那所结婚住宅,这就是一种不能收回的权利。他当然不可以因自己的背弃行为收回这项权利。这正像过去被遗弃的妻子有一种为生活必需品可以保证从她丈夫那得到贷

〔1〕 (1924年)2 Ch 140 at 146,40 TLR 483,CA。

款的不可剥夺的权利一样。因此现在她就有一种继续住在结婚住宅中的不可剥夺的权利。只有法院的判令可以剥夺它(见‘杰斯·伍德科克父子有限公司诉霍布案’[1])。

……我们已经非常周密地确立了这项权利,它已不再成为一个问题了。它已受到皇家结婚和离婚委员会的称赞。他们说:‘我们认为向被遗弃的妻子提供这种保护,允许她保有一栖身之所从来都是正确的;它对于那些使其妻孥露宿街头,好让自己或和另一个女人一起回家居住的丈夫来说无疑是个打击。’

但现在的问题是,财产继承者在所有权方面的地位是什么?假设丈夫抛弃了妻子以后,未经妻子的同意卖掉了房子或瞒着她把房子抵押给了借贷人,购买者或接受抵押人能把妻子赶出去吗?法院已对这个问题给予了某种考虑。以第一个案子为例:丈夫破产了,于是房产成了他破产受托人的法定财产。那么受托人能够为了债权人的利益把妻子赶出去,把房子卖掉吗?本庭认为,受托人并不处于比丈夫更有利的地位,因此不能把妻子赶出去(见《本多尔诉麦克沃特案》[2])。再举一案为例:丈夫以约定价格把房子卖给了他的情妇,这个情妇可以把妻子赶出去吗?如果她可以,那一定会使人感到吃惊。林斯基(Lynskey)法官认为,情妇不能赶走妻子(见《斯特里特诉德纳姆案》[3]、《丘彻尔诉斯特里特案》[4])。再举另一个案件为例:丈夫把房子转让给了购买者,用的是没有作价的让渡契约,

[1] (1955年)1 All ER 445,(1955年)1 WLR152,CA。
[2] (1952年)2 QB 466,(1952年)1 All ER 1307,(1952年)1 TLR1332。
[3] (1954年)1 All ER 532,(1954年)1 WLR 624。
[4] (1959年)Ch 251,(1959年)1 All ER 23,(1959年)2 WLR 66。

但目的是让买主为占有权去控告妻子。在一个案例中,丈夫把房子让渡给他的姐夫,另一案例中让渡给一个投机者。这样的购买者可以赶出这个妻子吗?法官们认为,他们同样不能这样做(见‘费里斯诉韦万案’[1]、‘萨维奇诉哈布尔案’[2])。最后再看这个案件:丈夫把房子让渡给一个公司(这是一个完全在他控制下的公司),以换回全部付清的股票份额,这个公司可以赶走这个妻子吗?克罗斯法官认为这是一件不可思议的事情。他说:‘无论如何,我认为在没有给安斯沃斯夫人其他房子以前,任何法院都不会允许这个公司把她赶出那所房子。’[3]

这样判决此类案件的根据是什么呢?判决一些具体案件,然后寻找原则,这是英国法律的方法……在所有这些案件中,如果妻子无权继续待在那里,丈夫就完全有权把房子卖给一个买主或把它送给别人,即使这种做法的意图是靠买主或受赠人为他们自己的利益把妻子赶出去。只是因为她有一种留居的权利,所以把她赶出去的预谋才是非法的。举一个简单的例子:假设丈夫对打算买房子的人说:‘我已经抛弃了我的妻子,因此我不能把她赶出家门;但是如果你买了我们的房子,就没有什么东西阻拦你把她赶出去,然后你可以用空房出卖的办法再把房子卖出去。’如果允许这样一种交易,丈夫就会大大受益,因为他能在损害妻子的情况下,用较高的价格出卖房子。如果妻子无权留住在房子里,这种交易就没有什么错误;但是如果她有权,这种交易就完全错了。在我看来,假如上面提到

〔1〕 (1952年)WN 318,(1952年)2 All ER 233。
〔2〕 (1953年)CPL 416。
〔3〕 (1963年)2 WLR 1015 at 1021。

的那些案件判得正确，就像我所相信的那样，那么，这些判例只能立足于这样一点，即妻子**有**留住在结婚住宅中的**权利**，这种权利对丈夫的财产继承者也同样是有效的——当然，除了那些由于为了得到好价钱而没有注意到这一点的买主。

……

剩下的问题是，应该下什么样的判令？妻子应该何时离开？这是法院决定的事。一方面，银行企望补偿归他们所有的一切；另一方面，妻子和四个孩子从她的丈夫那里什么也没有得到，并且也没有得到任何国家补助。她只是听到了丈夫的所有债权人的大喊大叫。在这个案件中，我不得不把公正和怜悯加以调和，把对银行的公正和对妻子的怜悯加以调和。”

二、上议院使被遗弃的妻子大失所望

银行上诉到了上议院。上议院的议员一致认为，对丈夫的房子的买主或受托人来说，被遗弃的妻子在衡平法中没有留居结婚住宅的权利。即使房子的买主或接受抵押的银行完全知道被丈夫抛弃了的妻子和孩子正住在那所房子里，买主和受托人仍然可以把他们赶出去。这个裁决记录在“国民地方银行诉安斯沃斯案”[1]中。他们否决了我们长期以来已确定下来的所有判例，特别是自1952年以来一直有效的“本多尔诉麦克沃特案”。他们允许留下的仅仅是这样的一个简单的主张：如果丈夫自己仍然是房子的唯一所有者——产权在他的名下——

〔1〕（1965年）AC1175。

他自己不可以把妻子赶出去，她有一项个人权利——针对她的丈夫——但是对其他任何人，她没有衡平法上的权利——一点也没有。

第四章　萨默斯基尔夫人负起责任

一、骚动随之而来

上议院的裁决引起了社会各界的极大不满,各方面都受到压力,要求通过立法推翻这个裁决。萨默斯基尔女男爵(Baroness Summerskill)在这里起到了领导作用。她是第一批根据自己的合法权利成为女男爵的人,那是在 1961 年。她在争取女权运动的事业中是位著名人物,在辩论中她是很积极的。1966 年 5 月 4 日,她提出一项法案,要求"修正英格兰和威尔士有关法律,即丈夫或妻子占住一直是结婚住宅的寓所的权利的法律"。

这个法案十分有价值,它使被遗弃的

妻子有住在结婚住宅中的权利明确化了。但是这个法案认为妻子的这项权利要受到一个很重要的限制,即对购买者来说,只有妻子事先在地产登记处进行了房屋留置权的登记,她才受到保护。我反对这一特殊条款。在辩论中,我发言反对它是根据这样一个简单的理由:当一个妻子被遗弃时,她不会立即去登记房屋留置权,也没有律师会向她提出建议,她对那个地产登记处一无所知。她那时只会待在家里哭,等待她的丈夫回心转意。

下面是我在上议院二读辩论是否采纳这个法律时所讲的话[1]:

"……像上议院以法官的身份宣布的那样,这个法律是,即使买主确知妻子已被遗弃,当购买房屋时他知道所有的情况,而妻子还可以被赶出去。我很欢迎——并且我希望上议院也会欢迎这个法案能消除这种不公正。

……

我认为第二款是处理我提到的那个问题——购买者的问题——的一款,购买者是从丈夫手里买房子并企图把妻子赶出去的那个人。正如我讲过的,这个法律是即使知道这个妻子住在那里并已被遗弃,购买者仍然可以赶她出去的法律。而这一款说的是,如果在买者到来之前妻子去地产登记处去登记她的房屋留置权,她将受到保护。尊敬的先生们,你们就是这样看的。但这正是我所担心的地方。试想,一个没有求助于法官而是待在家里盼望着抛弃了她的丈夫回心转意的可怜的妻子会

〔1〕 275HL《官方报告》(第5集)1966年6月14日,Col.44。

立即去找一个律师，对他说：'请您为我在地产登记处登记这个房子的留置权'吗？可是要不这样做，她就得不到保护。有人说：结婚以后妻子可以马上去登记留置权，要真能这样做我倒是很欢迎。我郑重地奉劝所有的妻子，无论你们的结婚住宅将来何时以丈夫的名义购买，不要等任何麻烦出现，马上就去登记你们的权利，以免将来婚姻出毛病。否则按这个法案的立场，那就只是在丈夫卖掉房子以前妻子及时地得到了房屋留置权，她才会受到保护……"

二、F级留置权

我的抗辩是无效的，那个法案连同其中那个条款被通过成了法律。通过这个法律大约用了一年时间，它叫《1967 年结婚住宅法》，从 1967 年 7 月 27 日起实行。尽管我担心这项法律是否能有效地保障被遗弃的妻子的权利，但事实证明它对被遗弃的妻子们是有巨大价值的。大多数被遗弃的妻子很及时地去找律师，并在"地产管理法"项下登记上一个"F 级留置权"。这个留置权就是"根据《1967 年结婚住宅法》对任何地产都发生影响的留置权"。

关于被遗弃妻子问题的争论就这样结束了，她们在衡平法上的权利——一项司法革新——被摧垮了。但是通过立法，一项"F 级留置权"被创造出来代替了它，这是一个不错的结果。

三、并不是一位“一无所有的妻子”

所有关于“被遗弃的妻子”的争论都是建立在丈夫是房屋的合法所有者这一事实基础上的。房屋所有权在他一个人名下,她在其中没有合法的权利或利益,她是一个“一无所有”的妻子,因此我曾试图给她“衡平法”这个武器。但是当她和她丈夫是联合所有者的时候,情况就完全不同了。这种所有形式在今天已是司空见惯的事。当一对年轻夫妇买一所房子时,律师总是劝告他们联名在房契上签字。这样如果丈夫遗弃妻子,就不会给法院造成困难了。他不能把她赶出去,因为她有留居的合法权利,他也不能不通过她就出卖房子,因为必须经过他们双方同意,房子才能卖出。所以对她不需要进行什么保护,《1967 年结婚住宅法》对此也没有什么规定。

但是人们发现她确实还需要保护。有个妻子和她的丈夫联合买了一所房子并与他们的四个孩子一起住在那里。后来她带着孩子们离开了家,她所以要这样做是由于丈夫极为残暴地虐待她们。她丈夫和一个朋友住在原来的房子里,她们搬到另外两个房间。但那里又小又脏,以致使福利官员只好劝告她采取唯一的解决办法,即把丈夫和他的朋友赶出那所房子,好使她和孩子们搬回来。她为把丈夫赶出去进行了起诉。南安普敦郡法院的迈克尔·李(Michael Lee)法官受理了这个案件,他是一位明智的法官,能设身处地的考虑问题。尽管作为联名所有者,丈夫对房子也有合法所有权,但他还是命令丈夫搬出

了房子。这个案件是“古拉兹诉古拉兹案”。[1] 我们肯定了这个判决,我说:

“在我们的社会里,家庭生活必须有某些基本的特征,这些特征之一就是丈夫有义务提供给他的妻子(当然也包括孩子)一个栖身之所。只要妻子行为端正,她就有权住在结婚住宅中,丈夫不可以随便把她赶出去,既不可以运用他对房屋的控制权这样做,也不可以使用暴力这样做。如果他企图撵她走,法院就要制止他。如果他已经把她赶了出去,法院就会让她回来。简言之,假使他的行为太残暴,使他们无法再住在一起了,法院就会命令他搬出去而把她留下来。

……

那么我们对这个案件的看法是什么呢?首先,这个妻子对房子有所有权,她和她丈夫是房子的共同所有者。由于她的共同所有者的身份所具有的效力,她自己和她的孩子就有权占住这所房子。法院当然可以允许她搬回房子和制止她丈夫妨碍她行使权利以实现她对房子的所有权。当然丈夫也是共同所有者之一,因此也有权占住房子,这一点也是事实。但丈夫的这项权利是一种法院为了保护妻子可以加以限制的权利,正像如果他是唯一的所有者,法院也可以限制他的权利一样。法院的这种限制权力产生于她作为妻子就应该占住房子的这种个人权利。如果他的行为过于粗暴,使他们不可能住在一起,尽管他是共同的所有者,法院也可以制止他使用房子。

……

---

〔1〕 (1970年)P 11。

“鉴于她有这些权利，我认为郡法院法官在处理此案时有权命令丈夫腾出房屋并让妻子和孩子们搬回去。”

四、“挨打受骂的妻子”

最后是一个“挨打受骂的妻子”的案件，这个案件表明习惯法本身是如何能够保护妇女，但是为妇女的平等权利补上最后一笔的却是立法机构。根据一个被称作《1976 年家庭暴力法》的简律，即使房子在名义上和实际上都只属于丈夫一人所有而妻子不占任何份额，那法院也能根据习惯法批准一项禁令来保护“挨打受骂的妻子”。她会得到一道把她丈夫赶出房子的判令，甚至如果有保护她的需要，还可以逮捕他。在这个法案通过期间，又在其中加进了一个给男人的情妇以类似保护的条款——假如这个男人和他的情妇像丈夫和妻子一样一起住在同一所房子里。简言之，这个法律是保护妇女的。但人们普遍地和不正确地把这个受法律保护的人叫作“习惯法妻子”。习惯法从来没有承认有这样一种人。我希望人们能抛弃这种错误的叫法。但是现在已经太迟了，这已习惯成自然了。关于这项法律是否给了情妇以它给予一个真正妻子同样的保护存在过很多争论。但是在上诉法院处理“戴维斯诉约翰逊案”[1]时，我们多数人认为情妇也应该受到同样的保护，上议院支持了此案的判决。

[1] (1979 年) AC 264。

第八篇

妻子在家产中的份额

第一章　法官采用了这一原则

一、一场默默的革命

就在人们谈论“被遗弃的妻子”的问题时，一场无声的革命一直在进行着。它必将大大有利于所有的妻子，而不只是被遗弃的妻子。即使结婚住宅只归丈夫一个人所有，这场革命也会使妻子在那个住宅中得到一个份额。这使我想起了阿瑟·休·克劳夫[1]的那段隐喻诗：

疲惫的波涛徒然碎裂，
似乎没有一点惨痛的感觉。
遥远的力量推它穿过小湾小港，

---

〔1〕 阿瑟·休·克劳夫（Anthur Hugh Clough，1819～1861），英国诗人。——译注

默默地汇成大海茫茫。

这就是年轻夫妇现代生活方式的全部结果。丈夫和妻子都出去工作挣钱,他们以分期付款的方式向建筑商买了一所房子。房契上记的是丈夫一个人的名字。丈夫把日常生活费交给妻子,他们一起摊钱购买共同需要的东西。有些钱作为分期付款付给建筑商,有些钱用来给小孩买衣服,有些用来买汽车,有些留着度假用。后来婚姻破裂了,这一方或那一方出走了。房产的价值也已经大大上涨,房子可能不得不卖掉,而这一方或那一方可能仍和孩子住在那里,房子属于谁呢?

二、水手分得收入的一部分

在"里默诉里默案"〔1〕中,为了判决提出了房子归谁的问题。丈夫是商业机构的一名水手,妻子出去工作,他每周给她四英镑,她每周挣三英镑十先令。她用自己的280英镑支付了欠建筑商的分期付款,把他的钱花在家庭开销上。后来他抛弃了她。他说房子是他的,因为房主的名字是他。他把她赶出去,以空房出卖的办法卖了两千多英镑。但她声称,根据衡平法,卖房子的钱应该归她所有,因为她定期向建筑商付了款,她已经支付了买房子的钱。丈夫则声称卖房子的钱是他的,因为房子属于他。如果在战前,毫无疑问,丈夫会得到全部卖房的钱,因为房子是他的财产;妻子会一无所得,因为没有一份证明

〔1〕 (1953年)1 QB 63。

她也有一部分房产权的契约。(这就是“霍迪诺特诉霍迪诺特案”[1]判决的根据。我对此是持有异议的。)但是在目前这个案件中,我们闯出了一条新路。我们深深地意识到这点,我们认为卖房子的钱应该平分。我是这样处理这个案件的:

“在1882年,当国会宣布妻子有权拥有她自己的财产时,在夫妻间任何有关财产所有权和占有权问题上,它颁布了法院可以按它认为适当的办法进行处理的法律。国会没有给法院任何指导性原则,而是让法院自己创造出这些原则。法院这样做了并继续这样做着。在案件中,如果结婚住宅或家具的受益人利益绝对地属于这方或那方是明确的话,或者他们当初就明确地打算过将来各自以确定的比例占有这些财产,法院就会使他们的计划实现(见《关于罗杰斯问题》[2])。但是当受益人利益属于谁或按什么比例属于谁还不清楚时,那么在这种情况下,像在其他情况下一样,利益均等就是公道。在‘纽格劳什诉纽格劳什案’[3]中,丈夫的父亲用他自己的钱买了些家具给两口子用,但是收据上写的是妻子的名字。威尔默法官认为这些家具属于夫妻共有,他的判决得到了上诉法院的肯定。在‘琼斯诉梅纳德案’[4]中,存款的户头用的是丈夫的名字,但存款是两个人提供的,并被当作共有储户对待。维西法官认为虽然丈夫比妻子的贡献大,但存款属于他们两人共有。

在这个案件中,我把妻子付给建筑商的钱看作是他们夫妻

[1] (1949年)2 KB 406。

[2] (1948年)1 All ER 328。

[3] (1950年)100 L Jo 525。

[4] (1951年)Ch 572。

共同努力积蓄起来为了共同的利益使用的。我不认为那 280 英镑全是妻子的,无疑,她把这笔钱看成是她自己的,因为这些钱是从她自己挣的钱中拿出来的。但是请不要忘记,她一直是用丈夫的钱生活的。这里这个妻子像很多妻子一样,经管家庭收入。她事实上用丈夫的钱支付家庭日常开支而把自己的钱攒起来,也许她很公道、很公平地拿出自己的钱支付了一部分家庭日常费用,存起相应数目的丈夫的钱。如果她这样做了,那么推算起来,她丈夫的一部分钱就已经包括在付给建筑商的那 280 英镑中了。当然他们住在一起的时候,这是无关紧要的。住在一起时,重要的事情是按期付款,而用谁的钱支付并不重要。可他们分开住了,几年以后,由于妻子能存下那么多钱仅是靠用丈夫的钱支付日常生活费用的缘故,而丈夫却要为那 280 英镑还账,这显然不合情理。这些钱确实是靠他们共同努力而不是靠她一个人的努力积蓄起来的,并且也是为了他们共同的利益使用的。因此卖房子的钱应该属于他们共同所有。这很像只是丈夫出去工作而妻子照料家务的情况。如果妻子在管理家务期间,从日常生活费里节省下足够的钱为他们的家添了家具,而且这些家具又是他们俩都打算添置的,那么它们就不完全属于妻子,即使是以她的名义买的;也不完全属于丈夫,即使是他提供了家庭生活费。买家具是他们共同努力的结果,于是足以断定这家具属于他们两个人共同所有……

……在我看来,这对夫妇由于他们共同努力攒钱买了一所房子,这所房子又是他们双方计划中的婚后置产,那么恰当的推断便是受益人利益〔1〕应该属于他们双方。这个产业可能是单独以丈夫的名义购买的或单独以妻子的名义购买的，然而，如果它仍然是用他们共同努力存下的钱买的，要想在这一方和那一方的努力之间进行公平地区分就是不可能的。应该断定，受益人利益归双方所有。这就是目前的这个案件。我同意本院法官的意见，对这房子的恰当推断是：它归双方共同所有，受益人利益应在他们中间平均分配。”

三、飞行员的妻子得到一份房产

虽然这仅仅是个开端，但是有了原则就可以普遍地应用。在那个案件中，房子已经卖掉了，变成了钱。接下去的问题是如果房子没有卖掉而仍然在手中将会怎么样呢？有一个飞行员以他自己的名义买了一所房子，而他的妻子也作出了实际的贡献。他们闹翻了，但两个人继续住在那所房子里，不过是分住不同的房间，那么房子应该属于谁呢？就丈夫而言，可以因房子的所有权属于他而认为房子是他的。这是托尔斯托易先生在“弗里本斯诉弗里本斯案”〔2〕中提出的论据。托尔斯托易先生知识很渊博，并就这个问题写了一本书。他说：

“如果妻子拿不出一份她丈夫和她订的契约或他给她授予

〔1〕受益人利益（benificial interest），是指实质上享有或从情理上应享有的利益。例如甲把自己的物品托给乙保管，甲就享有受益人利益，而乙只有法律上的利益，后者只是名义上的利益，并非是实质利益。——译注

〔2〕（1957年）1 WLR 384。

权的证明或他就这房子给她的信托文据,那么这个妻子对这所房子就没有权利也不占有任何份额。”

我说:

我认为以上的理论在今天是不正确的……

……无论如何,在很多案件中夫妻双方的计划是不清楚的,原因很简单,他们从未形成过一个计划,因此法院必须假设他们有一个计划,特别是对有关家庭财产的案件更应该作这种假设。我说家庭财产,指的是夫妻双方打算在共同生活期间作为婚后置产为他们自己添置的那些东西,如结婚住宅和住宅中的家具就是这种东西。婚后,在他们用共同努力获得这些东西时,双方没有想到分居。他们不打算离婚,他们想住在房子里为他们今后的生活共同使用家具。他们买房子、买家具是为了享用。这些东西属于谁,谁也没有担过心。原因很简单。只要他们生活在一起,只要他们是为了共同的利益而买东西,谁存钱、谁用钱或谁出去工作、谁照料家务都不是重要的事。在眼前的这个案件中,刚巧是妻子出去工作并用她挣来的钱维持家庭生活,为孩子买衣服,而丈夫存钱。也很可能是另外一种情况,丈夫可能给了妻子足够的钱支付全部家庭费用和为孩子买衣服,妻子可能存下她挣的钱。家庭财产的归属不依赖于形成它的纯粹偶然的方式,不依赖于夫妻怎样偶然地分配他们的收入和开销。他们全部收入都是为他们的共同利益花费使用的——或者用在食品、衣物和其他生活开支上,这些现在已经消费掉了;或者用在买房、买家具上,这些是家庭财产——所以这些东西应该属于他们共有,他们在其中所占的份额应该相等。我同意托尔斯托易先生的意见,即财产所有权必须保持相同，要么在离婚前根据第17款提出问题，要么在离婚后进行其他诉讼，要么根据某项遗嘱，而我认为对每个案件都要运用“里默诉里默案”[1]中确立的原则。”

就是在那个案件中，我第一次使用了“家庭财产”[2]这个术语去概括诸如结婚住宅和家具这些东西——这是由这一方或那一方作为婚后生活必需品为家庭添置的。但是，这个概念受到了上议院无理的指责。在“佩蒂特诉佩蒂特案”[3]中，厄普约翰勋爵说，“家庭财产”这种表达是没有法律意义的，而且使用这个术语可以使没有法律根据的权利和义务得到解释。但是现在业已证明这个概念是十分有用的，以致法律委员会自己也使用了它。这足以说明它业已得到人们的承认。

四、对房屋的改建

直到目前这个阶段，在我们讨论的所有案件中妻子在钱方面都是有所贡献的——拿出她们在工作中挣的钱或她们父母的钱——用在房屋的陈设品上。还有一个重要的问题是，如果她通过对房屋本身的改建而贡献了相当于钱的价值时应怎么办。常常有这种情况，虽然房屋所有权在妻子的名下，而丈夫通过对它进行改建而大大增加了它的价值；或者反过来也一样，妻子对属于丈夫所有的房屋做出了同样的贡献。对房子做

[1] (1953年)1 QB 63。
[2] 原文 family assets。——译注
[3] (1970年)AC 777 at 817。

了这些工作,就应该对房子有更多的权利吗? 在大量的案件中,我想说明,根据《1882 年已婚妇女财产法》第 17 款,法院有完全的裁量权去进行公平的处理。如果对房子的改建像在“詹森诉詹森案”[1]中那样是实质性的,而不是像在“巴顿诉巴顿案”[2]中那样仅仅是“家务劳动”,那么给丈夫或妻子一部分房产权(像在这个案件中)应该说是公平的。后来国会在《1970 年婚姻诉讼和财产法》第 37 款中确认了这种处理方法。

---

〔1〕 (1965 年)P 478。

〔2〕 (1968 年)1 WLR 457。

第二章　宽大的公平原则

一、我把它解释得太宽了

但是在一个案件中，我在表述这个原则时不适当地扩大了它的应用范围，这是我的一个过失。这事发生在“阿普尔顿诉阿普尔顿案”[1]中。该案审理时，丈夫亲自出庭，妻子由一个律师代表。只要那些亲自处理自己案件的普通人单纯正直，我当时就经常本能地作出有利于他们的判决。现在这个丈夫是一个木工——一名工匠，他是雕刻盾形徽饰的。房子属于他的妻子，他为整修房子付出了大量劳动。他妻子离开了他，把他赶出房子并把房子卖

〔1〕 (1965年)1 WLR 25。

了。他要求得到一部分钱。转账信托公司拒绝付给他钱。我们接受了这个上诉。我说：

“鉴于这是前人没有仔细考虑过的已经变化了的情况，我愿意参加这项简单的试验，看看在这种情况下，什么是合理的，什么是公平的。”

这就是我过去从1882年法第17款中引申出来并运用在有关被遗弃的妻子的那些案件上的试验。[1]

二、上议院废除了这个解释过宽的原则

在一个也是丈夫没有请律师的类似案件中，我的同事们运用了这个解释得过宽的原则。那个案件就是《佩蒂特诉佩蒂特案》[2]。在那个案件里妻子得到法律援助，上诉到上议院。[3] 这样，上议院第一次有了一个机会去考虑上诉法院在以前20多年判的所有案件。他们考虑我试图建立的这个原则，即按照1882年法第17款，法院可以根据任何已经发生了的情况进行公平的和正义的裁决。他们认为第17款只是一种法律程序，它不增加任何合法权利。他们说，在“阿普尔顿诉阿普尔顿案”和“佩蒂特诉佩蒂特案”中，丈夫通过劳动对房子进行的改建是完全无意影响房子在法律上的所有权的无偿劳动。于是丈夫们什么也没有得到，而妻子们对改建房子没有付出任何东西，却得到了房子改建后增加的价值。

---

〔1〕 参见第七篇第1章(三)。

〔2〕 (1968年)1 WLR 443。

〔3〕 (1970年)AC 777。

第三章　信托概念

一、上议院提出信托概念

在"佩蒂特诉佩蒂特案"之后的第二年,另一个案件"吉辛诉吉辛案"[1]也提交到了上议院。在上诉法院,我们对此案采用了那个"解释得过宽了"的原则。我们做了我们认为是公平正义的事。上议院否决了我们的判决,但在判决过程中上议员们开辟了一条道路,它完全不依靠1882年法第17款就可以使妻子在房子的产权中占一个份额。他们是根据信托法这样做的。信托法一直是英国法律果园中结果最多的果树之一。迪普洛克勋爵用下面的理论开

[1] (1971年)AC 886。

辟了这条道路：

“对房地产不享有合法财产权利的人——不管是配偶还是陌生人——对房地产的受益人利益提出的任何要求必须建立在以下前提上，即享有合法权利的人能够依法作为财产受托人根据信托使作为信托受托人的人所要求的受益人利益得以实现。适用于这种要求的法律原则是指英国信托法中的——特别在配偶双方的争执提交到法庭的情况下，那些与产生和运用、归复的、暗含的或推定的信托有关的法律……

归复的、暗含的或推定的信托——为目前的目的对这三种信托进行区分是不必要的——是每当财产受托人具有如此行为表现，以致允许他拒绝给予信托受益人在获得的房地产上的受益人利益会导致不公平时，由在财产受托人与信托受益人之间对于在房地产方面有合法权利的前者的获得物的处理产生的。如果，由于财产受托人的言论或行为，已经诱使信托受益人去做损害后者自己的事（因为他有理由相信这样做就能使他得到房地产方面的受益人利益），这个财产受托人将被认为有以上所指的那种行为表现。”

二、信托概念胜利了

1970 年 7 月 7 日，上议院对“吉辛诉吉辛案”[1]作出了裁决。就在两个星期以后，我们接受了这个信托概念并把它运用

〔1〕（1971 年）AC 886。

在“福尔克纳诉福尔克纳案”[1]中。这个案件中的丈夫在钱财方面做出了贡献,我们认为在房产中他有一半份额。我是依靠以下迄今还未遭到怀疑的理由,采用这个新方法的:

“……在‘吉辛诉吉辛案’中讨论了这种理由,我将尽量抽取其精华陈述于下。上议院没有推翻过上诉法院以前有关这个问题的任何判例。我认为这些判例仍然可以作为我们判案的指南,而上议院也确实使它们的合法基础更明确了。它规定了关于只在夫妻一方名下的结婚住宅仍然是属于他们双方共有的原则(以均等或不等的份额)。与其说这种规定是靠一个明示的或暗示的协议的效力作出的,不如说它是靠一种被法律**强加**的信托的效力作出的。这个法律把产生一个一方对另一方的信托的意图加到丈夫和妻子身上。它是靠从他们的行为和周围的情况作出**推断**的方法这样做的,尽管双方对此并未订立任何契约。如果各方对购置家产或对分期付款已经出了钱,这种一方对另一方建立了信托的推断就很容易成立。这些钱财贡献可能是**直接**的,在这种情况下,对家产购置或分期付款的贡献实际上是固定的;这些钱财贡献也可能是**间接**的,在这种情况下,双方都出去工作,而一方担负日常生活开支,另一方交纳分期付款。采取哪种方式并不重要,谁支付什么钱并不要紧。只要对家庭开支作了实质性的钱财贡献,就能使信托推断建立起来。但如果这种贡献是非实质性的,就不能运用这种推断。(见汇集在上诉法院高等法官埃德蒙·戴维斯引起异议的判决中的那些判例。这些判例已被上议院确认。)但是,上议院

[1]　(1970年)1 WLR 1333。

确实发出一条关于夫妻双方在家产中所占的比例的警告,即并不是在每一个集体中双方都依法占有相等的份额,必须考虑他们各自的贡献。这就批准了本院的做法:在相当多的案件中,我们不是绝对平分而是根据情况区别对待。”

三、如果做丈夫的把房子卖了

只要一个妻子直接或间接地支付了购置家庭财产的费用,她就可以得到家产的一个份额。这条原则由司法裁判建立起来了。但是在很多案例中,房子的产权仍是丈夫的,他是单独的合法所有者,妻子的份额仅是一种平等的权利,房地产登记处不给这种份额注册。那么假定丈夫不经过妻子把房子卖掉了,应如何处理呢?或者丈夫为了自己借款把房子押给一家银行,而一点也没有向妻子透露,又应怎么办呢?如果这样,每个丈夫就都可以很容易地取消他妻子在房产中的那份份额。

最近,在两个案件中发生了这种问题。这两案记录在“威廉斯和格林银行诉勃兰案”[1]中。在每一案中丈夫都有一个企业并打算为它筹款。他们去银行,拿出房契作为借款保据。他们这样做都没有告诉他们的妻子,而她们都对房屋的购置作出过实质性的贡献,并都有一部分房屋所有权,但是房契上的名字都只是丈夫的。银行把钱借给丈夫,作为对借款的担保取得了对房子的管理权,银行知道妻子还住在房里,但他们对她什么也没说。后来企业破产了,银行企图执行他们的管理权,

---

〔1〕 (1979年)2 WLR 550。

就去法院起诉要求接管房子——把丈夫和妻子一起赶出去——以便以空房拍卖。丈夫当然无话可说，但妻子说她对房子有一部分所有权，说她实际上占有它，银行不能把她赶出去。

四、这样会不会引起混乱？

我不准备在这里陈述法律条款，我只想说，这场官司的结果最终要依赖妻子（她正和她的丈夫住在房子里）是否对房子**“实际上占有”**。初级法官坦普尔曼认为她不是“实际上占有”。他说：

“在我看来，如果一个抵押人对婚姻住宅实际上占有，就不能说他妻子也占有……

任何其他意见都会引起混乱。”

我对此作了如下回答：

“我完全不同意。这种说法在一百年以前可能是正确的，那时法律把丈夫和妻子看作是一个人，而丈夫就是这个人。但在今天，这种说法是不正确的。

我认为以上说法与本院在‘霍奇森诉马克斯案’[1]中的判决相矛盾，也与今天妇女在我们社会中的地位相矛盾。现在，根据法律或根据衡平法，大多数妻子与她们的丈夫一样，都是住宅的共同所有者。她们像丈夫一样出去工作，她们用在家庭建设上的收入和她们的丈夫一样多。参观一下这些家庭，人们

---

〔1〕（1971年）Ch 892。

就会看到她们和她们的丈夫在同样的程度上是房子的个人占有者,她像他一样吃在那里、睡在那里。她和他以同样的程度监管家中的各种活动。妻子占有的性质与丈夫占有的性质无论从哪一方面来讲,没有一点儿不同。如果丈夫是一名水手,某时离家几个月,妻子对房子实际上就是占有。如果他抛弃了她,她也是实际上的占有者。这些例子都说明"实际上占有"是事实问题,不是法律问题。它未必是单方面的:在一个企业中,两个合伙人可以同时对企业实际上占有。它也不依赖所有权:擅自占地占房者经常也是实际上占有。把这些作为事实问题简单列举出来,我可以断定:在目前这些案件中,妻子是实际占有者,这正像在'霍奇森诉马克斯案'中那个老妇人霍奇森夫人一样。

一旦裁决妻子是实际占有者,显然,就登过记的房产来说,最好应该劝告购买人或出租人去询问妻子,如果当时她说她有权利,购买人或出租人就要承认这些权利;如果她说她没有,购买人或出租人就不受约束。我看不出这会给转让财产的人带来什么困难,也看不出它怎么会损害企业的正常活动。每个以结婚住宅为抵押品贷款给别人的人现今都应该认识到,妻子可能在住宅上有她的一份所有权,他应该确定妻子是否同意,或去到房子那里询问她的意见。在我看来以下做法是完全错误的:一个借给别人钱的人对妻子的利益或可能存在的利益假装看不见,借口说他不知道她实际上占有房产,然后企图把她和她的子女赶出去。在我们生活的这个社会里,如果一家银行负责的话,它应该承认结婚住宅的完整,不应该用漠视妻子权利的方式去破坏它——以单纯地确保得到丈夫的全部欠款和现时盛行的高利率带来的利息。我们不应该把对追求金钱的权利放在社会正义之上。我们应该保护有一份财产的妻子的地位——正像多年以前我们保护被遗弃的妻子一样。希望上议院就像当时没有推翻我们有关被遗弃的妻子的判决那样,这次也不会推翻我们的判决。”

这个案件将送到上议院。我们忐忑不安地等待着结果,但是不管结果如何,即将到来的解放潮流是不可阻挡的。

五、结果

最后,这场无声的革命已经完成了。即使房子的产权在丈夫的名下,在钱财上做出了贡献的妻子也得到了一份所有权。

第四章　在没有钱财贡献的情况下

一、上议院留下的缺口

但是这里仍然有一个缺口。很多妻子在钱财上面没有什么贡献，但是做了家庭主妇那份必不可少的工作。由于她们住在房子里，她们经常打扫卫生，培养教育子女，干了许许多多妻子必须做的事。她们在家庭财产上的地位如何呢？应该拒绝考虑她们的份额吗？出去工作的妻子为什么就能得到房子的一半份额呢？如果我主张的那个应该在较宽的范围应用的原则——法院可以根据这个原则做公平和正义的事——被采纳的话，上诉法院的法官们恐怕已经发展出一条法律，使贤惠的妻子也得到一份家产。但是上议院拒绝听取我的意见,他们已经宣告任何这类原则都是不适用的,他们堵塞了上述法律原则的发展道路。

二、国会弥补了这个缺口

但是强大的改革力量正在成长起来。英国国教会办起了一份挑战性的报纸《粉碎》,法律委员会在它的第一届主席——明智的、有才华的和雄辩的斯卡曼勋爵(Lord Scarman)——的领导下连续发表了一系列关于离婚法改革和婚姻财产的文章,最后,国会通过的法案使我们的全部家庭法都革命化了。在一个综合法规中,对妻子在家产中应占的份额作了详细的规定。它规定在离婚过程中或离婚以后,上诉法院可以下一道判令把财产从丈夫那里转到妻子那里,或反之,从妻子那里转到丈夫那里。

三、法官做了必须做的事

要想利用这个法律,法官们必须说明它应如何实施。我们在一个案件中这样做了,这个案件就是"沃克特尔诉沃克特尔案"。[1] 这是我们处理过的最重要的案件之一,送交给上诉法院由高等法官菲利莫尔、罗斯基尔和我审理。审判只用了三

〔1〕 (1973年)Fam 72。

天,但是我们准备判决书却用了两个多月。这对我们来说是罕见的。一般我们准备一份判决书难得超过两三个星期。在这次准备过程中,我们各司其职,然后一起逐条讨论,最后每个人写了判决书的一部分。写的时候,菲利莫尔高等法官运用了他在家庭问题上的丰富经验;罗斯基尔高等法官运用了他敏锐的知觉和迅速的理解力。我就是统一大家的思想,进行最后整理。这份判决书简单重述了我过去对这个问题的看法,阐明了这个法案(1970 年婚姻诉讼和财产法)的要义,它概括了我们的全部理由:

"在 1970 年法以前,对于妻子是否在钱财上已经作出了足以得到房子的一份所有权的物质贡献可能一直有很多争论。法官说,这'可能一直是一个重要问题'。我们同意。但是他继续说,自 1970 年法以后它是'无关紧要的',因为法院根据第 4 款的转移财产权利,能够参照所有的情况作出公正的判决。我们也同意。我们可以肯定登记官和法官们一直在实现这一点,因为过去我们在目录中根据《1882 年已婚妇女财产法》第 17 款,逐项记载过一些案例,而现在这类案例我们一个也没有了。

法院将怎样根据关于结婚住宅的 1970 年法去行使它的裁量权呢？沿着这项法律逐渐形成的道路,我们可以找出这个答案。25 年以前,如果结婚住宅在丈夫的名下,制定法和衡平法都会认为房子完全属于他,妻子不能仅因为帮助他买房或支付了分期付款而获得所有者的权益。她为了这些目的给他的任何钱都会被认为是赠礼,或者,至少是不能再要回来的(见'巴尔弗诉巴尔弗案')。[1] 但是由于一系列案例,从《关于罗杰斯问题》[2]到'哈泽尔诉哈泽尔案'[3]为止,这一点已被上诉法院认为:如果妻子以金钱或相当于金钱的价值直接或间接地对最初的存款或对分期付款做出了贡献,她可得到一种与她的贡献相称的权益。在一些案例中,这个利益是全部利益的一半,在另一些案例中则较少。

然而,这个法院根据一个妻子的其他方面的贡献而使她得到一份家产的做法却从来没有成功,其他方面的贡献,这里指的是除了钱财以外的那些贡献。人们经常指出这样对待她是不公正的。1956 年以亨利顿的奥顿勋爵为首的'结婚和离婚问题皇家委员会'的七名委员说:

'如果在结婚以后,为了尽心尽意地照料丈夫和孩子,她放弃了有收入的工作,结果到最后,她发现自己落到了没有任何可以称为她自己的东西的地位。这时她就有口难言了。'

1965 年,约瑟林·西蒙爵士,当时他是结婚和离婚委员会主席,用了一个生动的比喻:'公鸡能够经营窝巢,因为它不必花大量的时间去孵雏。'他在对法律协会作的演说中继续阐明了理由:[4]

'在一般情况下,结婚以后,由于妻子生儿育女操持家务,丈夫才得以脱身从事经济活动。既然是由于妻子履行了自己的职能才使丈夫能履行他的职能,那么她在共同劳动的果实中占有一份就是公正的。'

---

〔1〕 (1919 年)2KB 571。

〔2〕 (1948 年)1 All ER 328。

〔3〕 (1972 年)1 WLR 301。

〔4〕 《法律协会公报》(Law Society Gazette)1965 年第 62 期,第 345 页。

但是，法院从来没有能够公正地对待过她。1969 年 4 月在‘佩提特诉佩提特案’〔1〕中，哈德森勋爵说：‘我看不出没有立法，人们怎么能纠正已经发现了的夫妻间财产权不平衡的现象。’

现在我们有了立法。为了消除不公正，国会已经进行了干预。1970 年法明确指出，在考虑是否进行财产转移时，法院也将考虑其他因素。要考虑：

‘(f)夫妻中每一方对家庭福利所做出的贡献，包括照料家务或照管家庭成员的各种贡献。’

……法律委员会在他们的《关于婚姻诉讼财政条款的报告》[(普通法第 25 号)下议院(1968 ~ 1969)第 34 页第 69 段]中强调了第五款第一项(f)目和它带来的变化。他们说：

‘我们建议在运用法律权力的整套武器去制定财政条款时，应该考虑采用各种标准。在这些标准中，有一种关于调整配偶间财产权利的标准格外重要。这就是要考虑每一方已经对家庭福利做出贡献的程度。这种贡献不仅包括金钱的或相当于金钱价值的贡献(在决定财产的特殊项目的产权时)，而且也包括照管家务和家庭成员的贡献(通常是由妻子作的)。对于这一点，已婚妇女们的要求最为强烈。1956 年莫顿委员会承认这种要求是合情合理的，即由于妻子从事了日常家务劳动，因而使她们的丈夫能无所牵挂地出去工作赚钱，因此她们对家庭财产的购置做出了贡献，而现在在决定她们的财产权时，这种贡献却完全被忽视了。我们建议，这种贡献应该成为法院要特别加以考虑的因素。’

---

〔1〕 (1970 年)AC 777 at 811。

有时人们提出我们不应该考虑法律委员会的那些导致了立法的报告。但我们认为应该考虑,这些报告对于揭露国会打算消除的这种危害是大有帮助的。

根据附款第一项(f)目提出的理由,我们可以认为国会已经承认了照管家务和家庭的妻子和出去工作的妻子对家庭财产的贡献是一样的。前者是一种以物代款的贡献,后者是直接贡献金钱或相当于金钱的价值。如果法院得到的结论是由于双方共同的努力才获得和保持了家产,那么当婚姻破裂时,无论产权在谁的名下,都应该认为那份家产是他们双方共有的,正像对家产作出实质性金钱贡献的妻子通常能得到一份一样,20多年来照料家务和照看家庭成员的妻子也应得到一份。”

四、越来越多的平等

除了这些财产问题以外,其他争取平等的运动也在迅速发展。我们又有了《1970年工资平等法》和《1975年反对性别歧视法》,这些是我们加入共同市场的直接结果。通过这两个法案是为了履行《罗马条约》规定给我们的义务。一个妇女只要和男人做的工作价值相同,她就有权得到和男人同样的报酬;只要有她能干的工作,她就有权要求去做,并有权以和男人同等的资格得到工作。绝不会因为她是一个妇女就受到歧视,就像绝不会因某人是男人而受到歧视一样。在一个单身汉杰里迈克先生提到男人不得不干肮脏的工作而妇女无须去干时,我援引了下面的话，在《杰里迈克诉国防部案》[1]中，我说：

“平等是我们时代的秩序。对男女双方都是一样的。对男人怎样对女人也应怎样。”

〔1〕 1979年10月19日（未提出报告）。

结　论

尽管到今天法律已经发展得面目全新了，但目前进一步发展的趋势又隐隐呈现。法律委员会已经写出了第三份《关于家庭财产的报告》，它刊登在1978年6月的《导报》第450号上。全文408页，分为3册。第一册建议应该有结婚住宅共同所有制；第二册论及结婚住宅占有方面的权利；第三册提出了家庭物品的使用和享有问题。

这些建议无疑会形成一个将来要提交国会的法案的基础。它们似乎同我曾试图靠司法裁决引申出的那个解释过宽的原则相一致。这些建议消除了上议院的那些限制，它们有这样一个优点，即可以深入到某些细节，而这些细节还从未在法庭上出现过。如果它们被通过成为法律,就意味着法官未来的作用将只限于解释法律,可是到现在为止,正是法官,一直是法律改革的先锋。

案例表

Agrabele, The[1979]

《阿格拉贝尔案》(1979 年)

Allen v. Jamba (Negeria) Airways (1979) 20 July (not yet reported)

《艾伦诉加姆巴(尼日利亚)航空公司案》(1970 年)7 月 20 日(未提出报告)

Allen v. Sir Alfred McAlpine & Sons Ltd [1968]

《艾伦诉阿尔弗雷德·麦克阿尔平父子有限公司案》(1968 年)

Anton Piller KG v. Manufacturing Processes Ltd[1976]

《安东·皮勒勋爵诉制造加工有限公司案》(1976 年)

Appleton v. Appleton [1965]

《阿普尔顿诉阿普尔顿案》(1965 年)
A-G v. British Broadcasting Corpn[1979]
《检察总长诉英国广播公司案》(1979 年)
A-G v. Butterworth[1963]
《检查总长诉巴特沃斯案》(1963 年)
A-G v. Foster[1963]
《检察总长诉福斯特案》(1963 年)
A-G v. Mulholland[1963]
《检察总长诉马尔霍兰案》(1963 年)
A-G v. Times Newspapers Ltd[1973]
《检察总长诉泰晤士报业有限公司案》(1973 年)

Balfour v. Balfour[1919]
《巴尔弗诉巴尔弗案》(1919 年)
Balogh v. St Albans Crown Court[1975]
《巴洛夫诉圣·奥尔本斯刑事法院案》(1975 年)
Bendall v. McWhirter[1952]
《本多尔诉麦克沃特案》(1952 年)
Beresford v. Royal Insurance Co[1938]
《贝雷斯福德诉皇家保险公司案》(1938 年)
Birkett v. James[1978]
《伯基特诉詹姆斯案》(1978 年)
Biss v. Lambeth Health authority[1978]
《比斯诉兰伯斯卫生局案》(1978 年)
Boulton v. Prentice
《波尔顿诉普兰提斯案》

Bramblevale Ltd, Re[1970]

《关于布兰姆勃尔瓦尔有限公司案》(1970 年)

Bramwell v. Bramwell[1942]

《布拉姆韦尔诉布拉姆韦尔案》(1942 年)

Bread Manufacturers Ltd, ex parte[1937]

《由面包制造商有限公司起诉案》(1937 年)

Bremer Vulkan v. South India Shipping Corpn Ltd[1979]

《布雷默·伍尔肯诉南印度轮船有限公司案》(1979 年)

Button v. Button[1968]

《巴顿诉巴顿案》(1968 年)

Chapman v. Honig[1963]

《查普曼诉霍尼格案》(1963 年)

Chartered Bank v. Daklouche [1979]

《信贷银行诉达克洛奇案》(1979 年)

Chic Fashions(West Wales)Ltd v. Jones[1968]

《奇克时装(西威尔士)有限公司诉琼斯案》(1968 年)

Churcher v. Street [1959]

《丘彻尔诉斯特里特案》(1959 年)

Churchman v. Churchman [1945]

《丘奇曼诉丘奇曼案》(1945 年)

Churchman v. Shop Stewards [1972]

《丘奇曼诉工人代表案》(1972 年)

Company, A, Re [1979]

《关于 A 公司案》(1979 年)

Crawford v. Prowting Ltd[1973]

Falconer v. Falconer[1970]

《福尔克纳诉福尔克纳案》(1970 年)

Fernandez, ex parte[1861]

《由费尔南德斯起诉案》(1861 年)

Ferris v. Weaven[1952]

《费里斯诉韦万案》(1952 年)

Fitzpatrick v. Batger & Co Ltd[1967]

《菲茨帕特里克诉贝特格兄弟有限公司案》(1967 年)

Frevance v. Frevance[1957]

《弗里本斯诉弗里本斯案》(1957 年)

Garnett v. Ferrand[1827]

《加尼特诉弗兰德案》(1827 年)

Ghani v. Jones[1970]

《格尼诉琼斯案》(1970 年)

Gissing v. Gissing[1971]

《吉辛诉吉辛案》(1971 年)

Gurasz v. Gurasz [1970]

《古拉兹诉古拉兹案》(1970 年)

H v. H [1947]

《H 诉 H 案》(1947 年)

Harris v. Harris[1952]

《哈利斯诉哈利斯案》(1952 年)

Hazell v. Hazell [1972]

《哈泽尔诉哈泽尔案》(1972 年)

Heathfield v. Chilton [1767]

《希思菲尔德诉奇尔顿案》(1767 年)

Heatons' Case [1973]

《希顿斯案》(1973 年)

Hine v. Hine [1962]

《海因诉海因案》(1962 年)

Hoddinott v. Hoddinott [1949]

《霍迪诺特诉霍迪诺特案》(1949 年)

Hodgson v. Marks [1971]

《霍奇森诉马克斯案》(1971 年)

Huckle v. Money [1763]

《赫克尔诉莫尼案》(1763 年)

Island Records Ltd, ex parte [1978]

《由岛屿唱片有限公司起诉案》(1978 年)

Jansen v. Jansen [1965]

《詹森诉詹森案》(1965 年)

Jeremiah v. Ministry of Defence [1979] 19 October (not yet reported)

《杰里迈赫诉国防部案》(1979 年)10 月 19 日(未提出报告)

Jones v. Maynard [1951]

《琼斯诉梅纳德案》(1951 年)

Jones v. National Coal Board [1957]

《琼斯诉全国煤炭管理局案》(1957 年)

Lee v. Lee[1952]
《李诉李案》(1952 年)
Littler v. Thomson[1839]
《利特勒诉汤姆森案》(1839 年)
Liversidge v. Anderson[1942]
《利弗西奇诉安德森案》(1942 年)

McLeod v. St Aubyns[1899]
《麦克劳德诉圣·奥宾案》(1899 年)
Mahon v. Concrete(Southern)Ltd[1979]6 July(not yet reported)
《马洪诉坎克雷特(南方)有限公司案》(1979 年)7 月 6 日(未提出报告)
Manby v. Scott,2 Smith's Leading Cases(13th Edn)
《曼比诉斯科特案》,《史密斯指导判例集》第 2 卷(第 13 版)
Mann's Case[1896]
《曼恩案》(1896 年)
Mareva Companies Naviera SA v. International Bulkcarries SA[1975]
《玛利瓦海运公司诉国际散装货船公司案》(1975 年)
Maxwell v. Department of Trade[1974]
《马克斯韦尔诉商务部案》(1974 年)
Miliangos v. Geoge Frank(Textiles)Ltd[1976]
《米利安高斯诉乔治·弗朗克(纺织品)有限公司案》(1976 年)
Morris v. Crown Ofrice [1970]
《莫里斯诉国玺部案》(1970 年)

Muller v. Superintendent, Presidency Jail, Calcutta[1955]
《穆勒诉加尔各答监狱官、监狱长案》(1955 年)

National Provincial Bank v. Hastings Car Mart Ltd[1964]
《国民地方银行诉黑斯廷斯汽车销售有限公司案》(1964 年)
National Provincial Bank v. Ainsworth [1965]
《国民地方银行诉安斯沃斯案》(1965 年)
Newgrosh v. Newgrosh [1950]
《纽格劳什诉纽格劳什案》(1950 年)
Nippon Yusen Kaisha v. Karagcorgis[1975]
《日本邮船株式会社诉卡拉乔吉斯案》(1975 年)
Norwest Holst Ltd v. Secretary of State for Trade[1978]
《诺韦斯特·霍尔斯特有限公司诉商务大臣案》(1978 年)

Ownbey v. Morgan[1921]
《欧文贝诉摩根案》(1921 年)

Parker(William C.) Ltd v. F. J. Ham & Son Ltd[1972]
《帕克(威廉·C.)有限公司诉 F. J. 汉姆父子有限公司案》(1972 年)
Pergamon Press Ltd, Re [1971]
《关于珀加蒙出版有限公司案》(1971 年)
Pettitt v. Pettitt [1968]
《佩蒂特诉佩蒂特案》(1968 年)
Piller(Anton) KG v. Manufacturing Processes Ltd[1976]
《皮勒(安东)勋爵诉制造加工有限公司案》(1976 年)

R v. Almon[1765]

《王国政府诉阿尔蒙案》(1765 年)

R v. Bateman[1946]

《王国政府诉贝特曼案》(1946 年)

R v. Brixton Prison Governor, ex parte Soblen[1963]

《王国政府诉布里克斯顿监狱长,由索布伦起诉案》(1963 年)

R v. Cain[1936]

《王国政府诉凯恩案》(1936 年)

R v. Clewer[1953]

《王国政府诉克卢尔案》(1953 年)

R v. Daily Mail(Editor), ex parte Factor[1928]

《王国政府诉〈每日邮报〉(编辑),由费克特尔起诉案》(1928 年)

R v. Gaming Board of Great Britain, ex parte Benaim and Khaida [1970]

《王国政府英国娱乐局,由本内姆和海达起诉案》(1970 年)

R v. Gray[1900]

《王国政府诉格雷案》(1900 年)

R v. Halliday[1917]

《王国政府诉哈利戴案》(1917 年)

R v. Hardy 24 State Trials 199

《王国政府诉哈迪案》24 国家审判案 199

R v. Home Secretary, ex parte Hosenbal[1977]

《王国政府诉内务大臣,由霍森鲍尔起诉案》(1977 年)

R v. Home Secretary, ex parte Phansop-Kar [1976]

《王国政府诉内务大臣,由潘索普卡尔起诉案》(1976 年)

R v. Immigration Officer, ex parte Thakrar[1974]
《王国政府诉移民局官员,由撒克拉尔起诉案》(1974 年)
R v. Immigration Tribunal, ex parte Subramaniam [1977]
《王国政府诉移民裁判所,由撒勃拉玛姆起诉案》(1977 年)
R v. IRC, ex parte Rossminster Ltd [1979]
《王国政府诉国内税收局,由罗斯敏斯特有限公司起诉案》(1979 年)
R v. Jackson[1891]
《王国政府诉杰克逊案》(1891 年)
R v. Lewes JJ [1973]
《王国政府诉法官刘易斯案》(1973 年)
R v. Leyland JJ, ex parte Hawthom [1979]
《王国政府诉法官莱兰,由霍索恩起诉案》(1979 年)
R v. Martin[1848]
《王国政府诉马丁案》(1848 年)
R v. New Statesman[1928]
《王国政府诉〈新政治家〉案》(1828 年)
R v. Northumberland Compensation Appeal Tribunal, ex parte Shaw[1952]
《王国政府诉诺森伯兰赔偿上诉法院,由肖起诉案》(1952 年)
R v. Pentonville Prison Governor, ex parte Azam [1974]
《王国政府诉潘顿维尔监狱长,由阿扎姆起诉案》(1974 年)
R v. Police Comr of the Metropolis [1968]
《王国政府诉大都会警长案》(1968 年)
R v. Wilkes[1763]
《王国政府诉威尔克斯案》(1763 年)

Rasu v. Perusahaan(Pertamina)[1978]
《拉苏诉皮鲁萨汉(波塔米纳)案》(1978 年)
Read and Huggonson (St James' Evening Post Case), Re [1742]
《关于里德和哈根森(圣·詹姆斯晚邮报案)》(1742 年)
Reegentin v. Beecholme Bakeries Ltd [1967]
《里根廷诉比奇姆·贝克雷斯有限公司案》(1967 年)
Reville Ltd v. Prudential Assurance Co Ltd[1944]
《雷维尔有限公司诉万全保险有限公司案》(1944 年)
Rimmer v. Rimmer[1953]
《里默诉里默案》(1953 年)
Rogers' Question, Re[1948]
《关于罗杰斯问题》(1948 年)

St James' Evening Post Case[1742]
《圣·詹姆斯晚邮报案》(1742 年)
Salomon v. Salomon & Co Ltd[1897]
《萨洛蒙诉萨洛蒙兄弟有限公司案》(1897 年)
Savage v. Hubble[1953]
《萨维奇诉哈布尔案》(1953 年)
Schmidt v. Secretary of State for Home Affairs[1969]
《施密特诉内政大臣案》(1969 年)
Shipman v. Shipman[1924]
《希普曼诉希普曼案》(1924 年)
Sirros v. Moore[1974]
《西罗斯诉穆尔案》(1974 年)

Sisikina, The[1977]
《"西斯基纳号"案》(1977 年)
Six Carpenters' Case[1610]
《六个木匠案》(1610 年)
Skipworth's Case[1873]
《斯基普沃思案》(1873 年)
Smith v. Smith[1945]
《史密斯诉史密斯案》(1945 年)
Somerset v. Stewart[1772]
《萨默塞特诉斯图尔特案》(1772 年)
Splendid Sun, The[1979]4 May(not yet reported)
《斯普兰蒂德·森案》(1979 年)5 月 4 日(未提出报告)
Stewart v. Stewart[1948]
《斯图尔特诉斯图尔特案》(1948 年)
Street v. Denham[1954]
《斯特里特诉德纳姆案》(1954 年)
Suthendran v. Immigration Appeal Tribunal[1977]
《苏思德里安诉移民上诉裁判所案》(1977 年)
Sutherland v. Stopes[1925]
《萨瑟兰诉斯托普斯案》(1925 年)
Sweeney v. Sir Robert McAlpine & Sons Ltd [1974]
《斯威尼诉罗伯特·麦支阿尔平父子有限公司案》(1974 年)

Taylor's Application, Re[1972]
《关于泰勒的申请》(1972 年)
Third Chandris Corpn v. Unimarine SA[1979]

《第三钱德里斯公司诉远洋海运公司案》(1979年)

Thomas(William)Shipping Co Ltd,Re[1930]

《关于托马斯(威廉)船舶有限公司案》(1930年)

Thomson v. Times Newspapers Ltd[1969]

《托马逊诉泰晤士报业有限公司案》(1969年)

Tolly v. Morris[1979]

《托利诉莫里斯案》(1979年)

Van Duyn v. Home Office[1975]

《范杜因诉内务部案》(1975年)

Vine Products Ltd v. Green[1966]

《葡萄产品有限公司诉格林案》(1966年)

Wachtel v. Wachtel[1973]

《沃克特尔诉沃克特尔案》(1973年)

Wallersteiner v. Moir[1974]

《沃勒斯坦纳诉莫伊尔案》(1974年)

Weston's Settlements,Re[1969]

《关于韦斯顿的财产转托案》(1969年)

Williams and Glyn's Bank Ltd v. Boland[1979]

《威廉斯和格林银行诉勃兰案》(1979年)

Wiltshire v. Barrett[1966]

《威尔特希尔诉巴雷特案》(1966年)

Woodcock(Jess B.)& Sons Ltd v. Hobb[1955]

《伍德科克(杰斯·B.)父子有限公司诉霍布案》(1955年)

Wright v. Court[1825]

《怀特诉考特案》(1825 年)

Yuill v. Yuill[1945]
《尤尔诉尤尔案》(1945 年)

后 记

去年是令人兴奋的一年。在我 80 岁生日那天,也就是 1979 年 1 月 23 日,我去买报纸(按习惯是在每天上午七点四十五分),在司法街上,大雪中我遇见了格雷律师学院[1]的司库伦纳德·卡普兰(Leonard Caplan)(漂亮的、精力充沛的女王法律顾问),他告诉我说,我已当选为格雷律师学院的荣誉院士。(我相信,我将是第一个身兼三个律师学院院士的人。)到达我的办公室以后,一本装帧精美的书摆在我面前,书是英格兰和威尔士律师协会

---

〔1〕 格雷律师学院(Gray's Inn),英国四大律师学院之一。另三所是林肯律师学院、中殿律师学院(Middle Temple)和内殿律师学院(Inner Temple),均是英国培养和训练出庭律师的专门机构。——译注

(Solicitors of England and Wales)送来的，上面有该协会的主席约翰·帕尔默(John Palmer)的签名，他是一位受人爱戴而又十分谦虚的人。这是一本和原书一模一样的复制品，原书是1629年的名著——约翰·帕金森(John Parkingson)的《独奏曲中的天堂》(Paradisi in Soli)。在书中他描绘了赏心悦目的花园、菜园和果园——就像现在我们家中的一样。当晚，在为巴特沃斯出版公司出版我的《法律的训诫》一书举行的宴会上，大法官艾尔温－琼斯勋爵(Lord Elwyn-Jones)向所有来宾宣读了下议院大多数杰出的议员以下议院的名义给我的祝辞，[1]这种做法是前所未有的。第二天下班以后，我又为学生们在书上签名，这些学生在法院旁边的书店外排了很长的队。一两天以后，在格雷律师学院的午餐会和中殿律师学院的晚宴上，我又受到了人们的欢呼。

不久以后，西巡回区——我自己的巡回区，那个我开始工作和我热爱的地方——为了对我表示祝贺举办了一次宴会。巡回法院院长罗林森勋爵(Lord Rawlinson)以其措辞得体的演说祝我健康长寿。又过了几天，在林肯律师学院的新会堂(1845年新建的)举行了一个宴会，宴会上高朋满座，学院的司库，大卫·兰顿爵士(Sir Davis Renton)意味深长地宣布：出席宴会的还有我们的院士玛格丽特·撒切尔(Margaret Thatcher)，她很快要成为首相了，她是这所律师学院第14个成为英国首相的人。不久以后，为对我表示祝贺，罕布什尔郡的

---

[1] 这个祝辞的原文是："向丹宁勋爵致敬。本议院在上诉法院院长丹宁勋爵80寿辰之际向他致以崇高的敬意。我们赞赏他作为一名法官长期为国家服务的光荣业绩；我们感激他在大不列颠对法律的人道的发展和公正地执法所做出的杰出贡献。"——英文出版者注

律师公会又举行了一次午宴，在他们的宴会上，我作了第一次简短的发言，同时犯了第一个错误。

复活节[1]休假时，我访问了伦敦的西安大略区。在那里，我被授予荣誉法学博士称号。我对一个学会的听众说了实话："工会超越法律之上。"结果，在英国惹起了大声的叫骂和众多的评论。大选日益迫近！

降灵节[2]里，电视播放了我的生活特写节目——我在书房里；在我出生的房子里，大卫·丁布尔比轻轻地拉我出去。最精彩的部分是我的妻子和我正在家中美丽的花园里读《圣经》。可惜整个节目太短了。

暑假期间，我参加了温哥华新法院的落成典礼。这个法院的建筑完全是钢架玻璃结构，占地数英亩。我贸然地用乔叟的一句旧式格言提醒他们："住在玻璃房子里的人不应该扔石头。"只要保证他们住的玻璃房子不破，往里面或往上面扔多少砖头倒无所谓。

后来，法律界戏剧协会又在曼彻斯特皇家剧院上演了根据我的文学作品选集改编而成的话剧，随后又在城堡大会堂举行了宴会。我还旁听了地方贵族协商会议的审案，这使我想起了丁尼生[3]在《国王田园诗》(Idylls of The King)中的几段。从青年时代起我就熟悉这首诗，它后来一直鞭策着我。在他笔下

---

〔1〕 复活节(the East)，亦译"耶稣复活瞻礼"、"主复活节"，按照基督教的规定，每年春分月圆后的第一个星期日(于3月21日至4月25日之间)为复活节。这是基督教的重要节日之一。——译注

〔2〕 降灵节(the Whitsun)，基督教节日之一，为复活节后的第七个星期六。——译注

〔3〕 莱昂内尔·哈勒姆·丁尼生(Lionel Hallam Tennyson 1889—?)，英国诗人。——译注

的骑士是这样的：

骑士的圆桌多么公正，
光荣的团体，男人的精英，
——它是那非凡世界的象征。
……
谣言，我们不讲；诽谤，我们不听，
走遍天涯海角，去把人间的邪恶踏平。

下面的诗句也在鼓舞着我的生活：

“思想高尚，举止优雅。
言辞亲切，志向远大，
热爱真理——
这些就是人的精华。”

年轻时，我把它们当成座右铭，尽管我知道到今天我也未能完全做到。

祝贺我生日的最后一幕是在林肯律师学院举行的一次难忘的晚会，那里的环境最适宜。旧会堂（建于1540年）里人们挤得满满当当。我们开始朗诵诗文，我们从《荒凉山庄》第一章选了150年以前在这个大厅里发生的一幕：“大法官的内心使人迷惑……‘詹迪斯诉詹迪斯案’还在沉闷地审理。”在我们旁边大厅的墙上挂着霍格思[1]的著名油画《菲利克斯前的保罗》（Paul Before Felix）。于是，我们又从宗教改革法中选了保罗戴着镣铐被带到罗马执政官面前的情景：“保罗，你发疯了，知道

〔1〕 威廉·霍格思（William Hogarth，1697～1764），英国著名的画家和雕刻家。——译注

得太多必使你疯狂。”我们描绘了威胁曼斯菲尔德勋爵——在林肯律师学院也有他的肖像——的人群。当时他回答人们说：“无论政治结果多么可怕，我们都不要顾及它；如果背叛是必然的结果，我们的信念是：‘即使天塌下来，也要秉公执法。’[1]”在我们的朗读即将结束时，我们中间的两个年轻人唱起《皮卡迪[2]的玫瑰花》(Rose in Picardy)，这是第一次大战时的一首动人的歌曲，我也跟着唱了起来：

“皮卡迪——1914 到 1918，
玫瑰花，是的——还有罂粟花。
我在那里。我看见它们——在遥远的后方——挥动着千万只手，但是在前线，越过战壕，那里渺无人迹，满目荒凉疮痍。”

我接着向大家讲述了我家在战争中的经历。

“我们五个兄弟，有三个参加了皮卡迪战役。我是三个中最年轻的——只是在最后九个月中待在那里。我因年纪太小，所以以前没去。我一直未受伤。另外两个是士兵，他们都参加了 1916 年在奈姆[3]的战斗。第一个是老二雷吉，在波兹利斯攻一座山——他负了重伤。子弹穿过他的头部，他躺在地上——昏死了过去——达五个半小时——在弥漫的硝烟中，部队把他扔在后面，最后他的同伴找到了他，把他抬回去。他现

[1] 原文为拉丁文。——译注
[2] 法国北部的一个地区，第一次世界大战中在这里曾发生过一次重大的战斗。——译注
[3] 法国北部的一个省，位于索姆河流域。1916 年英法联军在这个地方与德军展开过激烈的战斗。——译注

在还活着。

不久以后,老大杰克在带着他的士兵进攻杰狄考特时牺牲了,牺牲时年仅23岁。他用铅笔把帕尔格雷夫[1]的《金库》(Golden Treasury)中基普林的一段设想,抄在日记本的扉页上。我们在下面就读给你们听。

我记得电报到了。妈妈用颤抖的手打开它,'十分沉痛……受伤而牺牲'。她顿时脸色苍白,昏倒在地上。

几天以后,收到一封给父母的信,那是在他死后的背包里发现的。信中写道:

'这可能是我给你们的最后一封信,因为我认为我们在为明天而战斗。

如果我被打死,你们可以相信,我已经尽到了我的责任。'

父亲和母亲——可怜的人呵——在战争结束以前,他们还要失去另一个儿子。老三霍登,是个水兵。在日德兰[2]的战斗中,是名海军候补生,刚19岁。在掩护战斗巡洋舰群的驱逐舰'莫里斯号'上,军舰首先与敌舰队交了锋。战斗中,主炮出了故障,他沉着熟练地操纵着最新式的四分口径炮,表现得像一名军官,为此他多次受到战地快报的表扬。不久后,由于过度劳累他病倒了,最后英勇牺牲。他被埋在我们国家的公墓。墓碑上写着:'这里安葬着一名水手,他在海上为国捐躯。'

老五诺曼也是一名水手,由于年龄小未能参加第一次世界大战,但是在第二次世界大战中尽了自己的责任。他在海军部

---

〔1〕 弗朗西斯·帕尔格雷夫(Francis Palgrave, 1788~1861),英国历史学家,主要著作有《英联邦的兴起和进步》等。——译注

〔2〕 丹麦的一个半岛,曾经是第一次世界大战的一个战场。——译注

旁边的一个称为希塔德的混凝土堡垒的地下室里战斗，他在枪林弹雨中熬过整个战争。他们海军情报部队夜以继日地追踪比我们强大的敌军舰只——‘俾斯麦号’、‘特比兹号’、‘斯坎霍斯特号’、‘葛尼塞诺号’——一直到它们被打败，从不间断。温斯顿·丘吉尔就在那间地下室里和他们在一起。

雷吉现在是一位退休将军，诺曼现在是海军上将，也已退休，而杰克和霍登却是我们中间最杰出的勇士：

‘他们将永垂不朽，我们却向衰老迈步，
岁月不会谴责他们，年龄也不再使他们痛苦。
只要太阳有升有落，
我们就会把他们记住。’”

罂粟花从我手中滑落到地板上，人们的眼里充满了泪水，那是休战纪念日[1]的前夕，最后，我对他们说：

“为了那远大的前程，
拼命地干，夺回那失去的时间，
你们得到的
将是这大地和它上面的一切。
而且还有更多——
那时，你们就是真正的人。
我的孩子们！”

---

〔1〕 每年10月11日或这天前的星期日，用来纪念第一、二次世界大战中的阵亡者。——译注

译校后记

本书付梓之前，我觉得有必要交代几件事，作为译校后记。

本书是北京大学法律系已故教授龚祥瑞先生于20世纪80年代初组织翻译的。当时，龚先生从英国访问回来，带回了本书作者丹宁勋爵的两本新著《法律的正当程序》和《法律的训诫》。龚先生物色、组织了包括我在内的三四名北大学生翻译这两本书，并给予精心指导。从此，我对丹宁勋爵和他的法学著作产生了浓厚的兴趣，并将翻译和研究丹宁的著作和法学思想当成我专业以外的一项重要工作。本书的"丹宁勋爵和他的法学思想——代中译本前言"是在龚先生生前指导下由我写的一篇文章"丹宁和他的法学思想"（载《浙江学刊》

1986 年第 6 期)的基础上扩充改写而成的;当时所用的资料是龚先生提供的。在这次扩充改写过程中,我又利用和参考了龚先生的最后一篇公开发表的文章“法律与正义——读丹宁法官的判决书和他的著作”(载《比较法研究》1997 年第 1 期)。所以,我把本书的翻译出版和这篇“丹宁勋爵和他的法学思想——代中译本前言”当成我——和最初参加翻译丹宁勋爵著作的几位同学——对龚先生的怀念。因为这里面包含着龚先生的心血。

将近 20 年过去了。当初一起翻译丹宁著作的几位同学,一位出洋留学、客居他乡;一位弃文从商、日夜奔忙;一位入官治政,为党和人民的事业奔波操劳。他们当然顾不上本书的译校工作。此次受法律出版社之委托,由我校订原译稿。在校订过程中,我常想起当年几位同学在燕园相互帮助、共同切磋,常常为一两个译名的译法推敲至更深夜静、不敢丝毫懈怠,并时不时地到龚先生家去请教。忆起彼时之情景,此时我就更不敢马虎,更不敢懈怠,惟恐因我一时之疏漏,糟践了龚先生及几位同学的心血。当然,如果由他们校订,译文质量一定会锦上添花的。

这次校订依据的版本是英国巴特沃斯出版公司 1979 年版第 11 次(1995)印刷本。我高兴地看到,由于当时几位同学的努力和龚先生的精心指导,当时的译文质量是较好的,是经得起推敲的。这次校订主要是根据英国巴特沃斯公司的要求,补译了《案例表》和一些原注,并对专有名词加注了外文,对当时的疏漏之处,则根据原文进行了校正。

丹宁勋爵的这本《法律的正当程序》是本法律专著。作者巧妙地将一些重要的案件及其辩护词和判词串在一起,阐明战后英国司法改革中最有影响的一些案例。一桩桩案例犹如一个个小故事,案情叙述清楚简洁,辩论生动严密,再加上作者从法理和法律改革的角度加以权威性的评点,读来饶有兴趣。推想除了法律界以外,还会引起非法律界读者的兴趣,因此,我根据(*The Oxford Companion to Law*)(1980)(《牛津法律指南》)和《牛津法律词典》(上海翻译出版公司 1991 年版)等较权威的资料对一些法律专有名词和历史人物加了注释。希望能对读者有所帮助。

最后感谢法律出版社朱宁女士。她提供的资料和对译文质量的严格要求使本书增色不少。至于本书可能出现的疏漏,则完全由我负责。我诚恳地期待着专家和读者提出批评意见。

刘庸安

1999 年 1 月

于北京新风南里寓所

再版后记

1999～2000年法律出版社与英国巴特沃斯出版社合作，在中国大陆陆续推出了英国著名大法官和法学家丹宁勋爵的六种法律著作（《法律的训诫》、《法律的正当程序》、《法律的界碑》、《法律的未来》、《最后的篇章》和《家庭故事》）的中文版，在中国法学界引起了较大反响。

《法律的训诫》是丹宁勋爵在1979年出版的一本重要的法学著作，作者在书中以自己丰富的司法实践，通过大量案例介绍了"二战"以后英国在防止行政机关和社会集团滥用权力，保证公民个人自由方面进行的司法改革。内容涉及如何解释法律条款、如何纠正错误的行政判决、如何进行司法审查和如何界定行政机关的过失行为及其赔偿等等。

《法律的正当程序》是《法律的训诫》的

姊妹篇,初版于1980年。作者在书中主要通过案例论述了两方面的内容:一是必须采取正当的法律程序以保证法律的公正。这些程序包括公正的审判和调查,适当的逮捕和搜查,提供法律援助以及消除不必要的延误等等。二是英国战后家庭法的发展,读者可以从中清楚地看到丹宁勋爵对英国家庭法的发展所做出的贡献。

《法律的未来》初版于1982年。在这本书中,作者对一些重要的法律问题,比如陪审团审判、法律援助、人身伤害、诽谤罪、隐私与秘密、权力的滥用等提出了自己的改革意见。

《最后的篇章》是丹宁勋爵在1982年退休之后写成的,初版于1983年。作者在这本书中,除了讲到自己的退休生活以外,还针对当时由英国煤矿工人罢工引起的社会问题,论述了涉及英国劳资关系的法律问题。

《法律的界碑》是在1984年写成的,是丹宁勋爵生前最后一本专门论述法律问题的著作。在这本书中,作者分门别类地叙述了在历史上对构成英国宪法原则具有重要影响的一些界碑性的案件。这些案件涉及个人自由、信仰自由、集会自由、出版自由、公民的权利和义务等基本问题。

《家庭故事》是丹宁勋爵在1981年出版的一本自传。在这本自传中,作者不仅回忆了自己38年的司法生涯,而且还谈到了他的几个兄弟对英国的自由和民主所做出的贡献。

在这篇简短的后记中,之所以简要地介绍丹宁勋爵每一本著作的主要内容,是想说明,尽管这套书的最初出版到现在已经过去十几年了,但里面的很多内容并没有过时,对于建立和完善中国社会主义法制建设,对于提高人们的法律意识和法治观念仍然具有重要的参考价值。因此,法律出版社这次不惜重金重新购得版权，再版丹宁勋爵的五种法学著作（不包括《家庭故事》）的确是一件非常有意义的事情，相信会受到我国法学界和读者的欢迎。

译者

2011 年 7 月 22 日

图书在版编目（CIP）数据

法律的正当程序 / (英) 丹宁著；李克强，杨百揆，刘庸安译. -- 3版. -- 北京：法律出版社，2015.3（2023.10重印）
书名原文: The due process of law
ISBN 978-7-5118-7625-6

Ⅰ. ①法… Ⅱ. ①丹… ②李… ③杨… ④刘… Ⅲ. ①法制史－英国－现代 Ⅳ. ①D956.19

中国版本图书馆CIP数据核字（2015）第045480号

法律的正当程序
FALÜ DE ZHENGDANG CHENGXU

作　　者：［英］丹宁（Denning,A.T.）
译　　者：李克强　杨百揆　刘庸安
责任编辑：易明群　黄倩倩
装帧设计：李　瞻
出版发行：法律出版社
编辑统筹：学术·对外出版分社
责任校对：杨锦华
责任印制：陶　松
经　　销：新华书店
开　　本：A5
印　　张：11.25
字　　数：266千
版　　本：1999年11月第1版
　　　　　2011年10月第2版
　　　　　2015年4月第3版
印　　次：2023年10月第3版第8次印刷　总第15次印刷
印　　刷：天津嘉恒印务有限公司
书　　号：ISBN 978-7-5118-7625-6
定　　价：68.00元

销售电话：010-83938349　客服电话：010-83938350　咨询电话：010-63939796
地　　址：北京市丰台区莲花池西里7号(100073)
网　　址：www.lawpress.com.cn
投稿邮箱：info@lawpress.com.cn
举报盗版邮箱：jbwq@lawpress.com.cn
凡购买本社图书，如有印装错误，我社负责退换。电话：010-83938349